C.Bertelsmann

BETTINA MUSALL

DAS KANN GUT WERDEN

Wie der Einstieg in den Ruhestand zum Aufbruch in ein neues Leben wird

C.Bertelsmann

Bei einigen Personen wurden die Namen
aufgrund von Persönlichkeitsrechten geändert.

MIX
Papier | Fördert gute Waldnutzung
FSC® C014496

Penguin Random House Verlagsgruppe FSC® N001967

1. Auflage

in der Penguin Random House Verlagsgruppe GmbH,
Neumarkter Straße 28, 81673 München

Lektorat: Regina Carstensen, Wien
Umschlaggestaltung: Favoritbuero, München
Umschlagabbildung: Konstantin L / Shutterstock
Satz, Druck und Bindung: GGP Media GmbH, Pößneck
Printed in Germany
ISBN 978-3-570-10476-7

www.cbertelsmann.de

Für Leo

Inhalt

Es sind nicht die Jahre in deinem Leben,
die zählen,
sondern das Leben in deinen Jahren.

ABRAHAM LINCOLN

EINLEITUNG

Der blauviolette Karton

Der blauviolette, sorgfältig adressierte Schuhkarton, der zwei Wochen zuvor eingetroffen war, stand noch immer ungeöffnet da, als mein Sohn vom Studium übers Wochenende nach Hause kam. Mein Bruder hatte ausgemistet und ein Sammelsurium an Erinnerungen geschickt. Ich hatte das Paket zur Seite geschoben, kann gar nicht genau sagen, warum ich mich nicht gleich darüber hergemacht hatte. Als mein Sohn fragte, was denn in der bunt beklebten Kiste sei, griff ich zur Schere und bat ihn, den Karton zu öffnen.

Fotos, die meisten schwarz-weiß, viele noch mit Mäusezähnchenrand, handgeschriebene Zettel, Postkarten und ein Poesiealbum lagen durcheinander. Er holte ein Foto heraus. Es war ein wenig unscharf. Er hielt es unter die Lampe, die über dem Küchentisch hängt, dann musterte er mein Gesicht, dann wieder das Bild. »Da siehst du schon so aus wie heute«, sagte er. Ich nahm die Fotografie in die Hand.

Das Bild, das er so gründlich studierte, ist vermutlich an einem meiner Kindergeburtstage aufgenommen worden. Sieben oder acht Jahre alt muss ich gewesen sein. Umgeben von drei Freundinnen und einem Freund stehe ich in meinem Spielzimmer. Weil ich mich so gern verkleidete, mussten meine Gäste auch immer kostümiert erscheinen. Im protestantischen Bremen, Anfang Januar, war das eher unüblich. In diesem Jahr 1963 oder 1964 trug ich weiße Strumpfhosen, einen weißen Rolli und ein zitronengelbes Baströckchen.

»Wie heute doch nicht.« Ich lachte. »Doch Mama«, er bestand darauf, »ich hätte dich sofort erkannt.«

Mein Schuhkarton. Meine Fotos. Meine Geschichte. Die Jahrzehnte, die seit dem Baströckchenfoto vergangen sind, sind meine Jahrzehnte, mein Leben. Sechsundsechzig Jahre. So weit, so gut, dachte ich, während wir in den alten Fotos kramten. Wenn der zweiundzwanzigjährige Sohn seiner Mutter kurz vor dem Renteneintritt versichert, er hätte sie auf einem Bild wiedererkannt, das vor mehr als einem halben Jahrhundert aufgenommen wurde, ist hoffentlich nicht allzu viel schiefgegangen.

Er hat ja nicht gesagt: »Du hast dich gar nicht verändert«, das wäre frustrierend. Keine Veränderung nach so viel Leben. Das Lachen und die Tränen, die Euphorie und die Havarien, die kleinen und größeren Triumphe, die Bruchlandungen und das Aufrappeln, die Glücksmomente, der Weltschmerz und die Traurigkeit, die Geschenke und die Verluste. Wenn das alles spurlos geblieben wäre, hätte ich, wie der Herr K. in Bertolt Brechts berühmter Parabel *Geschichten von Herrn Keuner*, erbleichen müssen, als ein Bekannter, den er nach langer Zeit wiedertraf, bemerkte, Herr K. habe sich gar nicht verändert.

Ich legte mir wohltuende Interpretationen der Behauptung meines Sohnes zurecht, er hätte mich wiedererkannt, so was wie: Das heißt vielleicht, sich treu geblieben zu sein, die Nackenschläge des Lebens irgendwie ganz gut weggesteckt, das freche Lachen noch nicht völlig verlernt zu haben. Als er gegangen war, krochen die Zweifel herauf. Bestimmt wollte er nur nett sein zu seiner Mutter. Nein, es sind nicht die Äußerlichkeiten, die sich gehalten haben. Aber was dann? Was ist aus mir geworden? Was von dem, was ich einmal vorhatte, habe ich getan? Verbindet die angehende Rentnerin noch etwas mit der jungen Person, die ich einmal war? Oder ist da nur Trauer über das, was vergangen und vorbei ist? Bin ich gerne der Mensch, der ich bin? Und reicht mir das? Oder will ich an mir weiterarbeiten? Mich weiterentwickeln? Und wenn ja, wohin? Hinter all dem lauert die Frage: War's das, oder kommt da noch was?

Es ist klar, warum sich gerade jetzt heftige, widerstreitende Gefühle einstellen, denn es geht nicht nur darum, dass schon ziemlich viele Lebensjahre verstrichen sind. Mit dem Eintritt in den Ruhestand liegt die Zeit hinter uns, die den Menschen über Jahrzehnte definiert: als berufstätig. Als Arbeitnehmer und Arbeitnehmerin. Als aktiven Teil des Bruttosozialprodukts. Als nützliches Mitglied der Leistungsgesellschaft.

All das ist mit dem Tag vorbei, an dem ich nach sechsunddreißig Jahren und 123 Tagen zum letzten Mal die Tür meines Büros beim Nachrichtenmagazin *Der Spiegel* hinter mir zuziehe. Vorbei die Selbstverständlichkeit, mit der morgens um sieben Uhr der Wecker eine feste, regelmäßige, irgendwie beruhigende Tagesstruktur herbeiklingelt. Vorbei das Gleichmaß, mit der alle paar Monate der Arbeitsalltag durch einen Urlaub willkommen unterbrochen wurde – jetzt ist die freie Zeit Alltag. Vorbei die einfachen Antworten auf einfache Fragen wie die, was man so mache, wie der Tag war, ob am Wochenende schon etwas geplant sei. Und vorbei die Antworten auf Fragen, die schon immer schwierig waren, sich jetzt aber neu stellen: Was außer einkaufen, Freunde sehen, ins Kino gehen, den nächsten Besuch beim Friseur, beim Arzt oder im Fitnessstudio planen, sich auf Familientreffen freuen, gibt nicht nur dem Terminkalender, sondern der Person und ihrem Leben Halt und Inhalt?

Austausch auf Augenhöhe

Ruhestand. Das Wort löst widerstreitende Assoziationen und Empfindungen bei Menschen aus, die davon betroffen sind. Es löst Freude aus. Und Ängste. Vorfreude auf nicht endende Tage ohne Termine. Darauf, endlich zu tun, was wir schon immer wollten. Und zu lassen, was wir niemals wollten. Ängste davor, mit der neuen Freiheit gar nichts anfangen zu können. Die Leere einer Woche zu fürchten. Sich nutzlos und überflüssig zu fühlen. Die Hoffnung, gesund zu bleiben. Und die Sorge, dass es anders kommen könnte. Nicht viel weniger ambivalente Regungen löst der Vorruhestand aus, auf den es in Deutschland keinen Anspruch gibt, der jedoch von Unternehmen angeboten und von Arbeitnehmern und Arbeitnehmerinnen zunehmend angenommen wird.

Mir ist bewusst, dass ich in dieser Situation nicht allein bin. Im Gegenteil. Wir sind viele, die in den Fünfziger- und Sechzigerjahren als Babyboomer gestartet sind und jetzt als Rentnerboomer eine Ziellinie überqueren, um den nächsten Lebensabschnitt anzugehen. Allein in Deutschland leben gegenwärtig achtzehn Millionen Menschen, die fünfundsechzig Jahre und älter sind, nimmt man die über Fünfundfünfzigjährigen dazu, sind es fast dreißig Millionen. Tendenz steil steigend: Bis zur Mitte des Jahrhunderts stellt die Gruppe der begütigend »Best Ager« Genannten fast die Hälfte der Bevölkerung. Die größte Generation, die das Land je hatte, bricht ihre Zelte auf der Arbeit ab und in eine oft undefinierte Zukunft auf. Eine Herausforderung für die Menschen wie für das Land – und eine Riesenchance.

Hinter allen, die in diese Lebensphase eintreten, liegen Lebensabschnitte voller Entscheidungen. Für eine Art zu leben. Für Arten zu lieben. Für Abzweigungen, die wir genommen haben, und solche, an denen wir vorbeigegangen sind. Die Frage ist nur: Was liegt vor mir? Vor uns?

Egal, ob der Tag, der unserer bisherigen Berufstätigkeit ein Ende setzt, wohlverdient herbeigesehnt oder sorgenvoll gefürchtet wird, fest steht: Je älter die Menschen werden, desto länger währt die Spanne, die mal als Lebensabend abzusehen war. In der Alterskohorte ab fünfundfünfzig gehen heute schon viele und in den kommenden Jahren mehr und mehr Mitglieder der Babyboomer-Generation mal mehr, mal weniger freiwillig in den (Vor-)Ruhestand. Selbst wenn die Firma den Abschied finanziell versüßt, sehen etliche dem Ausstieg aus dem aktiven, geregelten, verlässlich bezahlten und gesellschaftlich angesehen Berufsalltag mit gemischten Gefühlen entgegen. Umso komplexer, irgendwo zwischen bedrohlich und abenteuerlich, wächst die individuelle Hausaufgabe zur Lebensfrage: Was nun? Was tun?

Zweifellos macht es einen Unterschied, ob sich jemand freudig in die Frühpension davonmacht, mit einer Abfindung und einem gestreckten Gehalt fürs Spazierengehen. Oder ob eine Kollegin ausscheidet, weil es sie mürbe macht, wenn ihr in jeder Konferenz mehr oder weniger subtil zugeworfen wird, dass sie wohl noch eine Schulung für das letzte Update vom Betriebssystem braucht. Ob jemand mit der Partnerin schon die erste Traumreise gebucht hat oder ob man die geliebte Wohnung verlassen muss, weil die Miete ohne das Gehalt nicht zu stemmen ist. Ob die Kinder froh sind, weil die Großeltern endlich Hausaufgaben mit den Enkelinnen machen oder ob da nichts wartet als die Radiostimmen vom Deutschlandfunk. Ob ich endlich

Zeit habe, den Magister in Germanistik mit einer Doktorarbeit zu krönen, oder ob ich zu ausgebrannt bin, um die Funktionsweise eines Tablets zu erlernen. Ob ich als Siebenundsechzigjähriger auf Parship eine Partnerin suche, mit der ich eine Familie gründen will, oder ob ich froh bin, wenn der Mann sich nach einem Schlaganfall wieder selbstständig duschen und anziehen kann.

Und doch haben Menschen, die mit fünfundfünfzig, sechzig, fünfundsechzig oder – wenn es nach sehr forschen Arbeitsökonomen geht – künftig erst mit siebzig aufhören sollten, unsere Renten zu sichern, bei allen Unterschieden Etliches gemeinsam. Wir fangen an, Abschied zu nehmen, von Möglichkeiten, Fertigkeiten, Zuständen, die uns bisher selbstverständlich erschienen. Von einer Art zu denken, zu empfinden, wahrzunehmen, zu lieben, zu planen, sich im Spiegel zu sehen, sich etwas zuzutrauen. Abschied von einem Ich, das wir jahrzehntelang gebildet und geschaffen haben, mit dem wir uns – wenn es gut gegangen ist – angefreundet und an das wir uns gewöhnt haben.

Spätestens wenn das Ziehen in der linken Hüfte einfach nicht mehr aufhören will, gerät die Gewissheit, sich auf die Person, die wir geworden sind, verlassen zu können, ins Wanken. Mit Mitte fünfzig lässt sich das oft noch eine Weile beiseiteschieben. Wer mit sechzig keine Veränderung zu seinem oder ihrem vierzigjährigen Selbst wahrnimmt, gehört medizinisch, geistig und psychologisch zu einer Kategorie von Angejahrten, die irgendwo in der mittleren Reife hängen geblieben sind: zu den Götterlieblingen, den Kraftmeiern oder Verdrängungskünstlerinnen.

Ich selbst zähle zu den Leuten, die ihre Lebensreise auf allen Abschnitten – ob es volle Fahrt voraus ins Blaue oder gebremst durch endlos lange Tunnel geht – bewusst wahrnehmen und annehmen, wenn möglich, genießen wollen. Ich habe gelernt, dass Umwege manchmal beglückender sind als die schnellste Route. Ich bin froh und dankbar, auf Erfahrungen aufbauen zu können. Und ich bin neugierig auf Unbekanntes. Ich fühle mich manchmal ramponiert vom Leben und entsprechend unsicher, was ich mir (noch) zumuten kann, aber ich bin auch gespannt auf das, was kommt. Ich gestalte lieber, als mich auszuliefern. Und ich will mich gern noch überraschen lassen. Kurz: Ich bin eine von denen, die wissen, was sie (nicht) wollen, und lernen wollen, was sie noch nicht wissen.

Dieses Buch will kein Ratgeber sein, der fertige Antworten präsentiert. Eher eine Einladung zum Dialog an Leserinnen und Leser, die wie ich am Anfang dieses nächsten Lebensreiseabschnitts stehen. An Frauen und Männer unterschiedlicher Berufe. An Menschen, die den Ausstieg aus ihrer geregelten Berufstätigkeit als Anfang sehen und auf der Suche sind. Nach Aufgaben, nach persönlicher Entwicklung, nach Zufriedenheit, nach sich selbst. Vielleicht auch nach finanzieller Aufbesserung. Nach Lebensfreude, wenn möglich: nach jenem Glück, das ein sinnstiftendes Dasein gibt.

Dieses Buch kann Reise- und Wegbegleiter sein. Für Passagiere im Transit. Das englische Wort *transition* für diese Lebensphase des Übergangs veranschaulicht, dass es weniger um einen Zustand als um eine Exkursion mit offenem Ende geht. Jede *transition* hat ihren individuellen Antrieb, jede Passagierin und jeder Passagier geht auf eine sehr persönliche Entwicklungsreise, mit unterschiedlichen Zielen. Und oft geht es darum, überhaupt erst mal ein Ziel (oder mehrere?) zu identifizieren.

Es wäre schön, wenn Leserinnen und Leser sich wiedererkennen in manchen Fragen und Gedanken. Vielleicht können sie bei einer ganz persönlichen Lebensreiseplanung helfen und Anregungen geben, wie die weitergehen könnte. Vielleicht stellt sich heraus, dass es sich lohnt, Bilanz zu ziehen, auf die persönliche Geschichte zurückzuschauen, die zusammenfiel mit der gesellschaftlichen Kindheit der Nachkriegsrepublik. Die Kalenderweisheit, das Leben lasse sich nur rückwärts verstehen, müsse aber vorwärts gelebt werden, eignet sich vermutlich auch in diesem Augenblick des Übergangs, um herauszufinden, wohin die eigene Expedition führen soll: weitermachen wie bisher, weil es genau das Richtige war und bleibt? Einem festen Plan folgen? Abgelegte Träume wiederentdecken? Oder sich abseits bisheriger Pfade völlig neu ausprobieren?

Egal in welchem Alter: Wer unbekannte Lebensräume betritt, sucht einen Austausch auf Augenhöhe. Anregende Gesprächspartner, die vielleicht schon ein paar Erfahrungen voraus sind und davon berichten können, ohne zu schlaumeiern. Bei der Recherche bin ich Menschen begegnet, die auf ihrer Weiterreise in den neuen Lebensabschnitt Überraschungen, Rückschläge und Fortschritte erlebt haben. Es sind öffentlich bekannte Leute darunter wie die Managerin Simone Menne, der Schauspieler Mario Adorf oder der protestantische Bischof Heinrich Bedford-Strohm. Psychotherapeuten, Soziologinnen, Resilienz- und Altersforschende stoßen dazu, weil ihre Fachkompetenz hilft, Gedanken zu ordnen oder individuelle Erfahrungen mit wissenschaftlichen Erkenntnissen zu vergleichen und womöglich Entscheidungshilfe zu leisten.

Sehr alte und ganz junge Menschen erzählen von beidseits beglückenden Gemeinschaftsprojekten. Mitarbeiter und Mitarbeiterinnen internationaler Konzerne schildern, wie das in der Praxis funktioniert: die Teambildung aus Innovation und Erfahrung. Töchter und Söhne von Eltern, deren Kriegsnarben bei den Kindern Verletzungen und Albträume hinterließen, berichten von sehr persönlichen Erlebnissen. Und dann sind da diejenigen, die durch ihre Persönlichkeit, ihren Mut, ihren Eigensinn und ihre Lebenslust beeindrucken. Sie und all die anderen Biografien, Gedanken und Herangehensweisen vorzustellen, bedeutet nicht, sie zur Nachahmung zu empfehlen. Aber es könnte sein, dass die eine oder andere Geschichte auf eigene Ideen bringt.

Was uns verbindet, außer dass wir nicht in Clubs, sondern in Discos abrockten, ist der Mut oder zumindest die Bereitschaft, sich darauf einzulassen, dass die persönliche Entwicklung weitergeht. In einem Alter, von dem der römische Geschichtsschreiber und Politiker Marcus Porcius Cato so streng wie bündig befand, »von all den vielen Übeln«, die diese Lebensphase bereithalte, bringe »nichts so viel Unehre für einen Älteren wie untätiges, energieloses und faules Herumsitzen«.

Ein Wort zum »Wir«. Es ist eine Binsenweisheit, dass es ein Wir für die Generation Baby-/Rentnerboomer so wenig gibt wie für alle anderen. »Wir« sind so vielgestaltig wie jede einzelne Lebensgeschichte. Was »uns« geprägt hat, wie »wir« aufgewachsen sind, ergibt sich naturgemäß aus der Summe aller Einzelleben. Dennoch sprechen wir wie alle anderen Generationen von »uns«, wenn wir davon erzählen, was die Erlebnisse und Prägungen derer, die zwischen 1950 und 1970 geboren sind, von anderen unterscheidet.

Neben der Verantwortung für alles, was nach dem Zweiten Weltkrieg schiefgegangen ist, verbindet uns Boomer nach Ansicht vieler Jüngerer eine Neigung zu Starrsinn und Besserwisserei. Diese äußere sich unter anderem darin, dass viele Ältere sich schwertun mit sprachlichen Erscheinungen wie dem Gendern oder damit, sich vor weltanschaulichen Entscheidungen zu drücken wie der, entweder »woke« oder reaktionär zu sein.

Ich wünschte mir ein wenig mehr Gelassenheit bei Themen, die keinen Einfluss darauf haben, ob die Welt fortbesteht oder untergeht. In welche Schublade dieses Buch samt Autorin gehört mögen Leser, Leserinnen und Leser:innen beurteilen, am liebsten landete ich in gar keiner Schublade. Alle sind herzlich willkommen, weshalb ich sie, mehr der Sprachmelodie als einem Regelwerk folgend, mal so, mal so adressiere.

ABSCHIEDE

Feierabend

Der Kollege, der an diesem Montag im Flur an mir vorbeifederte, war nicht darauf eingestellt, stehen zu bleiben.

»Na, freuste dich?«, rief Felix mir zu und bog schon in sein Zimmer ein. Er spielte auf mein bevorstehendes Arbeitsende an, hatte wohl mit einem kurzen Jubelruf gerechnet, so was wie: »Und ob!« Den Gefallen konnte ich ihm nicht tun. »Eher nicht so«, brummte ich zurück.

Da er ein empathischer Kollege ist, stoppte er und sah mich verblüfft an. »Echt jetzt?« Und setzte nach: »Mensch, ist doch toll! Nie mehr Konferenzen! Keine Chefs mehr über dir! Du kannst jetzt tun und lassen, was du willst!« Und wie die meisten krönte Felix seinen Zuspruch damit, dass er mir seine ganz persönlichen Ruhestandsträume ausmalte: »Morgens einfach liegen bleiben. Nur noch Freizeit. Mit dem Motorrad durch Kalifornien. *Easy Rider*. Sechs Wochen Sommerferien mit den Kindern.« Er strahlte. Und sein Strahlen verlosch augenblicklich bei der Vorstellung, dass seine Sehnsüchte noch rund fünfzehn Jahre warten müssen.

Mir blieben an diesem Montag noch zwei Wochen, um meine letzte journalistische Auftragsarbeit zu beenden, mein Büro auszuräumen und das Fest vorzubereiten, zu dem ich anlässlich der Feier meines Aufbruchs ins Rentnerinnendasein eingeladen hatte. Felix nannte das »die große Freiheit«.

Lebensabschnitte vollziehen sich in Phasen, oft auch in Schüben. Meine Gemütsverfassung war zu diesem Zeitpunkt schon ohne besondere Vorkommnisse seit Längerem wechselhaft. Ich fühlte mich zurückversetzt in die Wochen vor und nach dem Abitur, manchmal fast berauscht von all dem, was nun möglich wäre, was ich jetzt beginnen, ausprobieren, werden könnte. Das waren die Felix-Momente. Aber meistens klang das Wort »Freiheit« wie der manipulative Versuch, einem etwas schmackhaft zu machen, was keiner haben will. Wie Diäturlaub. Oder Hypertonie-Tabletten. Freiheit, das schwante mir auch schon nach dem Reifezeugnis, schien ein Synonym für die druckvolle Erwartung zu sein, sich für etwas zu entscheiden, aus dem vielen Möglichen etwas Konkretes, Erfolg versprechendes zu machen.

Felix war nicht der Erste und schon gar nicht der Einzige, der mich auf mein herannahendes Arbeitslebensende ansprach in der sicheren Annahme, dass ich es kaum erwarten könne. Erika arbeitet in Leitungsfunktion in einem großen deutschen Medienbetrieb. Während ich damit haderte, an meinem allerletzten Arbeitstag in den zweifellos wohlverdienten Altersruhestand zu gehen, nahm die Kollegin den frühestmöglichen Termin, zu dem ihr Unternehmen ihr eine großzügige Vorruhestandsregelung anbot, um mit fünfundfünfzig, satte zwölf Jahre vor Regelrentenbeginn, die Arbeit einzustellen. »Ich kann es kaum abwarten«, gestand sie, »mir graut jeden Tag vor den schlecht gelaunten, missgünstigen Schreibtischnachbarn. Und vor mäkelnden Mitarbeiterinnen. Und vor dem Arbeitsberg, der ins Unbesiegbare wächst.« Sie wolle »ein Jahr erst mal nichts tun. Dann vielleicht reisen. Freunde besuchen. In den Tag hineinleben. Herrlich!«

Ich lächelte gequält, wollte Erika mit meiner Melancholie nicht die Aufbruchsstimmung vermiesen. Zumal ich mich im Verdacht hatte, meine Melancholie könnte auch nur eine Beschönigung für ganz ordinäres Selbstmitleid sein. Weil mir die Vorstellungskraft und die Kühnheit von Felix fehlten, das Ende als Anfang zu sehen. Weil ich mir – zu Recht oder zu Unrecht –

Sorgen machte, ob ich meine Münchner Wohnungsmiete würde weiterzahlen können. Darüber müsse Erika sich nämlich keine Sorgen machen, erfuhr ich streng vertraulich in der Kantine, »Geld hat sie mehr als genug«. Vielleicht war ich einfach neidisch auf Felix' Elan und auf Erikas finanzielle Unabhängigkeit?

Waidwund, anders kann ich den Gesichtsausdruck nicht nennen, den mir jene Arbeitsgefährten und -gefährtinnen entgegenbrachten, die nur zu gern mit mir getauscht hätten. Diejenigen, die das offizielle Ende aller Dienstreisen ähnlich wie ich bald vor sich hatten, reagierten bestenfalls verständnislos auf meine Unlust, auszuscheiden. Ich kam mir vor wie eine, die fünf Millionen im Lotto gewonnen hat und das Geld nicht abholen will. Die meisten wollten gar nicht wissen, warum ich nicht vor lauter Vorfreude Räder schlug.

Aus reiner Wohlerzogenheit fragte Felix, was ich denn »um Himmels willen« vermissen würde?

»Genau das, was du so gern loswerden willst«, sagte ich leise, weil es mir peinlich war, dass mir schon mal die Stimme wegrutschte, wenn ich mir mein arbeitsloses Morgen vorstellte. »Die Konferenzen. Die zwingen mich, aufzustehen. Und dann freue ich mich, besonders seit wir auch im Homeoffice arbeiten, die Kolleginnen allesamt auf dem Laptop zu sehen, die aktuelle Nachrichtenlage zu erfahren, hier und da meinen Senf dazuzugeben und mit sechzehn winkenden Händen in den Tag zu starten.«

Felix gab sich Mühe, mich zu verstehen, das erkannte ich an der Konzentrationskerbe zwischen seinen Augenbrauen. Aber bestimmt hat er abends zu seiner Frau gesagt: »Stell dir mal vor, die würde lieber bleiben. Irgendwie traurig. Mit Mitte sechzig.«

Kollegin Erika versicherte mir zugewandt, sie werde zu meinem Ausscheiden bei Häppchen, Musik und Wein erscheinen, eines wolle sie nämlich auf keinen Fall verpassen: »Wie man mit Stil und Contenance seinen Abschied feiert.« Ich war nicht sicher, ob ich ihr das würde bieten können.

Was war nur los mit denen? Und was war los mit mir? Waren die verrückt, ihre gut bezahlten und angesehenen Jobs vorzeitig verlassen zu wollen? Mir hätten sie noch so viel Abfindung anbieten können, ich hätte meine Stelle nicht freiwillig geräumt. Hatte ich ein Problem? Fehlte es mir an Selbstwertgefühl? War mir der Beruf zu wichtig? Definierte ich mich durch Erwerbsarbeit, während andere, selbstzufriedenere Zeitgenossen und -genossinnen über genug innere und äußere Reserven, innere und äußere Stabilität verfügten, um sich auf eine Freiheit zu freuen, die mir gar nicht so verführerisch erschien?

Was mich von den Vorruhestands-Kolleginnen und -Kollegen unterschied, die es gar nicht abwarten konnten, ihre feste Vollzeitstelle zu verlassen, war das Alter. Felix war siebenundvierzig, wie er träumen viele Fünfundvierzig- bis Fünfzigjährige davon, die Anforderungen einer Vierzig-, Fünfzigstundenwoche hinter sich zu lassen, verbunden mit den Aufgaben zu Hause, mit den Bedürfnissen von Partnerinnen und Partnern, den Ansprüchen von Kindern, Großeltern, Freundeskreis und womöglich weiteren sozialen Verpflichtungen. Stresssymptome, Überforderung, Burn-out zeigen sich verstärkt ab diesem Alter, kein Wunder, dass sich gerade dann nicht wenige Gutverdienende vornehmen, bis fünfzig finanziell so abgesichert zu sein, dass sie aufhören können zu arbeiten. FIRE (»Financial Independence, Retire Early«, übersetzt: Finanzielle Unabhängigkeit, früher Ruhestand) heißt die Bewegung, deren Anhänger gezielt daraufhin sparen, so früh wie möglich das Erwerbsleben hinter sich zu lassen, weder zu leben, um zu arbeiten, noch zu arbeiten, um zu leben, sondern die Work-Life-Balance endgültig gegen eine Life-Life-Balance einzutauschen.

Nicht selten verschwindet das, je näher das Datum rückt. Dann geht es plötzlich nicht mehr darum, eine Last abzuwerfen, sondern etwas loszulassen, das ein halbes Leben lang Halt und Anerkennung bedeutete, die Existenz sicherte und einen Platz in der Gesellschaft.

Ein Frankfurter Managementberater betreute ein Familienunternehmen, dessen Seniorchef seinen Nachwuchs jahrelang darauf eingeschworen hatte, ihn spätestens mit sechzig aus der Verantwortung zu entlassen. Zwei Söhne und eine Tochter standen wohlausgebildet und mit betrieblichen Auslandserfahrungen in den Startlöchern, als der Vater verkündete, einen wichtigen Unternehmensteil auszugründen, »meine Spielwiese«, die er dann zehn Jahre mit dem Ehrgeiz desjenigen bespielte, der es allen noch mal zeigen will. Mit Glück und Unerschrockenheit behaupteten die Kinder den Familienbetrieb gegen die väterliche Konkurrenz. An seinem zweiundsiebzigsten Geburtstag erklärte der Vater, »nun ernsthaft kürzertreten« zu wollen. »Wer's glaubt«, kommentierte seine Älteste.

Selbstständige und Freiberufler können ihre Unlust oder Unfähigkeit, loszulassen, frei ausleben. Je nachdem, wie viel Spaß ihnen die Arbeit macht und wie gesund sie sind, können sie hinschmeißen oder sich allmählich daran gewöhnen, Abstand einzulegen von Pflichten und Aufgaben, aber auch von Autorität, Einfluss, Prestige, die ihnen die Arbeit verlieh. Angestellte müssen sich gefallen lassen, dass nicht sie selbst, sondern der Gesetzgeber den Zeitpunkt dieser Loslösung bestimmt. Bei mir war mit fünfundsechzig Jahren und zehn Monaten Schluss, bis 2029 steigt das Eintrittsalter für die Regelaltersrente schrittweise auf siebenundsechzig Jahre.

Für mich ging es nicht um Machtinsignien, die ich hätte loslassen müssen, keine Position, keinen Dienstwagen, keinen Stab.

Immerhin war ich daran gewöhnt, Redakteurin in einem der einflussreichsten Medienhäuser des Landes zu sein. An die Stelle würde nun jene Freiheit treten, die ich erst lernen musste zu würdigen. Es war mehr das Abschiednehmen von Kollegen und Kolleginnen, von der Gewohnheit, etwas im Team zu erarbeiten, täglich neue, aktuelle Themen und Menschen kennenzulernen, sich darauf einzulassen, etwas Sinnvolles beizutragen zum Informationslabyrinth und dafür mit finanzieller wie immaterieller Anerkennung belohnt zu werden. Das zu verlieren, stand mir bevor.

Beschwingt und wehmütig

Abschied war noch nie mein Ding. Im Laufe des Lebens gibt es reichlich Gelegenheit, Abschiede zu üben. Abschied von der Kindheit, von der Jugend, von den Eltern, von Partnern und Partnerinnen, von Orten und Menschen, die uns viel bedeuten. Es gibt schmerzliche Abschiede und solche, nach denen wir uns erleichtert fühlen, weil wir etwas Belastendes hinter uns lassen. Servus, tschüss, adieu, good bye, güle güle oder ciao – die Abschiedsgrüße verschiedener Sprachen klingen mal beschwingt, mal wehmütig. Abschied kann Trennung bedeuten, Lebewohl oder auf Wiedersehen. Jeder Abschied ist eine Zäsur, die uns das Vergehen der Zeit bewusst macht. Und »die Konfrontation mit der eigenen Endlichkeit«, sagt die Psychotherapeutin Silke Ritterbach, die mache sowohl den Abschied wie das Loslassen schwer. Ritterbach betreut in ihrer Hamburger Praxis mehr und mehr Klienten und Klientinnen, die in der Lebensmitte vor einem beruflichen Umbruch stehen, die meisten von ihnen unfreiwillig. »Sie sind lost, sagen sich, hey, ich kann doch nicht nur zu Hause rumhängen, joggen gehen und ein Buch lesen. Ich hab doch dreißig Mitarbeiter geführt.«

In den kommenden Jahren werden etliche Ratsuchende aus der Generation Rentnerboomer hinzukommen. Die Themen und möglichen Probleme einer Midlife-Crisis tauchen einige Zeit später als Latelife-Crisis wieder auf. Es sind ähnliche Verunsicherungen, die aus Anlass elementarer Veränderungen wie einer Entlassung entstehen. »Mit dreißig oder vierzig krieg ich zwar auch eine Krise«, sagt Ritterbach, »aber mit sechzig denkt man, so viel liegt da nicht mehr vor mir. Und es sind Möglichkeiten vorbeigezogen, die ich nicht mehr nachholen kann.« Das Abschiednehmen wird mit zunehmendem Alter nicht leichter, bloß weil wir es schon so oft geübt haben.

Wie wir einen Abschied empfinden, hat mit äußeren Faktoren zu tun, aber auch mit der inneren Verfassung eines Menschen. Der gleiche Abschied, etwa von der Schulzeit, kann ein Gefühl der Erlösung hervorrufen, aber auch die Angst, Freunde und Freundinnen zu verlieren. Es gibt notorische Optimisten, die mit Abschied vor allem die Vorfreude auf die Zukunft verbinden. Sei sie auch noch so ungewiss. Und es gibt empfindsame oder sentimentale Naturen, die vor allem den Verlust von Vertrautem betrauern, die sich einen Neuanfang gar nicht vorstellen können.

So unterschiedlich die Assoziationen sein mögen, die der Begriff »Abschied« hervorruft, so viele Menschen denken dabei unwillkürlich auch an den Tod, den eigenen oder den von geliebten Menschen – auf Google ploppen auf den ersten Klick Angebote für Sterbehilfe auf, wenn Abschied das Suchwort ist.

Ganz so tragisch fühlte sich mein Arbeitsabschied dann aber doch nicht an, immerhin nannte ich die Party, die ich plante, lieber Ausstand statt Abschied. In meinem Leben waren Abschiede häufig unfreiwillig und mit Trauer verbunden. Aber auch gestandene Leute mit durchschnittlichen Abschiedsbiografien können zum Finale ihrer offiziellen Schaffenszeit in Seelennot geraten.

Dabei macht es gewiss einen Unterschied, ob jemand gern oder ungern aus dem Berufsleben ausscheidet. Ob ich jahrelang nur noch anwesend war, um die monatliche Überweisung meines Arbeitgebers zu rechtfertigen, oder ob ich mich immer wieder darauf freute, Aufgaben zu übernehmen, mir neue Ziele zu setzen und setzen zu lassen und mit Kolleginnen im Team zu arbeiten.

Mir hat die Ausstandsparty sehr geholfen, das Ende meiner Dienstfahrt leichtherzig ausklingen zu lassen. »Weißt du noch?« Die Frage, ohne die kein Klassentreffen und kein Familienfest auskommt, wurde in Dauerschleife wiederholt. Weißt du noch, was los war, als du achtundzwanzigjährig 1985 beim *Spiegel* angefangen hast? »Und ob! Wir saßen auf den Fluren und jubelten Boris Becker bei seinem ersten Wimbledon-Sieg zu. Nicht nur der Leimener ist langsamer geworden.« Weißt du noch, wie viele Frauen ihr in deinem Ressort wart? »Ist nicht schwer zu beantworten, ich war die einzige sogenannte Arbeitsredakteurin.«

Es tat gut, Kolleginnen und Kollegen wiederzusehen, die lange vor mir ausgeschieden waren. Dazu die Jüngeren, die in den letzten Jahren immer jünger wurden. Es tat gut, herzlich umarmt, viel zu viel gelobt und ausgiebig gefeiert zu werden, zurückzuschauen und – hochgestimmt vom Crescendo des musizierenden Sohnes samt Band – sogar einen Hauch von Zukunft zu spüren. Dieser geglückte Cocktail aus Gestern, Heute und Morgen passte dazu, dass ich alles in allem wirklich gern auf mein halbes Leben im selben Unternehmen schaue.

Abschied nehmen wir gerade genug

»Gesittete Menschen«, befand der Philosoph Immanuel Kant, nehmen aus dem Leben »wie aus der Gesellschaft« auf gefasste Weise Abschied, so als gingen sie davon aus, die Zurückgelassenen irgendwann »einmal wieder zu sehen«. So viel Disziplin und positives Denken ist nicht allen gegeben. Doch egal, zu welcher Sorte Abschiednehmer wir gehören: Für alle Berufstätigen hat das Ausscheiden aus der Erwerbsarbeit mit vorangegangenen Abschieden vieles gemeinsam – und ist doch einzigartig.

Es unterscheidet sich schon dadurch, dass die Lebenszeit, die übrig bleibt, einerseits für alle statistisch überschaubar ist. Andererseits leben heute Fünfzigjährige vom Renteneintritt bis zum Lebensende rund fünfzehn Jahre länger als 1970, Frauen werden im Schnitt dreiundachtzig, gleichaltrige Männer immerhin fast neunundsiebzig Jahre alt.

Vorruheständler, die mit achtundfünfzig ihren Schreibtisch räumen, haben je nach Geschlecht mit Glück und Gesundheit noch mehr als ein Vierteljahrhundert Leben vor sich. Verständlich, dass die Vorstellung von zwanzig bis dreißig Jahren »Ruhestand« agile Naturen nervös macht und sie nach Aufgaben und einem Daseinszweck suchen, die so etwas wie Sinn und Freude versprechen.

Völlig überraschend müssen Rentnerinnen und Pensionäre ihren letzten Lebensabschnitt nun obendrein in einer Welt planen, die seit der Pandemie und dem Krieg in Europa von globalen Erdbeben erschüttert wird. Mit der Coronakrise und dem russischen Überfall auf die Ukraine begann der Abschied von einem Leben, wie wir es kannten. Abschied von einer altersgemäßen Gesundheit, die allenfalls allmählich, aber noch nicht so bald schwinden würde. Abschied von einer für berechenbar gehaltenen Zukunft, wie lange sie auch dauern mag. Abschied von freudigen Erwartungen wie der, nun endlich Zeit zu haben für Kinder und Enkel, für Freunde, vernachlässigte Pläne und Träume. Plötzlich ist da die Angst, es könnte ausgerechnet jetzt, wenn der Druck des Alltags langsam nachlassen sollte, vorbei sein mit der elementarsten aller Sicherheiten, auf die doch zwei Drittel des Lebens für die Babyboomer Verlass war: Frieden. Nie wieder Krieg. Plötzlich werden sie bedrohlich lebendig, die Erzählungen der Eltern, von Bombennächten und Zerstörung, von Flucht und Vertreibung, wenn Millionen Menschen allen Alters vor dem Grauen in ihrer Heimat davonlaufen und bei uns Unterschlupf suchen.

Abschied nehmen wir gerade genug. Woher das Vertrauen in die eigene Zukunft nehmen, wenn die Gesellschaft auf wackeligen Füßen steht und rundherum die Gewissheiten bröckeln? Manchem fiel es schon nicht leicht, sich von fest entlohnter Arbeit zu trennen, solange wenigstens die Rente sicher war. Heute reicht das Altersgeld besonders für Frauen oft kaum zum Überleben. Freiberufler können weniger denn je daraufsetzen, durch regelmäßige Einkünfte genug für die Zeit danach zurücklegen zu können. Künftig wird es etlichen Fünfundfünfzig- bis Siebzigjährigen beängstigend erscheinen, ein monatliches Gehalt oder berechenbar honorierte Projekte dranzugeben, um noch mal durchzustarten, sich zu engagieren, frisch zu formatieren und eine vermeintliche Freiheit zu genießen – Freiheit wovon und wozu?

Es tröstete mich in den Monaten vor meinem Arbeitsende, wenn nicht nur mich diese Frage umtrieb. So beschämend mir die fröhlichen Aussteiger vor Augen führten, wie sehr es mir an

Zutrauen in das Kommende fehle, so wohltuend überraschten mich andere, die ich bis dahin für unerschütterlich gehalten hatte. Zum Beispiel Tobias, mit dem ich Mitte September in den Starnberger See stieg, um eine Runde zu schwimmen.

Es hilft, in der Nordsee kraulen gelernt zu haben, wenn das Wasserthermometer gegen acht Uhr morgens achtzehn Grad zeigt.

»Warm heute«, sagte Tobias, der im Sommer mindestens zweimal täglich einen Kilometer in stabil gepolsterter Brust-Bauch-Lage absolviert, ohne Anspruch an sportive Leistung. Wir glitten ohne viele Worte durch den Voralpensee und waren schon auf dem Rückweg – ich freute mich insgeheim, ein, zwei Längen vorne zu liegen –, als Tobias rief: »Wann ist eigentlich dein letzter Tag?«

Einen Schwimmzug lang dachte ich, er meinte den Urlaub, aber dann war mir klar, was er wissen wollte. »In sechs Wochen«, rief ich zurück.

»Oha.« Beinahe verschluckte er sich und tauchte kurz ab. Und wieder auf. »Das sollten wir feiern, also irgendwie kann man das doch nicht einfach so vorbeigehen lassen.«

Feiern. Meinte er das ernst? Tobias? Der nicht mal Silvester Lust auf Party hat? Für den Weihnachten die größte familiäre Herausforderung ist? Den seine Frau jedes Jahr liebevoll nötigen muss, seinen Geburtstag nicht zu ignorieren? Tobias, fünfundfünfzig, selbstständig und stolz darauf, keinem Arbeitgeber je etwas schuldig gewesen zu sein, keine Anpassung, keine Dienstbeflissenheit und schon gar keine Dankbarkeit für eine sichere Festanstellung – was meinte er damit, man könne den Renteneintritt »doch nicht einfach so vorbeigehen lassen«? Meinte auch er, dass ich nun endlich frei sei? Das Joch der Angestelltenbuckelei hinter mir lasse? Dem, was Freiberufler gern mit Arschkriecherei assoziieren, allemal Tobias?

»Das ist schon ein Einschnitt auf vielen Ebenen«, prustete er herüber. »Da geht was zu Ende, nicht nur ein Job. Und wer weiß schon, was dann kommt. Das wird bestimmt nicht leicht für dich.« Ziemlich viele Sätze am Stück für Tobias. Auf den letzten Schwimmzügen. Da beschäftigte ihn etwas. Obwohl es für ihn als selbstständigen Mittfünfziger keinen Anlass gab, über Themen wie Arbeitsende und Ruhestand nachzudenken. Erstaunlich oft sagte Tobias in letzter Zeit, er fühle, dass er älter werde. Er lese Jean Amérys Buch *Über das Altern*, »ziemlich harter Stoff«. Es war Koketterie dabei, wenn er melancholisch umflort zitierte: »Was früher Welt als Teil und Anteil unseres Ichs war, schrumpft mit dem welkenden Körper und durch ihn; schlimmer: es wird die klare Negation unser selbst.«

Aber solche Zitate sind auch ein Zeichen dafür, dass Tobias nun begonnen hatte, sich selbst dabei zu beobachten, wie er das, was er jahrzehntelang für selbstverständlich halten konnte – die Verfügung über seine körperliche Unversehrtheit –, unaufhaltsam verlor. Tobias fing an, sich als etwas wahrzunehmen, was ihn kürzlich als noch allzu ferne Idee nicht berührt hatte: als vergänglich. Es sprach Wehmut aus seiner Beschäftigung mit dem österreichischen Schriftsteller Améry, der auch erst fünfundfünfzig war, als er seinen »Akt der Rebellion« gegen die Zumutungen des Alters niederschrieb, wohl wissend, dass er, wie jeder Mensch, der leben will, dem »Unentrinnbaren und Skandalösen« ausgeliefert ist. Mit fünfundsechzig brachte sich der Autor um.

Dass ausgerechnet Tobias mir nun vorschlug, meinen Renteneintritt zu feiern, schien mir auch ein solcher Akt der Rebellion zu sein. Vielleicht wollte er wirklich einfach nur feiern, die viel beschworene Freiheit. Aber vielleicht wollte er auch Ängste und Dämonen vertreiben, die ihn zusehends selbst heimsuchten.

Wäre es so, wäre Tobias kein Einzelfall. Obwohl ältere Männer, wie eine Studie des Fachjournals *The Lancet Healthy Longevity* 2021 zeigte, seltener verarmen und häufiger in festen Beziehungen leben als ältere Frauen, tun sie sich mit dem Ausstieg aus dem Arbeitsleben und dem damit empfundenen Altwerden deutlich schwerer. Für die Erhebung verglichen Wissenschaftlerinnen und Wissenschaftler aus Singapur und den USA achtzehn Mitgliedstaaten der OECD, der Organisation für wirtschaftliche Zusammenarbeit und Entwicklung. Die Selbstmordrate bei älteren und alten Männern liegt seit Jahrzehnten stabil dreimal so hoch wie bei Frauen, in Deutschland haben sich laut der zuletzt 2017 erfassten amtlichen Statistik 9241 Menschen selbst getötet, darunter 6990 Männer. Bedrückende Fakten, vor dem Hintergrund der ausgeprägten Ausstiegssehnsucht, die besonders viele männliche Arbeitnehmer – so wie mein Kollege Felix – Jahre vor dem Dienstende empfinden.

Abschied vom Beruf in einer schwankenden Gegenwart, Aufbruch in eine instabile Zukunft, darauf ist diese von existenziellen Bedrohungen weitgehend verschonte Rentnerboomer-Generation, die als Endlos-Jugendliche gestartet sind und als Kreuzfahrt-Senioren, als Silverager ins Ziel schlendern wollten, schlicht nicht vorbereitet. Zum Glück zählte zuletzt ein gutes Drittel deutscher Arbeitnehmer und Arbeitnehmerinnen zu jenen überdurchschnittlich Verdienenden, die wenigstens für ihre finanzielle Absicherung noch etwas zur Seite legen konnten.

Herbert Kulenkampf gehört zu jenen, die ihrer Zukunft ganz und gar nicht ängstlich entgegensehen. Herbert arbeitet in einer Werbeagentur, mit ihm zoomte ich anlässlich meines Ausstands. Seit fünfundzwanzig Jahren begegnen wir uns alle paar Jahre bei beruflichen Anlässen und sind uns sympathisch. Er strich sich bei unserem Videomeeting durch das Haar, das ich dichter in Erinnerung hatte, und sah mich kokett durch die Kamera an.

Herbert sollte fünf Monate nach mir mit seiner Arbeit aufhören, aber auch zehn Jahre bevor ihn der offizielle Rentenbeginn erwartete. »Projekte, Projekte, Projekte«, jauchzte er. »Ich muss mich richtig zwingen, mich noch auf die Arbeit hier zu konzentrieren.« Am liebsten würde er schon mit den Büchern beginnen, die er nach dem festen Job schreiben wolle. Das Honorar sei gar nicht so wichtig, »ist ja Vorruhestand. Aber ich arbeite selbstbestimmt!« Und dann wollte Herbert mich anspornen: »Du bist doch noch jung«, schäkerte er herbertmäßig, »du wirst sehen, da kommt noch ganz viel.«

Noch jung und ganz viel. Das sollte tröstlich klingen. Aber genau diese Absicht vertiefte meine Zweifel. Jung ist mein Sohn mit Anfang zwanzig, und selbst er fängt schon an, die Semester bis zum Master zu zählen, und fragt sich, ob er »noch jung genug« sein wird, wenn sein Bewerbungsmarathon um einen guten Job beginnt. Jung, das stimmt einfach nicht, wenn eine Fünf, eine Sechs oder Sieben vorne steht. Die Zusicherung, die vielen in diesem Alter zuteilwird, man habe sich »doch gut gehalten«, kam mir schon immer wie die gönnerhafte Anerkennung von Formel-1-Piloten beim Anblick polierter Oldtimer vor, als Museumsstück originell, aber bitte nicht zum Fahren. Abschiednehmen wird mit jedem vergehenden Jahr schwerer – oder dringlicher, je nachdem, ob wir etwas hinter uns lassen *müssen* oder *wollen*. Auf jeden Fall wiegen Abschiede jenseits der fünfundfünfzig schwerer als in einem Alter, das gefühlt noch eine kleine Ewigkeit vor sich hat, um neu anzufangen.

Herbert wusste natürlich, dass sein Komplimente-Turbo mit ihm durchgegangen war. Sein spaßiger Ton, das Augenzwinkern, verriet, dass er es nicht ganz ernst meinte. Ich bin eben nicht mehr jung. Herbert übrigens auch nicht. Die einstigen Babyboomer, die jetzt und in den nächsten Jahren pensioniert werden, sind zehn bis zwanzig Jahre älter als die deutschen

Durchschnittsbürgerinnen und -bürger, die laut letzter Statistik 44,7 Jahre alt sind. Wir sind auf dem Weg ins Alter. Medizin und Ernährung zum Dank wird das Greisenalter mittlerweile zwar nicht mehr wie bei Jacob Grimm vor 200 Jahren in seiner berühmten »Rede über das Alter« zwischen sechzig und siebzig Jahren definiert, »da ist der Mensch schwachsinnig und närrisch, treibt alberne Dinge und wird ein Spott der Kinder«. Statistisch droht diese infantile Phase heute meist erst jenseits der fünfundachtzig.

Aber die Uhr tickt. Die erste Einladung, sich an der Wahl zur Seniorenvertretung der Kommune zu beteiligen, warf ein Freund angewidert in den Papierkorb: »Die spinnen doch! Ich bin gerade sechzig geworden!« Die erste Überweisung von der Rentenkasse läutet dann unwiderruflich die letzte Etappe ein. Diese Strecke mental und stilistisch möglichst aufrecht zu absolvieren und den Staffelstab im Büro in guter Haltung zu übergeben, darum geht es.

Gerade hat man sich an sich gewöhnt

Was also soll das »noch« in »noch jung« bedeuten, von dem Frohnatur Kulenkampf sprach? Noch jung im Vergleich zu wem?

Alt werde ich später hat die neunzigjährige Marianne Koch ihr jüngstes Buch genannt. Ihr sei bewusst, erzählte mir die Ärztin und frühere Schauspielerin, wie neckisch der Titel sei. Aber ihr gefalle der Satz der New Yorker Schriftstellerin Bel Kaufman, die mit über neunzig Jahren sagte: »Wenn ich mal Zeit habe, werde ich mich hinsetzen und alt werden, aber jetzt habe ich zu viel zu tun.« Wer Marianne Koch erlebt, wird sich vielleicht schon mit fünfzig ganz schön alt vorkommen. Nicht etwa, weil die Frau sich jugendlich trimmt, sondern weil sie offenbar gelassen und menschenzugewandt lebt, ohne auf ihr Geburtsdatum zu starren. Weil sie weiterarbeitet, mit ihrem Hund spazieren geht, gerne gut isst und die Abschiede ihres Lebens weder ignoriert noch in ihnen untergeht.

Positiv ausgelegt meinte PR-Mann Kulenkampf mit »noch jung« vermutlich, dass Leute jung bleiben, die aktiv im Leben stehen, sowohl körperlich wie geistig, sozial und emotional – was wissenschaftlich lange schon erwiesen ist. Und selbstverständlich zählt er sich dazu. Trotzdem geht es beim Übergang in diesen nächsten Lebensabschnitt auch darum, Abschied von einem Teil des Ichs zu nehmen, das einmal selbstverständlich war.

Gerade hat man sich an sich gewöhnt, hat einen Platz, hat Menschen und einen Lebensstil gefunden, die zu einem passen, da soll man etwas aufgeben, das zur Identität gewachsen ist. Allerlei Experimente haben Körper, Hirn und Herz über sich ergehen lassen. Ruinöse Räusche und Diäten haben ihre Spuren eingegraben. Wissen wurde akkumuliert, Erkenntnisse wurden gewonnen und verworfen. Liebes- und Leidgeschichten haben das Innerste beglückt und erschüttert. Eine komplexe Selbstwahrnehmung ist so entstanden, auf die wir in Krisenzeiten zurückgreifen konnten, ohne darüber nachzudenken. Eine Selbstwahrnehmung, die zur Gewissheit wurde, etwas, worauf wir uns verlassen konnten.

Diese Selbstgewissheit ist zwar nicht gleichbedeutend mit Jugend, aber sie gründet auf einer jüngeren Version des Ichs, das in Vorruhestand oder in Rente geht. Ihre Basis sind eine ausreichende finanzielle Versorgung, eine beinahe unverwüstliche Gesundheit und die Lernbereitschaft sowie die Auffassungsgabe eines Menschen in den biologisch besten Jahren. Dieses Fundament bekommt nun Risse. Die Gehälter steigen gewöhnlich bis zum Arbeitsende, dann fallen sie mit der Rente auf ein Niveau, das den erreichten Lebensstandard unmöglich finanzieren kann. Und biologisch beginnen die besten Jahre nicht etwa, wie Männer vom Schlage Herberts zu glauben scheinen, ungefähr im Alter von fünfzig, sondern sie unterliegen ab Mitte zwanzig einer beharrlich nagenden Abnutzung. Es ist nicht die Unversehrtheit, auf die mit Eintritt in den Ruhestand Verlass ist, es ist der Verfall, den es aufzuhalten gilt, wenn das Leben noch Spaß machen soll.

So unauffällig wie beharrlich schleicht sich diese Wahrheit an der Schwelle zum letzten Lebensdrittel ins Bewusstsein – und selbst Glückspilze mit Methusalem-Gen stehen dort ab circa sechzig. Damit geraten die zentralen Säulen einer ausbalancierten Selbstwahrnehmung ins Wanken: Unabhängigkeit und Selbstbestimmung. Unabhängig zu sein, um sich für eine Lebensart entscheiden zu können, eine Wohnmöglichkeit, ein Sozialleben, alles, was guttut und Freude macht. Unabhängig zu sein von körperlichen Einschränkungen, von Arztterminen, Krankenhausaufenthalten, Pflegerinnen, Sozialämtern, von Kindern, die zu wissen glauben, was gut für die Eltern ist. Unabhängig zu sein von Maßnahmen und Hilfen, die wir nicht wollen. Kurz: Es geht um die Unabhängigkeit, überhaupt ein selbstbestimmtes Leben wählen zu können.

Der Abschied, der uns von dem trennt, woran wir am meisten hängen, unsere Unabhängigkeit, ist die eigentliche Herausforderung. Der Beruf, die zuverlässig bezahlte Arbeit oder ein ausreichendes finanzielles Polster sind eine wesentliche Voraussetzung für diese Unabhängigkeit. Das Alter, die ersten Zipperlein, die wir noch beiseiteschieben, wenn die Vorruhestandsangebote kommen, sind Vorboten von Krankheiten, die einige früher, andere ein paar Jahre später zu fürchten beginnen. Hart gesagt: Der Abschied, der mit dem Ende des Erwerbslebens ansteht, bedeutet letztlich nur, mit Haltung zu ertragen, dass die Zukunft der Anfang vom Ende ist. Das ist nicht wenig verlangt.

In seinem *Prinzip Hoffnung* erörterte der Philosoph Ernst Bloch, »was im Alter zu wünschen übrigbleibt«. Viele befalle in dieser Phase eine tiefe »Resignation«, eine Ahnung, dass dies »kein bloßer Abschied von einem Lebensabschnitt« ist, »sondern der Abschied vom langen Leben selbst«. Fünfundsechzig Jahre später bestätigte die Hamburger Kulturwissenschaftlerin Ina Schmidt in ihrem Buch *Über die Vergänglichkeit. Eine Philosophie des Abschieds*, es falle vielen Menschen schwer, »das drohende Ende auszuhalten«. Insbesondere in Gegenwartsgesellschaften, die »seit Beginn der Neuzeit ... nach technischem und wissenschaftlichem Fortschritt« streben, »um unser Leben länger, gesünder und bedeutsamer zu machen«. Das könne so weit gehen, »dass wir uns manchmal auch vom Leben verraten fühlen, wenn es uns mit dieser Vergänglichkeit konfrontiert«.

Unerbittlich nähert sich mit dem Ende der angestellten oder jedenfalls regelmäßigen Arbeit die Aufgabe, Vergänglichkeit nicht nur als einen Prozess zu sehen, der sich am Wachsen und Vergehen in der Natur beobachten lässt, sondern zu akzeptieren, dass die Zeit gekommen ist, das Thema persönlich zu nehmen. Dringend bat mich eine Freundin, deren Mann als Abteilungsleiter in einer Unternehmensberatung arbeitet: »Sag ihm nicht, dass du es weißt, die Geschäftsführung hat ihm einen Ausstiegsvorschlag unterbreitet. Seitdem ist er nur noch schlecht drauf.«

Das Vorruhestandsangebot hatte den Mann meiner Freundin mit seiner beruflichen Überflüssigkeit konfrontiert. Da konnten ihm Frau und Kinder, bedürftige Eltern und ein enger Freundeskreis noch so aufmunternd zurufen, wie sehr sie sich darauf freuen, irgendwann mehr Zeit mit ihm zu verbringen. Da konnte ein Hobby warten, ein unerfüllter Lebenstraum, vielleicht eine ehrenamtliche Tätigkeit, die neuen Sinn verspricht:

In seinem Beruf, für den er sich aufwendig ausgebildet, ein kostspieliges Studium absolviert hatte, um alle anfallenden Aufgaben übernehmen zu können, wurde er nicht mehr gebraucht. Sein Arbeitgeber, der ihn gefühlt 24/7 mit Aufträgen eingedeckt und dafür mit Gehaltserhöhungen belohnt hatte, konnte auf einmal auf ihn verzichten. Kollegen und Kolleginnen, mit denen er ein Team bildete, in dem jede und jeder einen unverzichtbaren Teil zum Gelingen des Ganzen beigetragen hatte, kamen nun auch ohne ihn aus.

Vorruhestands- oder Altersteilzeitangebote sind perfide Gebilde. Vom gesetzlichen Renteneintritt unterscheiden sie sich dadurch, dass sie generös rüberkommen sollen, weil die Annahme freiwillig ist – mehr oder weniger. »Es ist schon auch ein Selbstschutz, zu sagen, ich gehe freiwillig«, sagt Psychotherapeutin Silke Ritterbach. »Das Verhandeln um eine Abfindung gehört dann dazu. Aber es fängt ja meistens nicht freiwillig an. Die Behauptung der Freiwilligkeit gehört zu den eigenen Bewältigungsstrategien.« In Wahrheit wirken die Verführungsgespräche, die seitens der Unternehmen mit den infrage kommenden Alterskohorten geführt werden, auf viele Arbeitnehmer und Arbeitnehmerinnen verlogen.

Je spendabler die sogenannten Offerten ausgestattet sind, desto treuherziger bestehen die Überbringer darauf, die Tatsache, dass es sich der Betrieb sogar richtig viel kosten lässt, wenn man geht, doch bitte als Wertschätzung zu verstehen. »Vordergründig hilft eine hohe Abfindungssumme, damit fertigzuwerden«, so Ritterbach, »aber der ganz schlimme Selbstzweifel bleibt. Es kann Jahre dauern, damit fertigzuwerden.« Ich habe bisher keinen Vorruhestands-Verhandler getroffen, der zugegeben hätte, dass die Verheißung, fürs Nichtstun bezahlt zu werden, nicht bei allen Adressaten als Anerkennung ihrer Arbeit ankommt, sondern wie ein Tiefschlag ins Selbstwertgefühl.

Schock und Chance

Welchen Unterschied es macht, ob jemand aus eigenem Antrieb oder gezwungenermaßen den angestammten Stuhl in der Firma räumt, hat eine der erfolgreichsten Managerinnen Deutschlands erfahren. Simone Menne war ab 2012 als CFO (Chief Financial Officer) bei der Deutschen Lufthansa die erste weibliche Finanzvorständin eines DAX-Konzerns. Nach fast dreißig Jahren bei den blau-gelben Fliegern wäre die Karrierefrau gerne Vorstandsvorsitzende geworden und kündigte ihren gültigen Fünfjahresvertrag, als ein anderer den Job bekam. Rückblickend stellt sie aber klar, keineswegs aus Enttäuschung gegangen zu sein: »Tatsächlich habe ich mich gefragt, jetzt bleibst du da hocken, bis du sechzig bist, und dann soll das alles gewesen sein?«

Niemand konnte sich vorstellen, dass die energische Kielerin, die es nicht nur nach deutschen Maßstäben ganz an die Spitze der immer noch weitgehend männlich dominierten Wirtschaftswelt geschafft hatte, mal eben auf fünf Jahre Vorstandsgehalt und einen höheren Rentenanspruch verzichten könnte. Sie musste ja nicht gehen. Aber sie wollte. »Das war mir so was von egal. Ich spürte den Drang, noch mal was richtig Verrücktes zu machen.«

Wer wie Menne an Erfolg gewöhnt ist, hat kein Auftrumpfen und keinen Selbstbetrug nötig. Die schmale Frau trägt das dichte Haar kurz geschnitten, ihr Kleidungsstil ist lässig, die Brille markant.

Aufmerksam schaut sie ihrem Gegenüber in die Augen. Häufig sprechen die Hände mit, sie bewegt sich mit der konzentrierten Eleganz von Leuten, die es gewöhnt sind, Sport zu treiben.

Klar kalkuliert heuerte Menne nach ihrer Kündigung 2016

beim Pharmaunternehmen Boehringer Ingelheim an, nach den Jahrzehnten bei einem Aktienunternehmen reizte es die damals Sechsundfünfzigjährige, in einem Familienbetrieb direkt mit Eigentümern zu arbeiten. »Da kann man langfristig über Strategien nachdenken«, sagt sie. Sie ging ein bewusstes Risiko ein, und es hat nicht funktioniert. Die Dynamik in einem Familienunternehmen hat Menne unterschätzt, den CEO nicht als Eigentümer behandelt. Die Chemie stimmte nicht, so musste sie gehen. Das ging ziemlich plötzlich. Schon fast auf dem Weg zu einem Kongress, fand das klärende Gespräch statt, »und es stand fest, es geht hier nicht weiter. Das war schon ein Gefühl des Scheiterns«, sagt sie. Zu dem Kongress fuhr sie trotzdem. Zimperlich ist sie nicht.

Aufrecht zu gehen, ist eine Frage der Haltung, der äußeren wie der inneren. Einer Haltung, die der Selbstfürsorge dient. Wer sich beugen lässt, fühlt sich auch so. Aber nicht jede oder jeder kann diese Einsicht prompt umsetzen. Simone Menne hat, wie es ihre Art ist, schnell umgeschaltet in den Modus Vorfreude auf eine Herausforderung. Geholfen haben ihr in Krisen ein unbeugsames Naturell und die Lust, sich auf Neues einzulassen. Während der Tagung wachte sie nachts auf und dachte plötzlich: »Das ist jetzt ein Geschenk. Zwei Jahre bevor du sowieso aufhören wolltest, hört es auf.«

Von außen forcierte berufliche Veränderungen, zu denen auch Vorruhestand und Altersteilzeit gehören, können jedoch ebenso gut Verunsicherungen auslösen, die Krankheiten oder Depression begünstigen. Wer von sich aus vorzeitig aussteigen will, egal ob der Körper streikt oder das Kreuzfahrtschiff zum Boarding ruft, sollte das möglichst unbeschadet tun können. Solange jedoch verordnet wird, wann Schluss ist, ob mit fünfundfünfzig oder siebzig, ob es der Staat ist oder die Firma, wird dem Einzelnen die Freiheit entzogen, selbst zu entscheiden, ob er oder sie weiterarbeiten oder aufhören will. Das ist den Personalchefs von Unternehmen gleichgültig, die verjüngen und einsparen wollen. Aber kann es uns als Gesellschaft egal sein, wenn in den kommenden Jahren Millionen Menschen unter Druck gesetzt werden, ihre Arbeit zu verlassen, ohne dass sich jemand darum kümmert, wie es ihnen damit geht und was danach kommt? Und wie findet jemand individuell eine neue Bestimmung, wenn die Firma einen loswerden will, wenn Leute schon ab fünfzig bei der Arbeitsagentur als schwer vermittelbar gelten und überhaupt als für vieles zu teuer, zu anspruchsvoll und zu alt?

Gewiss, es gibt sie, die Ausgebrannten und die Götterlieblinge, die schon wissen, worauf sie sich freuen, wenn endlich das Joch der Erwerbsarbeit von ihnen abfällt. Sei es, weil sie eine physisch kraftraubende Tätigkeit ausüben, sei es, weil sie keine Lust mehr auf einen monotonen Alltag haben, sei es, weil sie sich unwohl fühlen im Kollegenkreis oder mit Vorgesetzten. Oder weil sie schon angefangen haben, ihr Leben nach dem Arbeitsleben zu planen.

Fünf Jahre lang erledigten Ulf Siebert und Friedrich Fichte ihre anspruchsvollen Jobs als Programmentwickler in einem IT-Unternehmen nur noch in dem Gefühl, durchzuhalten, bis sie endlich gehen können. Gehen zu können, das war abhängig davon, finanziell über die Runden zu kommen, auch ohne das überdurchschnittliche Einkommen eines leitenden Angestellten. Fünf Jahre hockten sie in ihren Zimmern nebeneinander und verbitterten vor sich hin, über die neuen Winde in der Firma, die ihnen nicht frisch, sondern nur kalt und abweisend vorkamen. »Das ist Lebenszeit«, sagte Friedrich, »die gibt mir niemand zurück.«

Als das Angebot kam, sieben und acht Jahre vor Rentenbeginn das Laptop zuzuklappen und für 80 Prozent des letzten Gehalts künftig spazieren zu gehen, haben die beiden Ausgebrannten zugeschlagen. »Kein Abschied ist mir leichter gefallen als dieser«, verkündete Ulf, der die Familienarbeit mit zwei schulpflichtigen Kindern übernahm, »endlich kann ich meinen Lebensgefährten entlasten.« Friedrich zog mit seiner Frau zu Sohn und Schwiegertochter aufs Land, gemeinsam wollen sie »das Häuschen renovieren, das wir vor Jahren gekauft haben, unser Altenteil«.

Leeres Nest

Ulf und Friedrich hatten Glück. Der eine hat Kinder, die noch so jung sind, dass sich die Eltern um sie kümmern müssen – und dürfen. Der andere wächst in ein Lebensmodell hinein, das heutzutage Seltenheitswert hat, die Mehrgenerationenfamilie. Die meisten Frührentner jedoch müssen sich nicht nur beruflich und persönlich neu orientieren, sie sind obendrein mit einem weiteren, zumeist sehr emotionalen Abschied konfrontiert: dem von erwachsen gewordenen Kindern, die das elterliche Haus verlassen.

Es mag etwas dramatisiert klingen, aber ich war heilfroh, noch ein paar Jahre morgens aus der Wohnung und zur Arbeit gehen zu können, als mein Sohn sich auf seinen Weg machte und für ein Jahr ins Ausland verschwand. Natürlich freute ich mich über seinen Freiheitsdrang und darüber, wie unabhängig er sich in die Welt bewegte. Es tut gut, zu sehen, dass die Kinder sich das eigene Leben zutrauen, dass sie freihändig und freisinnig auf Entdeckungsreise gehen, das verwirklichen, was vielen Babyboomer-Müttern und -Vätern noch unmöglich war, weil das Geld und der Zuspruch der eigenen Eltern fehlten. Es schmeichelt, sich sagen zu können, dass die Kinder zu selbstständigen, zuversichtlichen Menschen herangewachsen sind.

Manches änderte sich ohne die mütterlichen Aufgaben in der Routine durchaus erfreulich, mal bis acht Uhr schlafen, sich ungestört der Morgentoilette zu widmen, am Wochenende guten Gewissens allein aufs Land zu fahren, kaum noch Wäsche, freier Zutritt in alle Zimmer, kein Zoff um einkaufen, Bad putzen, zwischenmenschlichen Austausch. Aber das waren Trostpreise verglichen damit, was plötzlich fehlte. Das verschlafene Gesicht, das Samstag- und Sonntagnachmittag »langsam mal frühstücken« wollte; die knapp verpassten Töne, die beim Üben berühmter Klavierstücke die Wohnung erfüllten; die Vorträge zur artgerechten Jugendhaltung, zur Weltrettung und zur Unvereinbarkeit der Generationen, um nur zu nennen, was ich am ärgsten vermisste.

In den ersten Wochen nach dem Auszug meines Sohnes stellte ich das innere System auf Autopilot um, was bedeutete, täglich vierundzwanzig Stunden so beschäftigt zu sein, dass für nachdenken, rumheulen, den verlorenen Junior mit WhatsApp nerven, keine Zeit blieb. Irgendwann fing er seinerseits an, mal dem Vater, mal der Mutter kleine Lebenszeichen zu schicken – die wir austauschten, damit sich die Pausen nicht zu sehr dehnten. Pädagogisch begabte Freundinnen schicken am Empty-Nest-Syndrom leidenden Eltern gern Ermahnungen, das Kind nun endlich loszulassen, oder Aufforderungen, das neue kinderfreie Leben zu genießen. Ich halte das – Verzeihung – für Bockmist. Gegen die Trauer bei diesem Abschied gibt es kein Rezept. Warum auch, sie gehört zur Berg-und-Tal-Fahrt der Gefühle, die das Elternsein so unnachahmlich machen. Sie habe »jedes Mal furchtbar gelitten, wenn ein Kind ging«, gestand die französische Schauspielerin Fanny Ardant. »So ist nicht das Leben, so ist der Tod. Richtig, man kann es nicht ändern. Aber man hält es kaum aus.« Ganz vergeht der Schmerz nie, er wird nur mit der Zeit gemildert, wenn eine neue Eltern-Kind-Beziehung entsteht.

Freiwillig und mit Freude in den nächsten Lebensabschnitt zu starten, fällt sicher leichter, wenn da schon eine Aufgabe wartet. Nach dem Ausscheiden aus der Vollzeitarbeit komme »noch ganz viel«, hatte Werber Kulenkampf gesagt. Was meinte er damit?

Für ihn ist »ganz viel« sein Vorhaben, Bücher zu schreiben. Für meine Freundin Lotte ist ganz viel, wöchentlich zweimal für ihre drei Enkel zu kochen und mit ihnen Hausaufgaben zu machen, um den Vater der Kinder, ihren alleinerziehenden, berufstätigen Sohn, zu unterstützen. Im Frühling pflanzt Lotte Blumenzwiebeln und steckt Salatsetzlinge in ihr Gartenbeet, im Sommer erntet sie, bindet zauberschöne Blütensträuße und geht regelmäßig zum Schwimmen. Schulfreund Lothar besucht jede Fress- und Weinmesse, die er im Umkreis von 500 Kilometern mit seiner Moto Guzzi erreichen kann. Agnes hat wieder angefangen, Aquarelle zu malen.

Ganz viel, das ist für mich bei meinem Arbeitsabschied zu viel und zu wenig zugleich. Zu viele Optionen, die mich verwirren. Zu viel Optimismus, der nach Selbstzweck klingt. Zu wenig Vorstellungskraft, was ich aus mir machen, was noch aus mir werden könnte. Zu wenig Zutrauen, sich auf unbekanntes Terrain vorzutasten, loszulassen, um auszuloten. Sich neu zu erfahren und womöglich unbekannte Seiten an sich zu entdecken. In düsteren Momenten hielt ich das alles für Rentner-Ertüchtigungs-Blabla. Ratgeber-Geschwurbel. Coaching-Phrasen.

Was ich zum Abschluss meiner angestellten Berufstätigkeit brauchte, wurde mir etwa ein Jahr vorher klar: eine Bilanz und eine Idee. Oder mit dem Zukunftsoptimismus von Herbert etwas netter formuliert: eine Zwischenbilanz und eine Idee. Ob es die diffuse Angst vor der inneren Leere oder die mehr oder minder begründete Sorge wegen einer Rentnerinnen-Finanzierungslücke war: Ich wollte an meinem letzten Arbeitstag, dem 31. Oktober, wissen, warum ich am 1. November wieder aufstehen sollte.

(ZWISCHEN-)BILANZ
TEIL I

Zeit des Umsteigens

Bilanz ziehen, da denken manche vielleicht an Buchhaltung, an Zahlen und Fakten, aus denen sich logische Schlüsse ergeben. Andere verbinden mit Lebensbilanz womöglich Selbsterschütterungen oder Introspektionen, die in die Praxis eines Psychologen oder einer Psychiaterin gehören. Beides ist denkbar. Und darüber hinaus alles, was das derzeitige Bild, das wir für uns selbst und andere abgeben, runder, bunter, wahrhaftiger macht, indem wir es ergänzen: um die gelebte Zeit, um Haltestellen, die ehemals wichtig waren, um Briefe, die einmal geschrieben wurden. Welche Kleider haben mir einmal gepasst? Welche Erinnerungen an einmal geliebte oder verlassene Menschen will ich bewahren? Welche Ereignisse habe ich genossen – oder mühsam überstanden? So unterschiedlich Lebensläufe und Persönlichkeiten sind, so verschieden fallen Art, Umfang und Inhalt von Bestandsaufnahmen aus. Jede und jeder hat in der Hand, welche Vorkommnisse, Erfahrungen, Freuden und Belastungen er oder sie wieder aufrufen will. Welche Schleier gelüftet werden und was im Dunkeln bleiben soll, wie tief der Blick nach innen ausfällt, wie intensiv sich jemand mit vermeintlich Vergangenem konfrontieren oder darüber reflektieren will, all das ist individuell.

Vergangenheit, das klingt nach »Es war einmal …«, nach einem Zeitraum, der unwirklich weit entrückt ist, nach Ereignissen, Aussagen, Beziehungen, die hinter uns liegen. Es schwingt mit, jedenfalls in meinen Ohren: »Das ist vorbei und abgeschlossen. Gut so. Warum daran rühren.« Tatsächlich kann es schmerzhaft sein, Geschehnisse wachzurufen, die wir mit gutem Grund dem Vergessen überlassen haben. Schon das sprichwörtliche Bild von den wieder aufgerissenen Wunden tut weh. Vermutlich gibt es in jedem Leben einiges, das schlicht vergessen wurde, ohne im freudschen Sinne verdrängt worden zu sein. Und manchmal kann es geradezu überlebenswichtig werden, das Gedächtnis auszuschalten, um handlungsfähig zu bleiben.

Es muss nicht jeder Bilanz ziehen. Wer schon weiß, wie es nach dem Ende der geregelten Berufstätigkeit weitergehen soll, stürzt sich in das, was da wartet oder schon immer ein ersehntes Ziel war. Wer freiberuflich oder selbstständig arbeitet, geht über Termine wie den Renteneintritt oft einfach hinweg, weil niemand vorschreibt, wann jemand seltener oder gar nicht mehr in der eigenen Firma, auf der Bühne, bei Kunden, Klientinnen oder Patienten erscheint. Doch auch für diese unabhängigen Berufsschaffenden kommt der Moment, sich der Tatsache zu stellen, dass ihre Wirkungszeit mit jedem Tag kürzer wird – was erst nach der statistischen Lebenshälfte wirklich zählt.

Wer mit Beginn dieser Phase ins Stocken gerät, wer noch nicht sicher ist, was als Nächstes kommen soll, wer schwer loslassen kann, wer ins Loch rutscht oder fürchtet, das könnte passieren; wer eine Aufgabe sucht, aber nicht weiß, welche; wer erst mal Abstand braucht vom Arbeitsstress; wem es schwer fällt, sich selbst eine Struktur zu geben; wer allein lebt, aber weder einsam noch depressiv werden will, oder wer zu zweit lebt und sich vor der neuen Nähe fürchtet oder vor der Einsamkeit zu zweit; wer sich fragt, ob die Rente reicht, oder schon weiß, dass sie nicht reicht; wer einfach gerne für Geld arbeitet oder wer sich leisten kann, etwas Ehrenamtliches zu tun, nur was? Wer ein bisschen hypochondrisch ist oder wer erste Zipperlein verspürt und sich sorgt, wohin das führen wird; oder wer – wie ich – dem Vergangenen ein wenig nachtrauert, sich irgendwie auch auf das unbekannte Künftige freut, von all den Ungewissheiten ein bisschen umgetrieben ist und sich doch nicht hängen lassen will: Diese Ruhestands-Debütanten und Pensions-Anfängerinnen profitieren erfahrungsgemäß davon, erst zurück und dann nach vorn zu schauen.

Nicht jede und jeder wird jeden Rückblick werfen wollen und nicht alles wird für alle relevant sein. Es geht darum, die Zeit des Umsteigens zwischen zwei biografischen Abschnitten für sich zu nutzen, Fragen zuzulassen und als Einladung zu sehen, Regionen der eigenen Lebenslandschaft zu ergründen, die einem bislang verborgen geblieben oder in Vergessenheit geraten sind. Sich seiner Herkunft zu vergewissern, um herauszufinden, ob sich da Hinweise finden, wie die nächste Zukunft gestaltet werden könnte.

Twist and Shout

Manchmal fällt es leichter, sich zunächst an allgemeine Zeiterscheinungen zu erinnern, die uns in jüngeren Jahren äußerlich umgaben und beeinflussten. Dazu gehören auch kulturelle Trends, die während einer Epoche entstehen oder vorherrschen und insbesondere die Jugend begleiten und prägen. So lose die Fäden sein mögen, die eine Generation verbinden, so fest verknüpft sich das Netz geteilter Erfahrungen mit den Jahren. Während wir selbst zu den Jungen gehören, erscheint das Angebot der Moden und Möglichkeiten derart unerschöpflich, dass sich empfiehlt, überschaubaren Peer- und Fangroups beizutreten. Die sich rasant vermehrenden Babyboomer-Jahrgänge fühlten sich wahlweise Hippies, Beatniks, Gammlern, Teds, Mods, Poppern oder Punks zugehörig, die mal mehr ins Modische, ins Künstlerische oder ins Politische changierten und durchaus nicht immer freundlich koexistierten.

Je älter wir werden, je seltener wir neue Bekanntschaften schließen, desto sentimentaler fühlen wir uns selbst jenen Jahrgangsverwandten verbunden, mit denen wir damals nicht in einem Atemzug hätten genannt werden wollen. Wenn sich das berufliche Netzwerk auflöst, treten andere Berührungspunkte in den Vordergrund: Wer einmal dabei war, wenn einander völlig Fremde sich bei »Marmor, Stein und Eisen bricht« in die Arme fallen, weiß, wovon die Rede ist.

Stellvertretend für sonstige Kunst- und Kulturorte machen wir einen Abstecher dorthin, wo die Schlaghosen- und Minirock-Generation zum Feiern ging: in die Disco. In meinem Dorf lag das »Maddox« gleich hinter dem Bahnhof. Als Mädchen waren wir gut beraten, dort in Formation zu erscheinen, beiläufiges oder gezieltes Anfassen gehörte auf und neben der Tanzfläche zu den angesagten Methoden, mit dem begehrten Geschlecht Kontakt aufzunehmen. Dabei ging es uns kichernden Vierzehn-, Fünfzehnjährigen vor allem darum, zu »Ob-La-Di, Ob-La-Da« im Gleichschritt vor und zurück zu hüpfen, die Arme zu werfen und unfallfrei Pirouetten zu drehen.

Heute scheint es mir unerklärlich, wie ich mich 1971 dreimal in Peter verlieben konnte – nacheinander in drei verschiedene. Zu meinen Gunsten möchte ich annehmen, dass es nicht die Äußerlichkeiten waren, die mich verzückten. Das angesagte Outfit Anfang der Siebziger sah Hosen mit Trompetenbeinen auch für Sportverweigerer vor, die dazu tief aufgeknöpfte, damals noch nicht Slim Fit, sondern hauteng genannte Hemden mit Tapetenmustern trugen. Wer über erste Bartflusen oder Brusthaar verfügte – was bei Peter Nummer zwei der Fall war –, zeigte das vor. Ein kinn- bis schulterlanger Pagenkopf verlieh den Beatles-Klonen etwas Bobtailhaftes – ich erinnere mich, dass Peter Nummer drei das früh gelichtete, zu Wellen arrangierte Haar rechts und links vom Mittelscheitel antoupierte.

Seit die Alltags- oder Populärkultur weite Teile der Gesellschaft durchdringt, prägen sich ihre Phänomene unauslöschlich ins Gemeinschaftsgefühl ein. Die Fan- und Kritikerwelten von Schlager, Jazz, Beat, Folk, Rock 'n' Roll oder Punk hätten zu ihrer Blütezeit kaum weiter auseinanderliegen können. Westdeutsches Liedgut zog mit seinen Schnulzen aus der heilen Welt unter Altvorderen lyrisches Schwelgen, bei den Gegnern des Adenauer-Biedermeier jedoch nur Abscheu auf sich. »Ergriffen und behext« verlor sich Hans Egon Holthusen, ein Literaturkritiker mit NS-Vergangenheit, in der »Musik der Saison ... in einem grenzenlosen Element erotischer Möglichkeiten«, wo er sich »augenblicksweise mit der ganzen liebeshungrigen und schönheitsgierigen Menschheit« vereinige. Schriftsteller Peter Rühmkorf hingegen hörte zwischen Freddy Quinns »Aloha Oe« und Conny Froboess' »Zwei kleine Italiener« ein »mieses Geflecht beschissener Texte« und warf der leichten Muse »verbrecherische Volksverdummung« vor. Theodor W. Adorno, sprachmächtiges Oberhaupt antikapitalistischer Ideologiekritik, ließ in seiner Vorlesungsreihe »Einleitung in die Musiksoziologie« keine Schlagernote auf der anderen. Die Schmachtfetzen rechneten »mit Unmündigen; solchen, die des Ausdrucks ihrer Emotionen und Erfahrungen nicht mächtig« seien, sei es, »dass Ausdrucksfähigkeit ihnen überhaupt abgeht, sei es, dass sie unter zivilisatorischen Tabus verkrüppelte«.

An meinen Freunden, Freundinnen und mir ging derlei intellektueller Furor unbemerkt vorbei. Wir identifizierten uns ohnehin eher mit englischen und US-amerikanischen Stars als mit der deutschen Hitparade, johlten eben noch »Twist and Shout« und kurz darauf »I Can't Get No Satisfaction«. Unvergesslich brennen sich die Klänge und Verse einer Epoche in das emotionale Gedächtnis ein und wühlen bei Menschen zwischen zwölf und sechzehn vom ersten »Willst du mit mir gehen?« bis zum ersten

Sex das Herz und die Hormone auf. 2021 starb der britische Barde Barry Ryan. Als ich seinen Namen und die Töne seines größten Hits nach Jahrzehnten wieder einmal hörte, katapultierte mich eine innere Zeitmaschine zurück auf die Konfirmandenfete, wo mein Angebeteter mich beim ersten Kuss fast stranguliert hätte: »I break my heart to please! Eloise, Eloise!«

Nie hätten wir gedacht, dass es womöglich eine Rolle spielte, ob wir den Beatles oder den Stones zujubelten, Beach-Boys- oder Pink-Floyd-Fans waren, France Gall und Udo Jürgens verehrten oder Janis Joplin und Stevie Wonder. Psychologen erforschen seit Jahrzehnten Zusammenhänge zwischen Musikgeschmack und Charakter, wonach die Fans von Jazz und Blues selbstbewusster seien als die von Heavy-Metal- und Rock-Konzerten; Country- und Western-Freaks gelten als ebenso arbeitsam und kontaktfreudig wie Hitparaden-Freunde, aber nicht so kreativ und gelassen wie die Anhänger von Soul-Bands. Aktuelle Studien attestieren Musikhörenden weltweit einen extrovertierten Charakter, wenn sie beim Song »Shivers« von Ed Sheeran mitwippen, während neurotische Naturen angeblich auf »Smells Like Teen Spirit« von Nirvana abfahren. Die Rockband Rage Against The Machine, da sind sich die Untersuchenden sicher, wird bei gewissenhaften Menschen auf taube Ohren stoßen, egal ob sie in London, Lüneburg oder Laos zu Hause sind.

Den Popikonen der Sechzigerjahre ist allenfalls gemeinsam, dass sie die klassische Hochkultur einer bürgerlichen Elite ebenso infrage stellten wie die völkisch-nationalen Ergüsse des NS-Faschismus und dass die Musik der Neuen Welt von ihren Fans noch gegen die Eltern erkämpft werden musste. Was nicht bedeutet, dass alle, mit denen man mal »Give Peace A Chance« oder »Blowin' In The Wind« gegrölt hat, bis heute friedensbewegt und antifaschistisch eingestellt sind. Allenfalls erkennen wir einander und freuen uns – vielleicht.

Vor ein paar Monaten saß ich in einem Hamburger Café, als auf einmal »You Can't Hurry Love« von den Supremes erklang. An jedem zweiten Tisch wippte oder summte jemand mit. Für einen Augenblick verstummten die Gespräche, die Leute blickten von den Laptops auf, wir sahen uns an und fingen an zu lachen. Wir, die Supremes-Generation.

Das intellektuelle Deutschland jener Sechzigerjahre fand sich in einer postfaschistischen Literatur wieder. Er ertappe sich dabei, erzählte kürzlich ein Freund, wie er neuerdings häufiger in seinem Bücherregal nach »den alten Helden« suche, womit er jene Autoren meinte, die sich ihre Abrechnung mit der als heuchlerisch empfundenen Adenauer-Republik von der Seele schrieben. Wir Nachgeborenen wuchsen mit den kriegsbeschädigten oder allemal kriegsgeprägten Dichtern im Deutschunterricht auf, sei es Friedrich Dürrenmatts provokativer *Besuch der alten Dame*, Max Frischs tragischer *Homo Faber* oder auch Rolf Hochhuths kontroverses Deportations-Drama *Der Stellvertreter*. Die Ansage der literarischen Erneuerer an die Wirtschaftswunderkinder lautete: Ihr seid nicht so viel anders oder besser als die NS-Generation. Die deutsche Schuld muss aufgearbeitet werden. Ihr politischer Aufklärungstrieb, ihre Sprache zwischen Zorn und Zärtlichkeit, öffneten denjenigen, die dazu bereit waren, gedanklich die Türen, um mit einer von Willy Brandt geprägten SPD mehr Demokratie zu wagen.

»Wir waren die, die zum Entsetzen unserer Eltern mit einem VW-Bus nach Afghanistan fuhren«, erinnert sich der Freund, »wir deuteten das ex oriente lux, wonach die Glücksversprechen aus dem wilden Osten kamen, nach unserer Fasson und hatten nicht Thomas Manns *Buddenbrooks*, sondern Hermann Hesses *Siddhartha* im Gepäck.« Heute reiben sich die Aufmüpfigen von einst die grauen Schläfen und werfen die Angelschnur nach hinten aus in der Hoffnung, als gereifte Rentenempfänger zwischen der *Verlorenen Ehre der Katharina Blum* (Heinrich Böll) und Erich Frieds Gedicht »Es ist, was es ist, sagt die Liebe« vielleicht doch noch einen roten Faden der Erkenntnis zu finden. »Ich weiß nicht wie«, sagt mein Freund, »aber irgendwie haben diese Bücher mich geprägt.«

Bezeichnend für die seinerzeit noch weitgehend unerschütterte männliche Dominanz der Epoche ist, dass in den Anthologien jener Jahre weder Büchner-Preisträgerinnen wie Marie Luise Kaschnitz und Ingeborg Bachmann noch die Schriftstellerinnen Ilse Aichinger oder Christine Brückner in einer Weise gewürdigt werden, die ihrer Bedeutung angemessen wäre. Auch in den Lehrplänen der Schulen jener Zeit spielten die Texte von Frauen allenfalls eine Nebenrolle. Als ich im Deutschunterricht einmal vorschlug, eine Erzählung von Gabriele Wohmann zu lesen, zog unser Lehrer die Mundwinkel nach unten: »Frauenliteratur.«

Im Kino sah es nicht viel besser aus. Abgesehen von Rainer Werner Fassbinders gesellschaftskritischen Filmdramen und Volker Schlöndorffs Autorenfilmen, die einen Kontrapunkt zur Pauker-, Schmalz- und Sexfilmchenproduktion deutscher Studios setzten, triumphierte an den Kinokassen alles, was aus Hollywood kam. Unser Taschengeld ging fast ausnahmslos für Blockbuster drauf, die von kerligen Typen handelten. Die beiden *Borsalino*-Helden Jean-Paul Belmondo und Alain Delon himmelte ich von Nachmittag bis Mitternacht allein im Kino an, die Beine auf der Vorderreihe abgelegt – drei Vorstellungen hintereinander. Großartige Schauspielerinnen wie Jane Fonda mochten gegen den Vietnamkrieg protestieren oder später wie Jodie Foster zu erfolgreichen Hollywood-Produzentinnen aufsteigen; am Anfang ihrer Karriere tippelten und schmollten sie als Barbarella, als Pretty Baby, als Kindhure oder naive Blonde über die Leinwand. Meine Heldin hieß Emma Peel, die als »Karate-Emma«, gespielt von Diana Rigg, in der TV-Serie *Mit Schirm, Charme und Melone* eine der ersten emanzipierten Agentinnen darstellte und ihre Kriminalfälle mit Kampfsport, Knarre und einem spöttischen Mundwerk löste. Der schwarze Catsuit, den ich mir nach Emmas Vorbild später kaufte, hängt heute noch im Schrank – in der Abteilung für Rausgewachsenes.

Bekanntlich waren selbst die Achtundsechziger noch der Auffassung, die damals sogenannte Dritte Welt und die Arbeiter müssten befreit werden, Frauen hingegen sollten Kaffee kochen. »Emanzipation!«, lautete der Schlachtruf, aber wer als Frau den Kopf rausstreckte, ob in Literatur, Kunst, Politik oder in der Studentenbewegung, wurde als »Emanze« abgestempelt und ausgebremst. Regisseurin Margarethe von Trotta war zwanzig Jahre als Schauspielerin im Geschäft, bis sie endlich 1977, mit fünfunddreißig Jahren, erstmals offiziell Regie führen durfte, »eine lange Zeit, eine lange Geduld«, resümiert sie. Noch 1971 behauptete die deutsch-argentinische Autorin Esther Vilar in ihrem Pamphlet *Der dressierte Mann*, nicht die Frau, sondern der Mann werde unterdrückt – das Buch wurde ein Bestseller. Es sollte noch mal fast ein halbes Jahrhundert dauern, bis der Feminismus gesellschaftsfähig war.

Zwei Drittel Gestern

Man kann sich fragen, welchen Sinn es machen soll, nach hinten zu schauen, wenn gar nicht mehr so viel Zeit vor einem liegt. Man kann es auch genau andersherum sehen. Nach aktuellem Stand haben Frauen mit achtundfünfzig, Männer mit sechsundfünfzig Jahren noch rund ein Drittel Leben vor sich.

Aber eben auch zwei Drittel hinter sich. Da ist dann schon ganz viel, das sich lohnt, erinnert zu werden. Ganz viel geschafft. Ganz viel gelernt. Ganz viel erfahren, auf dem sich vielleicht aufbauen lässt. Und selbst wenn Blessuren zutage treten, die in der Alltagsroutine unversorgt geblieben sind, wäre jetzt eine gute Gelegenheit, sich darum zu kümmern. Gelassener und zugewandter, als das im Dauerlauf beruflicher Anstrengung möglich war.

»Bergung der Kindheit« nennt der früh verstorbene Essayist Roger Willemsen in seinem Nachwort zu Mercè Rodoredas sommerluftleichtem Roman *Der Garten über dem Meer* den Versuch, aus dem Gedächtnis eine stimmige Erzählung der Vergangenheit zusammenzusetzen: »Man eignet sich ja die Dinge des Lebens nur in der Erfahrung und in der Erinnerung an.« Erst vom Ende her betrachtet offenbare »die Geschichte ihre Ordnung und Bedeutung«. Daher ist der Zeitpunkt günstig, sich zu Beginn des dritten Daseinsdrittels anzuschauen, woher die Energie kam, die das Leben bisher angetrieben hat. Was in Krisen die Zuversicht stärkte, weiterzumachen. Welche Reserven notfalls mobilisiert werden konnten. Und welche Hürden unüberwindlich blieben. Für den Einstieg reicht es gewöhnlich, mal wieder ins Familienalbum, in Tagebücher oder Briefe zu schauen. Oder wie in meinem Fall in einen lila-blauen Karton. Oder gemeinsam mit Kollegen einen Ausstand zu feiern.

In den Tagen nach dem rauschenden Abschiedsfest begann ich, die »Weißt du noch?«-Fragen weiterzuspinnen. Nicht nur in Bezug auf Beruf und Arbeit. An welche Begebenheiten konnte ich mich frühestens entsinnen? Wie waren meine jungen Eltern mit uns Kindern umgegangen? Worüber wurde bei uns am Esstisch gesprochen? Was konnten wir uns leisten und was nicht? Was haben wir gegessen, wie waren wir gekleidet? Wurde ich streng oder geduldig erzogen? Nach welchen Regeln? Welche

Ereignisse sind mir präsent und warum? Was hat so tiefen Eindruck auf mich gemacht, dass es mich bis heute begleitet? Wie war ich als Kind, als Heranwachsende? Welches Frauenbild hat mich geprägt? Bin ich mir treu geblieben?

Mit jeder Frage, die hinzukam, erschien es mir drängender, bei Anbruch dieses neuen Lebensabschnitts in die eigene Geschichte einzutauchen. Befreit von der Verantwortung, täglich nach einem externen Takt zu funktionieren, ist die Gelegenheit günstig, einen Bogen zu schlagen in die Vergangenheit. Auf der Suche nach einer individuellen Weiterreise, die nicht im Irgendwo landen soll, sondern so etwas wie Lebenszufriedenheit zum Ziel hat, lohnt es sich, die bisherigen Stationen anzuschauen. Festzustellen, wer mich in den Zug gesetzt hat, wo ich schon mal ausgestiegen, vorbeigefahren oder umgestiegen bin. Warum ich meine Reise unterbrochen und warum wiederaufgenommen habe. Vielleicht herauszufinden, ob es Sinn macht, irgendwohin zurückzukehren, oder ob da nur Neuland ist, das dringend entdeckt werden will. Und ob es eine Kraft gibt, die zu mir gehört und die ich für kommende Herausforderungen mobilisieren kann.

Wie bei den meisten Menschen hatte und hat meine Herkunft, meine soziale Umgebung und einiges aus der Geschichte meiner Eltern und Großeltern, einen Einfluss auf die Art, sich in der Welt zu orientieren, Informationen abzuwägen und Entscheidungen zu treffen. Einen Einfluss, der sich umso besser ermessen lässt, je bereitwilliger wir seinen Ursprung ergründen. Sofern es meine Erinnerungen und Erfahrungen angeht, erhebt nichts davon den Anspruch, typisch zu sein, für eine historische Epoche, eine gesellschaftliche Situation, eine Generation. Nicht mal für eine Art, sich zu erinnern. Jede einzelne Bestandsaufnahme steht für sich. Ich stelle meinen Rückblick zur Verfügung, vielleicht wird sich die eine oder der andere wiedererkennen bei einer Blumensorte, einem Farbspiel oder dem Vorüberziehen einer Atmosphäre und sich ermutigt fühlen, das eigene Recherchepuzzle zusammenzusetzen.

Ein (fast) schwereloser Anfang

Meine Reise ging 1956 los. Das Jahr fing ziemlich gut für mich an. Genau genommen fing es *mit* mir an, am Sonntag, den 1. Januar 1956, kam ich auf die Welt und verdoppelte laut Wiegekarte im ersten halben Jahr mein Lebendgewicht. Wie vermutlich in vielen Wirtschaftswunder-Familien jener Zeit setzte sich dieser Aufwärtstrend fort, sodass die Fotos von meinem ersten Geburtstag ein erschreckend rundgenährtes Kind zeigen, das zum Überfluss mit Kaltem Hund gefüttert wird, einer Zuckerbombe aus Leibniz-Keks, Kokosfett und Schokolade, die in den Fünfzigern zu jedem Kaffeeklatsch gehörte.

Als mein Bruder drei Jahre später geboren wurde, trug ich ein hellblau-weiß getupftes Perlonkleid mit Puffärmeln, dazu rote Lackschuhe, im Haar ein Kränzchen aus Seidenblumen. »Brüderchens« Babywippe stand neben einem Nelkenstrauß auf einem nierenförmigen Mosaiktisch mit Messingkante. Wir waren gerade in unser neues Einfamilienhaus eingezogen, neben dem tiefen Blumenfenster zum Garten prangte die Nordmende-Truhe aus Nussbaum mit Zehnplattenwechsler. Wir hatten einen der ersten Fernseher in der Bremer Thomas-Mann-Straße, mein Vater guckte *Tagesschau* mit Karl-Heinz Köpcke, ich durfte bis zum *Sandmännchen* aufbleiben, meine Mutter las die Zeitschrift *burda moden* »mit dem Farb-Schnittbogen«. In der Garageneinfahrt parkte unser beigefarbener Ford Taunus 15M. So weit lief alles nach Plan.

Für die Gesellschaft Wir-sind-wieder-Wer der Fünfzigerjahre

waren meine Eltern die Idealbesetzung. Sie hatten sich während einer kaufmännischen Ausbildung in Bremen kennengelernt. Mein Vater war als Siebzehnjähriger, begleitet von Mutter und Bruder, mit einem der letzten Trecks zu Fuß aus Pommern geflohen. Sein Vater war als Kriegsgefangener in einem russischen Gefangenenlager verhungert.

Meinc Mutter hatte im Mathe-Abi eine Zwei, durfte aber nicht Innenarchitektin werden, weil sie dafür eine Tischlerlehre gebraucht hätte, und meine Großmutter verfügte, Mädchen aus gutem Hause machen keine Tischlerlehre. Das verfügte sie, weil mein Großvater, die Lichtgestalt der Familie, an der Ostfront gefallen war. Ich bin mit der Trauer meiner Mutter darüber groß geworden, diese Schulter zum Anlehnen viel zu früh verloren zu haben. Dass mein in seiner Gemeinde als sozialer und aufrechter Christ beliebter Großvater NSDAP-Mitglied war, habe ich erst nach Mutters Tod erfahren, in einem Gespräch zwischen meinem Sohn und meinem Onkel, auf das ich später noch komme.

Was das Verschweigen familiärer Naziverwicklungen angeht, bin ich vermutlich eine ziemlich typische Vertreterin meiner Generation. Selbst die früh politisierte Grüne Marieluise Beck, deren Eltern mit den Nationalsozialisten sympathisiert hatten, räumt ein, dass sie die NS-Politik in ihrer Familie nie zum Thema machte: »Wir haben nicht gefragt.« Wie zu allen Zeiten sickerte auch bei den Babyboomern das vorherrschende Lebensgefühl mit seiner Sprache, seiner Musik, seinen Moden, Weltanschauungen und Leitbildern in die Wertvorstellungen der Familien und Individuen ein. Die waren, kaum auferstanden aus dem selbst verschuldeten deutschen Untergang, besonders anfällig für die Verheißungen eines schwerelosen Daseins. Rückblickend scheint es mir, als ob die Luft jener Jahre mit Adrenalin geboostert war. In unserer Straße wuchs ein Einfamilienhaus nach dem anderen aus dem Schutt, immer größer wurden die Sandkästen und die Garagen für die Autos, die Väter und Kinder samstags am Straßenrand auf Hochglanz polierten. Zwischen Manuelas Wohlfühlschlager »Schuld war nur der Bossa Nova« und Udo Jürgens' Zusicherung »Und immer wieder geht die Sonne auf« wuchs die Zuversicht ins Grenzenlose. Es gab nur eine Entwicklungsrichtung: aufwärts.

Mit dem Geld meiner mütterlichen Familie gründeten meine Eltern einen schon bald florierenden Uhren- und Schmuckhandel. Meine Mutter stöckelte auf zwölf Zentimeter hohen Pfennigabsatz-Pumps wie die persische Kaiserin Farah Diba einher, mein Vater trank abends eine Flasche Mosel, man wählte Ludwig Erhard oder FDP, tanzte Foxtrott zu Hugo Strasser und wurde Mitglied im Tennisverein. Das Mantra der bundesdeutschen Wiederaufbau-Bürger, ihren lieben Kleinen solle es einmal besser gehen, materialisierte sich für uns Kinder mit jedem Weihnachts- und Geburtstagswunschzettel: Träume wie ein Kettcar, eine Märklin-Eisenbahn oder die Marika-Kilius-Schlittschuhe wurden prompt erfüllt. Meine Eltern waren stolz auf ihren Aufstieg. Hunger, Armut und Entbehrung, unter denen viele Familien Ende der Fünfziger-, Anfang der Sechzigerjahre noch litten, blieben uns erspart. Man kann auch sagen, wir haben in den ersten Lebensjahren nicht gelernt, was materieller Mangel bedeutet. Wir Nachkriegskinder, schreibt die Autorin Miriam Gebhardt in ihrem Buch *Unsere Nachkriegseltern*, wurden »selbst zu Symbolen für die Gesundung und das Wiedererstarken Deutschlands« und folgten so »unbewusst dem Schatten der Biografien unserer Eltern«.

Kaum war der Aufstieg perfekt, »wurden wir geschieden«, wie ich mir angewöhnte zu sagen, denn ich bin meiner Mutter bis heute dankbar für ihren Entschluss, sich Anfang der Sechzigerjahre lieber als alleinerziehende selbstständig berufstätige Frau durchzuschlagen, anstatt sich und uns von einem Despoten schikanieren zu lassen. Dass sie auf Unterhalt verzichtete, entsprach ihrem Bedürfnis nach Unabhängigkeit; den verwöhnten Kindern alles zu ermöglichen, woran sie gewöhnt waren, überforderten jedoch ihre Gesundheit ebenso wie unsere schlagartig erodierten finanziellen Verhältnisse. Noch heute sehe ich die knapp hundert Pfund zarte Frau mit den Vertreterkoffern voller Chanel-Colliers und Kettenglieder-Uhren zum Auto wanken, erst nach der Scheidung durfte sie den Führerschein machen, der gebrauchte metallicblaue Schlitten war ihr ganzer Stolz. Sie hielt die Existenz als freie Unternehmerin ein paar Jahre durch, dann waren wir pleite. Und sie ging als Sekretärin arbeiten.

Das damals noch unübliche Profil, Scheidungskind zu sein, gab mir Gelegenheit einzuüben, was wir heute Resilienz nennen, eine in vielen Lebenslagen nützliche Eigenschaft. Gepaart mit einer guten Portion Galgenhumor kann daraus ein taugliches Überlebenstool werden, wie mir Therapeutinnen später bestätigten. Ein Werkzeug, das mir hoffentlich auch bei einem holprigen Übergang von der Arbeitsbürgerin zur Freizeitseniorin gute Dienste leisten wird.

Dass sich Resilienz, also die Fähigkeit, Krisen zu überstehen und danach relativ rasch wieder zu sich zu kommen, durchaus trainieren lässt, ist übrigens wissenschaftlich erwiesen. Anders als die landläufige Meinung glauben macht, es handele sich um eine Gabe, die man habe oder nicht, ist die innere Widerstandskraft »keine angeborene Unempfindlichkeit gegen Stress«, bestätigt Hirnforscher Klaus Lieb, »sondern die Folge eines aktiven und dynamischen Anpassungsprozesses«. Diese Form der Belastbarkeit, erklärt der Direktor der Klinik für Psychiatrie und Psychotherapie der Universitätsmedizin Mainz, »resultiert aus einem Zusammenwirken von angeborenen Anteilen und Erfahrungen, die wir besonders in der Kindheit und Jugend machen«.

Auch Rentneranfänger, die gerade unsicher sind, wie es mit ihnen weitergehen soll, ermutigt der Experte: »Jeder hat so seinen inneren Resilienz-Handwerkskasten, und die Krise ist eine gute Gelegenheit, diesen Handwerkskasten mal mit neuem Werkzeug aufzufüllen.«

Zeit der Widersprüche

Zumeist still und subkutan wirken das soziale Klima, das Miteinander, die Bilder und Vorbilder auf uns ein, denen wir in der Familie während der ersten zwanzig Jahre unseres Lebens ausgesetzt sind und die uns bis ins Erwachsenenalter von innen heraus leiten – womöglich bis ans Lebensende. Zum Glück zeigen sich Nachwirkungen dessen, was die Kindheit wesentlich ausmachte, auch im Guten. Etwa bei Erwachsenen, die als Sprösslinge in ihrem Forschergeist nicht argwöhnisch bewacht oder ängstlich zurückgehalten, sondern bestärkt und unterstützt wurden.

Die Managerin Simone Menne zeigt selbst in Situationen Haltung, in denen mal sie als Person, mal ihre Leistung, das, was sie aufgebaut hat, infrage gestellt oder gar demontiert wird. Sie ist auch dann imstande, zu sich zu stehen, wenn jemand oder etwas an ihrem Selbstvertrauen rüttelt, was auf dem Weg nach oben regelmäßig passiert. »Klar habe ich manchmal auch wie ein Schlosshund geheult«, sagt sie, »aber aus Wut und auf dem Klo, das hat niemand gesehen.« Es gehört zwar zu den Botschaften in Führungsseminaren, in Krisen nach außen hin keine Schwäche zu zeigen. Aber im Augenblick der Niederlage aufrecht und handlungsfähig zu bleiben, setzt voraus, dass die Kraft der Resilienz schon angelegt oder eingeübt ist, um im Ernstfall mobilisiert werden zu können. Die Kielerin ist sich sicher, woher sie diese Haltung hat, auf die sie sich auch in Ausnahmesituationen verlassen kann: »Meine Eltern haben mich so unterstützt, dass ich immer dachte, mir kann nichts passieren. Was nicht stimmt, aber ich glaubte das. Sie waren immer sehr stolz auf mich.«

Menne ist viel zugetraut worden, was sie in Selbstvertrauen umwandeln konnte. Ob wir solche Kindheitsbotschaften erhalten haben oder nicht, entscheidet mit darüber, wie gelassen oder ängstlich wir auf Rückschläge reagieren, die wir einstecken müssen, wie selbstsicher oder besorgt wir Chancen wahrnehmen, die sich uns bieten, ob wir an uns glauben können, wenn wir gescheitert sind oder zum Aufgeben neigen. Heute gehören solche Einsichten zum Allgemeinwissen. In den Fünfziger- und Sechzigerjahren mit Eltern aufgewachsen zu sein, die ihr Kind in einem guten Gleichgewicht aus Fördern und Fordern erzogen haben, war Glück oder Zufall. Sich Gedanken zu machen über Kindererziehung, gehörte nicht zu den Normen und Werten jener Zeit.

Die Eltern der Babyboomer waren entschlossen, bestätigt der Historiker Thomas A. Kohut den alles bestimmenden Wert jener Zeit, »sich in den Nachkriegsjahren in den Erwerb von Wohlstand zu stürzen«. In dem Bemühen, auf keinen Fall zurückzuschauen, sich individuelle Schuldfragen zu stellen, sei es auch nur, sich einzugestehen, begeistert von den Versprechen des NS-Staats gewesen zu sein, so Kohut, »investierten Eltern und Kinder gewaltige Energien, um jede persönliche Verbindung zum Nationalsozialismus zu verdrängen«. Dankbar ergriffen sie kollektiv die rettende Aufgabe, »sich mit aller Kraft aufs Überleben zu konzentrieren«, das Land und ein lebenswertes Leben aufzubauen. Den Kindern sollte es schließlich einmal besser gehen, wobei besser zuallererst materiell definiert war. Nicht gemeint war mit dem Diktum, die eben noch gültigen

Wertmaßstäbe der vorangegangenen, autoritären Gesellschaft etwa infrage zu stellen.

Eine gute Kinderstube, das hieß für mich, Erwachsene mit einem Knicks, für meinen Bruder, sie mit einem Diener zu begrüßen. Bei beiden Kindern bändigte ein Klämmerchen die linealgerade gescheitelten Haare aus der Stirn. In der Schule wurden Kopfnoten für Ordnung, Fleiß und Betragen vergeben. Die 1788 erschienene Aufklärungsschrift des Freiherrn Adolph von Knigge *Über den Umgang mit Menschen*, ein soziologisch aufschlussreiches Werk, das vom Kontakt mit Kindern, Ärzten und Jähzornigen bis zur Annäherung an sich selbst handelte, stand bei uns im String-Regal. Man tut dem Edelmann unrecht, ihn auf »Das Einmaleins des guten Tons« zu reduzieren, und selbst das hätte mein Vater mal besser gelesen, anstatt seine Mitmenschen, allemal die Schwächeren, herumzukommandieren. »Traue dem nicht, der verächtlich vom weiblichen Charakter denkt«, warnte Knigge, »auch dem nicht, der keine Kinder liebt, und den die Kinder nicht leiden können.«

Die Lebens- und Erziehungserfahrung der meisten NS-Nachgeborenen liegt jenseits solcher feingeistigen Gesinnung. Wir wurden nach Methoden erzogen, die vor allem auf Befehl und Gehorsam der autoritätsfixierten Kriegsgeneration basierten. Mein Großvater väterlicherseits warf noch mit »Knobelbechern«, so hießen die Soldatenstiefel, nach Frau und Söhnen. Meine Mutter konnte ihre Perlon-Nahtstrümpfe immer erst anziehen, wenn sie außer Sichtweite meiner Großmutter war. Deren Kalenderspruch für die anständige Frau habe selbst ich noch im Ohr: »Sei wie das Veilchen im Moose, bescheiden, sittsam und rein, und nicht wie die stolze Rose, die immer bewundert will sein.« Moralisch aufgeladene Ge- und Verbote wurden wie von einer höheren Gewalt stellvertretend angeordnet: »Das tut ein gutes Kind nicht. Sitz gerade. Am Tisch wird nicht geredet.« Verstöße wurden, besonders bei Jungen, brutal geahndet. »Der Rohrstock pfeift, jauchzt, bevor er ins Fleisch schneidet, Schlag um Schlag«, erinnert sich der Schauspieler Edgar Selge an die Prügelorgien seines Vaters. Mein Bruder hat die Angst vor unserem Vater erst verloren, als er auf den Einmetersiebenundachtzig-Mann herabblicken konnte.

Auch wenn im Nachhinein, wie sehr berührend bei Selge, oft Verständnis entstand für die kriegsversehrten Eltern, hinterließen deren blindlings weitergereichte Erniedrigungen auf der Seele und im Selbstwert unwillkürlich ihre Abdrücke. Gerade so wie die Zwänge und Repressalien einer Leistungsgesellschaft, in der selber Schuld hatte, wer nicht zu den Tüchtigen zählte. Wie viel mehr dazugehört, Töchter und Söhne so ins Leben zu begleiten, dass sie gefestigte, zuversichtliche, eigenständige Erwachsene werden, drang mit den reformpädagogischen Visionen der Achtundsechziger und den Erkenntnissen der Entwicklungspsychologie erst allmählich bis in die Erziehungspraxis vor.

Die Geschlechterstereotype, die Boomer-Söhnen und -Töchtern zugewiesen wurden – durch die Abwesenheit der Soldatenväter und die Macht der Trümmermütter nur kurz unterbrochen –, knüpften zumeist nahtlos an das wilhelminische Rollenkorsett an. Meine unartige Mutter setzte sich – nach Scheidung und Umzug – von ihrer eigenen restriktiven Erziehung ab. Sie hatte fortan nicht nur Verehrer, sie hatte im Laufe der Jahre drei Affären, um deren Leidenschaftlichkeit sie manche brave Ehefrau beneiden dürfte. In unserem Dorfladen, wo Frau Meyer hinter der Theke aus großen Bonbongläsern Ahoj-Brausepulver, Salino-Lakritz und Eiskonfekt in Papiertütchen füllte, wurde daraus eine beliebige Zahl von »Männern«, die bei »der Geschiedenen« ein und aus gingen. »Die Geschiedene« war an sich schon ein Skandal. Mich schickte meine Mutter vorausschauend als Sechzehnjährige zu ihrem Schulfreund

Klaus-Dieter, der war Gynäkologe geworden und sollte mir »sicherheitshalber« die Antibabypille verschreiben. So viel Fortschrittlichkeit war mir peinlich, andere Mädchen in meinem ländlichen Gymnasium durften nicht mal Hotpants tragen.

Das Frauenbild, das meine Mutter mir vermittelte, war voller Widersprüche, so hinreißend wie niederschmetternd, Vorbild und Zumutung zugleich. Hinreißend war, abgesehen von ihrer Erscheinung, ihr klarer Verstand, mit dem sie Menschen und Beziehungen ähnlich ungerührt durchschaute, wie sie am Jahresende ihre Inventur durchzog. Dankbar bin ich für ihre Zärtlichkeit, die in den Familien meiner Freunde durchaus nicht selbstverständlich war. Niederschmetternd war, wie sich meine Mutter von Männern dominieren ließ. Sei es im Job, sei es privat. Es war traurig, dieser Frau, die ihr falsch bequemes Leben aufrecht verlassen hatte, dabei zuzusehen, wie sie trotz aller geistigen Unabhängigkeit um Anerkennung rang. Und es war andererseits ansteckend lebenslustig, zu erleben, wie sie für meine Freunde und Freundinnen ihr Wohnzimmer öffnete, wo wir stundenlang rauchen und reden durften. Wir liebten sie auch dafür, dass sie uns ebenso in Ruhe ließ, wie wir ihr willkommen waren.

Heute bin ich seltsam berührt von der unangepassten Weiblichkeit, die meine Mutter mir vorgelebt hat, auch wenn ihr leiser Widerstand noch nicht dem entsprach, was ab den Siebzigerjahren als Emanzipation in Bewegung kam. Fulltime arbeiten, als elegante Ehe- und Geschäftsfrau ebenso zu funktionieren wie zu repräsentieren und nebenbei Kinder zu erziehen, da bestand sie auf Unterstützung, was uns – solange »wir« verheiratet waren – eine Familienerweiterung um ein herzensgutes Kindermädchen einbrachte. Aber weder aus ihrem komfortabel dekorierten Ehekäfig noch aus der Erfahrung, nach der Scheidung blitzartig gesellschaftlich isoliert zu sein, hätte meine Mutter politische Rechte oder gesellschaftliche Ansprüche abgeleitet.

Politik war Männersache, das Adenauer-Kabinett meines Geburtsjahrs verzeichnet achtundzwanzig Minister, darunter keine einzige Frau. Es gab keine massentauglichen Vorbilder für emanzipierte Frauen, die Intellektualität einer Simone de Beauvoir entwickelte ihre Strahlkraft auf einem anderen Stern als dem, auf dem meine Mutter täglich ihrer geisttötenden Arbeit als Handlungsreisende und später als Angestellte nachging. Mit der größten Selbstverständlichkeit hätte sie Dekrete unterschrieben, dass der Mensch, ob männlich oder weiblich, frei zu sein hat, dass alle Männer und Frauen politisch gleich und gleich zu entlohnen sind. Aber solche Wahrheiten für sich selbst einzufordern, hätte sie vermutlich als Wichtigtuerei angesehen, und es fehlte ihr an Lautstärke dafür. Der Spagat zwischen Freisein und Frausein hat meine Mutter noch zerrissen.

Meine wenig originelle Überzeugung, dass Frauen ein autonomes, starkes Geschlecht sind, unabhängig und anspruchsberechtigt wie Männer, geht dennoch oder gerade deswegen auf meine Mutter zurück, sei es, weil sie das teilweise vorgelebt hat, sei es, weil ich es mit ihrer Unterstützung kampflustiger versuchen wollte als sie. Andererseits weigerte ich mich wie sie, mein weibliches Erscheinungsbild zu opfern, um als gleichwertiger Mensch akzeptiert zu werden. Ich liebte es, in ihren Tellerröcken, ihren taillierten Kostümjäckchen und Stilettos herumzulaufen. In den Siebzigerjahren, umgeben von lila Latzhosen oder parkauniformierten Klassenkameradinnen und Kommilitoninnen, kam das fast einer Provokation gleich; verglichen mit der heute gängigen Körperausstellung getunter Instagram-Sexpuppen war es allenfalls ein harmloses Verkleidungsspiel. Verwandt gefühlt habe ich mich wiederholt mit der ehemaligen Bundeskanzlerin Angela Merkel, wenn sie sich um das geforderte Bekenntnis zum Feminismus herumdruckste. Merkel hat das – diplomatisch geschickt – quasi als zu viel der Ehre bezeichnet. Ich leide schlicht – wie meine Mutter – an einer latenten Allergie gegen jeden Hurra-Ismus, worin ich mich mit Blick auf transgenderfeindliche TERF-Feministinnen (Trans-Exclusionary Radical Feminism) gerade ziemlich bestätigt fühle.

Als Teenager hatte ich damit zu tun, für mein vermeintlich unweibliches, weil zu ungestümes Temperament ein Motto zu finden, das allen Geschlechterkonventionen standhielt, den reaktionären wie den emanzipatorischen. Bei Ernst Bloch wurde ich noch während der Schulzeit fündig. Mit der tröstlichen Ansage: »Nur sanft sein, heißt noch nicht gut sein«, begann der Philosoph 1967 seine Rede »Widerstand und Friede« anlässlich der Verleihung des Friedenspreises des Deutschen Buchhandels in der Frankfurter Paulskirche. Mehr als ein halbes Jahrhundert später ist es, wie wir alle wissen, noch immer nicht überflüssig, mit lauter, deutlicher Frauenstimme das gleiche Honorar wie ein Mann zu fordern – eine Dauerbaustelle, die der Weiterarbeit unverzagter Rentnerboomerinnen dringend bedarf.

Leichtlebige Sinnlichkeit

Sich rückzubesinnen auf den persönlichen Lebensweg heißt auch, sich rückzubesinnen auf die Welt, in der wir fünfzig, sechzig Jahre gelebt, geliebt, gearbeitet haben. Was hat sich in dieser Zeit verändert und wie hat sich das auf uns ausgewirkt?

Die Art, in der wir über aktuelle Ereignisse, über Mitmenschen, auch uns nahestehende, denken und sprechen, wie wir handeln und urteilen, muss nicht mehr die gleiche sein wie vor einem halben Jahrhundert – muss nicht, kann aber. Und es kann unterhaltsam sein, aber auch irritierend, das innere Koordinatensystem zu überprüfen. Angefangen mit lustigen Geschmacksfragen wie: Fände ich Cliff Richard heute noch so sexy wie zu der Zeit, als er täglich fünfzig Mal »Congratulations« für mich sang (mein Bruder behauptet, es waren hundert Mal)? So ein Check kann bei Schicksalsfragen enden wie der, ob man noch einmal dieselbe Ehe eingehen würde. Sich auszugsweise zu vergegenwärtigen, was vor dreißig, vierzig Jahren als völlig normal, wenn nicht sogar als fortschrittlich galt, reizt im Rückblick mal zum Lachen, mal zur Fassungslosigkeit:

- Dass Verhütung selbstverständlich Frauensache war und Sex mit »Präser« total ungeil.
- Dass Männer mit Schnurrbart und Frauen mit Pudellocken erotisch als unwiderstehlich galten.
- Dass mein Freund Pit für eine Dose Nudel-Doppeldecker mit »fleischhaltiger Füllung«, vulgo Ravioli, bereit war, mitternachts zur Tankstelle zu fahren.
- Dass Kinder auf dem Rücksitz während der Autofahrt in die Ferien ein bis zwei Päckchen Lord Extra mitrauchen durften.
- Dass Senta Berger als ungezähmtes Tierweib mit »Schwänzchen« von Mannsbildern an einen Spieß gefesselt durch eine Sexklamotte geschleppt wurde, nach einem Drehbuch unter Mitwirkung der italienischen Feministin Lina Wertmüller.
- Dass die Grüne Partei den Sex mit Kindern für straffrei erklären lassen wollte.
- Dass die sozialliberale Koalition unter Willy Brandt einen »Radikalenerlass« einsetzte, der überwiegend linke Lehrer und andere Staatsbedienstete mit Berufsverbot belegte.
- Dass es in Deutschland völlig normal wurde, in zwei verfeindeten Systemen zu leben.

Vermutlich wäre so ein Wechselbad der Wertmaßstäbe gar nicht auszuhalten, würden wir sie infrage stellen, solange sie gelten. Also gewöhnen wir uns daran, nehmen gesellschaftliche Konventionen hin oder machen sie uns zu eigen, verfallen in Routinen und Rituale, in innere und äußere Haltungen, die sich bisweilen zur Denkstarre verdichten und unbemerkt halten können. Heraus kommen dann womöglich Mantras wie: Freie Fahrt für freie Bürger. Oder: Ich habe noch nie gewählt. Wählen bringt nichts. Oder: Impfen macht krank. Oder: Alle Männer können einparken. Oder: Alle Frauen sind mitfühlend.

Doch nun, nach dem Ende des Arbeitsalltags, fallen eine Menge äußerliche Regularien weg. Und der nächste Lebensabschnitt könnte mit ein paar Fragen an sich selbst beginnen: Welcher meiner Grundsätze hat sich als weise erwiesen? Welches Denkmuster trägt? Taugt diese Überzeugung für die Zukunft? Muss das Motto bleiben oder kann das weg?

Um zu ermessen, welchen Wertewandel wir durchlaufen haben, wo wir als Babyboomer gestartet und als Rentnerboomer gelandet sind, wird hier beispielhaft ein Thema durchleuchtet, das wohl ausnahmslos jede und jeden interessierte – und hoffentlich immer noch interessiert (dazu später mehr): die Sexualität. Einige von uns erinnern sich vielleicht, wie befreiend es war, nicht mehr mit den kleinbürgerlichen, strafbewehrten Tabus abgefertigt zu werden, die noch das Liebesleben unserer Eltern erdrückten. Stattdessen florierten – die aus heutiger Sicht rührenden – Aufklärungsbemühungen eines Oswalt Kolle, darunter Filme wie *Das Wunder der Liebe* (Teil I und II), *Deine Frau, das unbekannte Wesen* und *Dein Mann, das unbekannte Wesen*. 1970 kam der skandalumwitterte *Schulmädchenreport* hinzu, in dem Mädchen und junge Frauen offen über Sex sprachen – mit zwölf Fortsetzungen und hundert Millionen Zuschauerinnen und Zuschauern weltweit die erfolgreichste deutsche Kinoproduktion.

Ich entsinne mich, fünfmal aufgeklärt worden zu sein. Vater, Mutter und Biologielehrer fühlten sich befeuert, die verschwitzten *Bravo*-Knutschereien von Dr. Sommer wissenschaftlich zu ergänzen. Und Religionslehrer Pastor Nö empfahl uns dringend, vor der Ehe in die Badeanstalt zu gehen: »Man will ja nicht die Katze im Sack kaufen.« Oben ohne war für Frauen allen Alters am Strand die Standarduniform, sexualisierte Späße gehörten zum Protestarsenal gegen eine spießbürgerliche Sexualmoral. Die Autorin Leona Siebenschön verkündete in ihrem Werk *Die Unfähigkeit zu lieben* das Ende der monogamen Zweierbeziehung, und das Woodstock-Motto »Make love, not war« hob das fröhliche Wald-und-Wiesen-Vögeln der Hippiekultur auf politisches Weltniveau.

Um es gleich zu sagen: Nein, das soll nicht heißen, dass die Kinder der sogenannten sexuellen Revolution zurückwollen zu einer bis 1997 (!) straffreien Vergewaltigung in der Ehe, zu einem bis 1994 gültigen Verbot der Homosexualität und zu unsäglichen anderen Formen seelischer und körperlicher sexualisierter Gewalt unter Menschen, die in unserer Jugend gang und gäbe waren. Aber ja, es schwingt eine gewisse Wehmut mit, festzustellen, dass nicht nur überfällige Diskriminierungsgesetze endlich abgeschafft und Demütigungen aller Art rechtlich verfolgt respektive gesellschaftlich sanktioniert wurden. Mit den zivilisatorischen Reinigungswellen der vergangenen Jahrzehnte und einer alles Erotische erstickenden Pornografisierung wurde auch eine naive Lust am Ausprobieren weggeschwemmt, eine leichtlebige Sinnlichkeit, eine unersättliche Lebensgier und das dringende Bedürfnis, diesbezüglich nicht alles so ernst wie die Väter und Großmütter nehmen zu müssen, nicht einmal sich selbst. Im MeToo- und transgender-geläuterten Miteinander erscheinen die Errungenschaften der Nachkriegskinder bestenfalls wie Trippelschritte auf dem Weg zu einer diversen, diskriminierungsfreien Gesellschaft. Aber selbst, wer die alten Zeiten keinesfalls romantisieren will, wer nüchtern die Verdienste und das Versagen der Nachkriegsgesellschaft notiert, wird anhand der veränderten Sexualmoral zugeben, welchen Umwälzungen sie als Ganzes und ihre Mitglieder durchlaufen haben.

Das gilt für fast alle Lebensbereiche. Die Boomer-Generation hat nach Analysen des Soziologen Hartmut Rosa eine hyperventilierende »Geschichte der Beschleunigung« erlebt – technologisch, kulturell, politisch, psychologisch und vor allem sozial. Seit dem 18. Jahrhundert sei »die Moderne systematisch auf Steigerung angelegt, von Wohlstand, von Gütern«, denn der Kapitalismus brauche »nun mal die Steigerungslogik«. Die Digitalisierung hat alle Lebensbereiche, auch die privaten, mit dieser Logik durchdrungen.

Wie träge und wie harmlos mir im Rückblick die Zeit meiner Pubertät erscheint. Die Eisenbahn, die Realschüler und Gymnasiastinnen frühmorgens aus unserem Dorf in die Kreisstadt brachte, wurde von einer Dampflok gezogen. Nachmittags gingen wir zur Tanzschule oder transpirierten uns im abgedunkelten Gemeindehaus durch Engtanzfeten. Wir wurden ungefragt gefirmt oder konfirmiert, sparten heimlich auf ein Mofa, demonstrierten gegen die NPD und für unseren schwulen Gemeinschaftskundelehrer, der als Einziger an unserer niedersächsischen Mittelpunktschule im Unterricht den Nationalsozialismus durchnahm.

Wie eine disparate Kuriositätensammlung nach dem Vorbild von Rudi Carells Fernsehshow *Am laufenden Band* ziehen vor dem inneren Auge Orte, Dinge, Ereignisse, Lebensweisen und Gesellschaftsmodelle vorüber, die innerhalb nur eines halben Jahrhunderts von Bedeutung waren und in der Versenkung verschwanden.

Vom Kohlenkeller auf den Mond; vom Drehscheibentelefon

zum Smartphone, von der Reiseschreibmaschine zum Tablet; vom Volkswagen-Käfer mit Außenwinker über den schwebend-schwankenden hydropneumatischen Citroën bis zu einem 1020 PS starken Tesla Model S Plaid, das 348 Stundenkilometer runterbrettern soll, ohne dass noch jemand das Lenkrad berühren muss. Vom Postfaschismus über Studentenaufstand, Friedens-, Frauen-, Antiatomkraftbewegung, RAF-Terror, Deutschland geteilt und wiedervereint, diverse Wirtschaftskrisen und die Coronapandemie bis zur Klimakatastrophe und – seit dem Überfall auf die Ukraine – der Angst vor einem Dritten Weltkrieg.

Aus einem kleindeutschen Duckmäuser-Volk, das 1945 zur Demokratie gezwungen werden musste, gingen zwei spießbürgerliche Teilgesellschaften hervor, die eine geprägt von der Freiheitsreligion eines entfesselten Konsums, die andere von der diktatorisch verfügten Entbehrungsideologie einer realsozialistischen Staatsmacht. Innerhalb von nur drei Generationen häuteten sich die umerzogenen Deutschen mehrmals, bis nach der Wende eine amorphe Ansammlung selbstoptimierter Helden und Verliererinnen übrig blieb, eine postindustrielle »Gesellschaft der Singularitäten« die Hartmut Rosas Soziologiekollege Andreas Reckwitz kritisch durchleuchtete. Seit den Achtzigerjahren ist danach nicht mehr das Durchschnittsleben das Maß von Bildung, Ökonomie und Konsum, sondern das Einzigartige, das Singuläre, ob es Urlaubsziele, Eliteschulen, Kaffeesorten, Partnerschaften, Vintage-Sofas oder Sportarten sind. »In der Spätmoderne«, so Reckwitz' zentrale These, »findet ein gesellschaftlicher Strukturwandel statt, der darin besteht, dass die soziale Logik des Allgemeinen ihre Vorherrschaft verliert an die soziale Logik des Besonderen.«

Es ist kaum nachvollziehbar, wie solch ein technologischer und gesellschaftlicher Wandel von den Individuen geistig und emotional zu bewältigen war, ganz abgesehen von privaten Krisen, während sich globale wie persönliche Ereignisse zunehmend digitalisiert in wachsender Geschwindigkeit durchdrangen und weiter durchdringen. Gerade erleben wir erneut, dass eine Transformation bei vielen in der Gesellschaft existenzielle Ängste auslöst; die Aussicht, sich nicht mehr darauf verlassen zu können, dass kluge Gedanken von klugen Köpfen stammen, sondern von einer technisch getriebenen KI, die womöglich ganze Tätigkeitsfelder von der beruflichen Landkarte streicht, verunsichert aktive Arbeitnehmende wie diejenigen, die ohnehin fürchten, die Welt um sich herum bald nicht mehr zu verstehen. Vermutlich ist vieles nicht wirklich zu bewältigen, es passiert einfach und formt die ZeitgenossInnen nach dem jeweiligen Mainstream und nach den Regeln der Milieus, in denen sie sich bewegen – immer abhängig von Bildung und Einkommen.

Aber selbst innerhalb der sozialen Klasse, der man angehört, haben sich Sitten und Konventionen Jahrzehnt für Jahrzehnt grundlegend gewandelt. Die meisten Normen oder Lebensformen aus der Kindheit und Jugend nach 1950 haben sich erledigt: was sich gehört und was nicht, was in Mode ist und was nicht, welche Politik regiert, welche Sprache gesprochen wird, wie sich die Geschlechter zueinander verhalten, nach welchen moralischen Richtlinien das soziale Miteinander funktioniert. Nachdem Sekundärtugenden wie Ordnung, Fleiß, Gehorsam, Pflichtgefühl von der Achtundsechziger-Studentenbewegung als ein Kanon entlarvt wurden, der den Nationalsozialismus, wenn nicht ermöglicht, so doch gewiss nicht verhindert hatte, geriet das bürgerliche Wertesystem nachhaltig unter Druck.

Oft ist es aufschlussreich, zuweilen blamabel, sich mit sich selbst vor ein paar Jahrzehnten zu vergleichen, wer man einmal war, wie man mal gedacht, geredet und geschrieben hat und wer oder was daraus geworden ist. Einige meiner Formulierungen als Journalistin aus der Zeit vor fünfundzwanzig Jahren würde ich heute gerne entsorgen, wie etwa die Eiskunstläuferin Katarina Witt als »Schmuckstück des Sozialismus« zu preisen. Man kann das Reifungsprozess oder Lernfähigkeit nennen. Wenigstens ein kleiner Trost, im Nachhinein festzustellen, dass da eine Wandlung stattgefunden hat. Und keine schlechte Voraussetzung, um sich nun erneut auszuprobieren und hoffentlich immer noch weiterzuentwickeln.

Alben und Altlasten

Schon die Art und Weise, wie wir uns erinnern, verrät etwas darüber, mit welchem Selbstverständnis wir aufgewachsen sind. Die Generation 1950 plus war vordergründig in mehrfacher Hinsicht besser dran als die wenige Jahre zuvor Geborenen. Wir haben weder den Zweiten Weltkrieg noch die existenzielle Not in den ersten Jahren danach erlebt und erlitten. Anders als die zehn Jahre Älteren, die späteren Achtundsechziger, mussten sich die Babyboomer nicht damit quälen, ob ihre Eltern für die Verbrechen des Nationalsozialismus mitverantwortlich waren – meine waren bei Kriegsbeginn zehn und zwölf Jahre alt. Doch auch die erste deutsche Alterskohorte, die im 20. Jahrhundert unbeschwert von Kriegen aufwachsen durfte, kann in der Familiengeschichte Unerwartetes entdecken, das eine Lebensbilanz zu erschüttern vermag, ob es persönliche Verstrickungen, verschwiegene Beziehungen oder kollektive und individuelle Schuld betrifft. Insbesondere Zeugnisse traumatischer Erfahrungen tauchen oft erst nach dem Tod der Eltern aus dem Vergessen auf.

Der Rückblick ins Persönliche muss keine gesellschaftlichen

oder aufklärerischen Ansprüche verfolgen, vielmehr drängt sich den Neurentnern, die an der Wende zu ihrem letzten Lebensdrittel oder -viertel noch zu den jungen Alten zählen, ein Argument auf, das gern so lange übersehen wird, bis es zu spät ist: Die Mütter und Väter der Babyboomer sind nun die alten Alten, es wird Zeit, sie das zu fragen, was wir noch von ihnen wissen wollen, um unsere Eltern und unsere eigene Geschichte besser zu verstehen.

Familientreffen sind so geeignet wie berüchtigt dafür, Altlasten und ewig Liegengebliebenes auf den Tisch zu packen. Meist geschieht das unbeabsichtigt und dementsprechend unvorbereitet, was mal sehr komisch, öfter ernüchternd und nicht selten explosiv enden kann. Mein Sohn und ich besuchten, wie jedes Jahr, kurz vor Weihnachten Onkel und Tante, zwei, drei Tage Quality Time, die Älteren fragen die Jungen, was sie so machen, es werden Geschichten erzählt, ab und an holt jemand ein Album heraus, um sich an ein Jahr, eine Person oder ein bestimmtes Ereignis zu erinnern.

Das Geschirr stand noch auf dem Tisch, wir falteten die Servietten zusammen, es verbreitete sich die angenehme Stimmung nach einem guten Essen. Mein Onkel fuhr die Rückenlehne seines Rollstuhls ein paar Zentimeter nach hinten, um es sich etwas bequemer zu machen, meine Tante führte ihm das Weinglas zum Mund. Dreiundachtzig Jahre war der Bruder meiner Mutter nun alt, seit vierzig Jahren litt er an Multipler Sklerose, Klavierspielen und Reiten hatte er vor langer Zeit aufgeben müssen, er brauchte immer etwas länger, um die Vokabeln zu finden, nach denen er suchte. Aber sein Verstand funktionierte einwandfrei. Wie so oft in letzter Zeit holte er auch an diesem Abend zu einer Erzählung über den Zweiten Weltkrieg aus, das meiste davon hörten wir Jüngeren nicht zum ersten Mal. Bevor mein damals siebzehnjähriger Sohn in seinem Sessel versinken konnte, schickte ich ihm einen mütterlich-strafenden Blick. »Hat dein Vater eigentlich von der Front noch Briefe geschrieben?«, fragte der Junge, während er sich wieder aufrichtete, den Alten.

Dic Frage kam zur Käseplatte und sie war irritierend konkret. Stille. Ich sah abwechselnd meine Tante und meinen Onkel an und nahm mir aus Verlegenheit ein Gürkchen. Mein Onkel ist unser Familienpatriarch, für mich wie ein Vater, für meinen Sohn ein Großvater, seine leiblichen Opas hat er nicht mehr kennengelernt. Würde mein Onkel die Frage überhören? Würde meine Tante, um des Familienfriedens und der Seelenruhe ihres kranken Mannes willen, das Gespräch auf ein anderes Thema lenken?

»Ja, das hat er«, sagte mein Onkel nach einer langen Pause laut und bestimmt. »Und was er schrieb, hat mich zutiefst erschüttert.« Er atmete hörbar durch. Was dann kam, brach wie ein Crescendo aus ihm hervor, als hätte er schon lange darauf gewartet, das gefragt zu werden. Mit jedem Satz wurde er lauter, seine Wangen röteten sich. »Wie konnte er Ende '44 daran glauben, dass dieser verfluchte Hitler den Krieg gewinnen werde! Wie konnte er schreiben, es wird alles gut! Er musste doch wissen, nichts wird gut, solange diese Verbrecher am Ruder sind! Er war an der Ostfront! Er ist nicht zurückgekommen! Ich konnte ihn das nie mehr fragen!«

Aufgebracht und verzweifelt. So kannte ich meinen Onkel nicht. Schon gar nicht, seit er krank war. Meine Tante legte ihre Hand auf seinen Arm. Er sah sie auf eine Weise an, dass sie die Hand zurückzog. Anderthalb Stunden sprachen wir miteinander, mein Sohn und ich stellten Fragen, gar nicht viele, mein Onkel nahm sich die Zeit, die er brauchte, um zu antworten.

Wir kamen uns näher als in vielen Gesprächen davor, so nahe, dass schließlich der Junge dem Alten das Glas zum Trinken hielt.

Es ist mir nicht angenehm, das zuzugeben, aber was ich an jenem Abend 2017 hörte, war mir weitgehend neu. Bis dahin wusste ich nur, dass mein Großvater, ein sozial denkender und handelnder Protestant, kurz vor Kriegsende noch mal eingezogen worden war, weil er meine Mutter darin unterstützt hatte, sich von ihren Freundinnen auf der Straße mit »Tschüss« und nicht mit »Heil Hitler« zu verabschieden. Eine kleine Heldengeschichte, die in der Familie weitergereicht wurde. Nun sah es so aus, als habe er an den Endsieg nicht nur geglaubt, sondern sich ihn womöglich gewünscht.

»Aber vielleicht«, sagte mein Onkel schließlich erschöpft, »hat er uns das auch nur geschrieben, um uns Hoffnung auf das Kriegsende zu machen. Und weil die Feldpost kontrolliert wurde.«

Erinnerungsarbeit. Der Begriff klingt ähnlich verlockend wie die Empfehlung, an Liebesbeziehungen zu arbeiten. Was nichts daran ändert, dass beides sinnvoll sein kann, wenn der Frieden, den die meisten Menschen mit sich erreichen wollen, mehr sein soll als Firnis auf einer bröckligen Fassade. Nichts von dem, was meinen Onkel ein Leben lang umgetrieben hatte, konnte das Gespräch darüber ihm von der Seele nehmen. Nichts konnte den quälenden Zweifel ausräumen an der geliebten Vaterfigur. Aber vieles wurde ausgesprochen und liegt nun zutage, anstatt irgendwo im Unterbewusstsein vor sich hin zu modern. Der Junior spürte, »dass ihm das sicher nicht leichtgefallen ist«. Dem Senior schien es wohlzutun, dass wir Nachfahren fragten, um zu verstehen, nicht um zu urteilen. Monate später, als ich allein mit dem Onkel zusammensaß, kam er darauf zurück. Er bot uns an, die Briefe seines Vaters zu sichten. Kurz danach ist er gestorben.

Vermutlich wäre ich – erwachsen, behutsam und vielleicht zu besorgt, was ich auslösen könnte – auf die eine direkte Frage nicht gekommen, die meinen Onkel veranlasste, das zu sagen, was er sonst für sich behalten hätte. Längst hatte ich das Kapitel »Meine Familie und der Nationalsozialismus« innerlich abgelegt unter »nicht besonders heroisch, keine schwere Schuld, vieles nicht gewusst«. Nun gibt es doch noch einiges aufzuarbeiten, und ich bin dankbar für die Aufgabe und das Vertrauen. Was immer dabei herauskommt: Auf die Frage, wer ich bin und woher ich komme, wird es am Ende ein paar Antworten mehr geben.

Zudem zeigen aktuelle repräsentative Studien, dass die Fragen nach dem »Dritten Reich« und dem Holocaust die Generationen Y und Z durchaus beschäftigen. 63 Prozent der jungen Erwachsenen geben an, sich intensiv mit dem Nationalsozialismus auseinandergesetzt zu haben Die Enkel und Enkelinnen derer, die den NS-Faschismus noch erlebt haben, interessieren sich deutlich intensiver dafür als deren Eltern, also wir (75 Prozent versus 66 Prozent), und verbinden die Information über den Nationalsozialismus mit aktuellen Themen wie Rassismus und Diskriminierung. Allemal zeigt die Neugier der Generationen Jahrtausendwende, dass die NS-Zeit achtzig Jahre nach dem Ende des Zweiten Weltkriegs eben nicht vorbei ist, anders gesagt, dass sich Eltern und Großeltern die Chance eröffnet, anlässlich privater Bilanzen auf politische und familiäre Zusammenhänge zu stoßen, die für reichlich Gesprächsstoff mit Kindern und Enkeln sorgen, jenseits der oft wiederholten Anekdoten.

Es gibt Menschen, die den Blick zurück grundsätzlich meiden oder ablehnen, sei es, weil ihnen die Vergangenheit gleichgültig ist, sei es, weil sie fürchten, dort Verstörendes zu finden, das sie lieber nicht gefunden hätten, sei es, weil sie sich davon keine Erkenntnis versprechen. Die Debatte darüber, welchen Wert die Erinnerung hat, wenn es um Lehren für die Zukunft geht, nimmt in diesem Land zu Recht kein Ende. Als wir Babyboomer am Start waren, wurde sie im Zweifel gar nicht geführt, weder öffentlich noch zu Hause, es sei denn, es waren ältere Geschwister da, die späteren Achtundsechziger, die den Eltern eine solche Diskussion aufgezwungen haben.

Die Mitläufer und Mittäter des Nationalsozialismus, jener Jahrgänge, zu der unsere Großeltern gehören, wollten oder konnten sich nicht erinnern, dass die Helden ihrer Ideologie Verbrecher und Mörder waren. Nach Überzeugung der Psychoanalytiker Margarete und Alexander Mitscherlich bezahlten die Gedächtnisverweigerer ihr Verlangen nach Amnesie bekanntlich mit einer kollektiven »Unfähigkeit zu trauern«, die in eine »auffallende Gefühlsstarre« der Nachkriegsdeutschen gemündet sei.

Auch in manchen jüdischen Familien gab es »die Tendenz«, wie die französische Dramatikerin Yasmina Reza über ihre Eltern berichtet, »die Vergangenheit auszulöschen«, mit einer zwingenden Begründung: »Die Juden hatten genug gelitten, wir brauchten uns nicht mehr mit all diesen Fragen zu plagen.« Wozu soll es gut sein, das Mantra »Vergesst nicht«, fragt der Icherzähler in ihrem Roman *Serge*, »um es nicht wieder zu tun? Aber du wirst es wieder tun«, antwortet er sich selbst. »Ein Wissen, das nicht zutiefst mit einem selbst verbunden ist, bleibt folgenlos.« Reza wappnet sich mit unwiderstehlicher Ironie gegen die Zumutungen eines grassierenden Erinnerungskultur-Tourismus, der Busladungen von Gedenkstättenbesuchern am KZ Auschwitz entlädt, als ob eine Stippvisite bei den Baracken des Bösen direkt zur Vergebung führte – fehlte nur der T-Shirt-Aufdruck »Reisen macht frei«. Manche empfindsamen Urlauber verzichten mittlerweile auf derartige Ausflüge. Die Idee, die Menschheit könne aus allem, was sie erfahren und erlitten hat, etwas lernen, nennt Reza »eine sehr romantische Vorstellung«. Sofern es die vergangenen 300 000 Jahre Evolution angeht, fällt es schwer, die Autorin zu widerlegen.

Wie recht Reza hat, an der Lernfähigkeit der Menschen zu zweifeln, mussten die Europäer und Europäerinnen, mussten vor allem die Menschen in der Ukraine gerade erst grausam erfahren. Aber welche andere Überlebenshoffnung haben wir, als weiter an unserer Lernbereitschaft zu arbeiten? Jeder Krieg, jeder Terrorangriff, aber auch jeder Gewaltexzess in einer Familie führt uns vor Augen, wie gründlich und wie rasch Menschen verdrängen und vergessen, was sie einander antun können. Dass es ebenso in uns angelegt ist, füreinander da zu sein, aufeinander aufzupassen, einander zu beschützen wie sich gegenseitig zu verteufeln, zu hassen, zu verletzen und zu vernichten. Mit Erinnerungskultur ist nicht gemeint, die Vergangenheit zu konservieren. Es ist damit gemeint, sich bewusst zu sein und wachsam dafür zu bleiben, dass die menschliche Zerstörungswut jederzeit über Kreativität und Miteinander siegen kann.

Wer sich mehr als ein halbes Leben lang hat einreden können, der inhuman genannte Teil des Kulturwesens Mensch sei im Verlauf der Stammesgeschichte ins Theoretische wegzivilisiert worden, erstarrt vermutlich bei der Erkenntnis, dass es allem historischen Grauen zum Trotz nur einer ausreichend mächtigen und gewissenlosen Figur bedarf, um alle Zivilisiertheit in Trümmer zu legen. Aber auch das lehren uns der jüngste Krieg in Europa, die politischen Auswirkungen von Naturkatastrophen und die Erfahrung internationaler Hilfsbereitschaft: Vor Entsetzen und Mitleid zu erstarren, ist keine nur private Haltung, es überließe bedrohte Mitmenschen den Autokraten und Aggressoren. Wenn wohlmeinende, demokratisch gesinnte Bürger und Bürgerinnen sich heraushalten, übernehmen die Angreifer das Trümmerfeld, das physische wie das geistige. Erstarren, verdrängen, vergessen bedeutet in letzter Konsequenz, nicht länger für ein humanes Zusammenleben einzutreten.

An die Kraft des Widerstands und die Macht der Gemeinschaft zu glauben, mag ähnlich naiv klingen, wie darauf zu hoffen, dass Erinnerung vor Wiederholung schützen kann. Dennoch graut mir mehr vor dem, was ich nicht weiß, was ich übersehen könnte, was unter irgendeinem Teppich verborgen liegt, als vor dem, was aufzudecken und nur so zu untersuchen wäre. Vermutlich ist diese Einstellung auch eine professionelle Deformation, die viele Kolleginnen und Kollegen teilen. Der WDR-Journalist und Philosoph Jürgen Wiebicke ist mit seiner Chronik *Sieben Heringe. Meine Mutter, das Schweigen der Kriegskinder und das Sprechen vor dem Sterben* in die »Archäologie« seines Lebens eingestiegen. Er ist sicher: »Indem das Gespenst sichtbar wird, verflüchtigt es sich.«

Der Brückenschlag mag unangemessen weit erscheinen, aber drängt sich das kürzlich entdeckte Wissenwollen der Sechzehn- bis Fünfundzwanzigjährigen über Nationalsozialismus und Judenvernichtung nicht als Argument dafür auf, alles daranzusetzen, mit dem Mittel der Erinnerung zu verstehen? Sei es das Persönliche oder das Politische, das Weltbewegende oder Familiäre, das Banale, das Böse, das Heile, das Kaputte und möglichst vieles dazwischen.

Ich denke, es lohnt sich gerade für die Generation, die wie keine zuvor von der Demokratie und vom Zusammenleben in Frieden profitiert hat, für die ins Wanken geratene Lebens- und Gesellschaftsform mit ihren Auseinandersetzungen einzutreten und für eine lebendige Erinnerungskultur zu streiten. Zumal sich mit fortschreitendem Alter die Sorge einschleicht, beides könnte irgendwann schwinden: die Fähigkeit, sich zu erinnern, ebenso wie die Fähigkeit, aus Erfahrung klüger zu werden.

Mutters Albtraum

Bei einer Recherche zu einem *Spiegel Wissen*-Heft darüber »Wie die Kindheit uns prägt«, erfuhren wir im Gespräch mit Kindheitsforschern, Psychologinnen, Philosophen, Genetikerinnen, wie stark die Familie, ihre Geschichte und die gesellschaftlichen wie sozialen Bedingungen der frühen Lebensjahre unsere Entwicklung mitbestimmen. Die Beziehung zu den Eltern sei »die wirkmächtigste überhaupt«, sagt der Arzt und Kindheitsforscher Herbert Renz-Polster. Der Einfluss »beginnt mit der Geburt und hört im Grunde nie auf«.

Erst in der jüngeren Vergangenheit ist das Wissen darüber gewachsen, wie sich nicht nur körperliche Merkmale und Eigenschaften in die DNA einschreiben, sondern auch das emotionale Erbe von Generation zu Generation weitergereicht wird. Und nicht allein die Erinnerungen privaten Glücks und Unglücks, die vielen kleinen und größeren Begebenheiten, von denen Eltern und Großeltern immer wieder gern berichten, fügen sich mit den Erfahrungen der Kinder und Enkel zu einem familiären Prägemuster. Auch verdrängte und verschwiegene Katastrophen, Schicksalsschläge und Traumata, die eingewoben waren in historische Umstände, hinterlassen sogenannte Trauma-Marker. Krieg, Verfolgung, Gewalt oder Flucht, politische Repression, Diktatur oder persönliche Schuld verschwinden nicht einfach, wenn Briefe, Fotos und Tagebücher zerfallen.

Die epigenetische Forschung, die das Zusammenwirken von Umwelteinflüssen und Genen untersucht, zeigt, dass sich Traumata, die unsere Eltern und Großeltern erlebt haben, bis in die dritte Generation ins Erbgut einschreiben können. Forscher des Max-Planck-Instituts fanden noch bei den Enkelkindern von Holocaust-Überlebenden, von Soldaten aus dem Zweiten Weltkrieg oder Frauen, die während der Schwangerschaft besonderem Stress ausgesetzt waren, sogenannte epigenetische Spuren der traumatischen Erfahrungen. Was die Geschichte von Gesellschaften verändert, verändert auch Familiengeschichten und den Verlauf von Biografien.

Meine erste quasi politische Erinnerung setzt im Oktober 1962 ein, als meine Mutter sich über mein Kinderbett beugte und schluchzte: »Kennedy« und »Kubakrise« und »Hoffentlich gibt es nicht wieder Krieg.« Der »Kalte Krieg« befeuerte die Angst vor einem Atomschlag, der Bau der Berliner Mauer hatte ein Jahr zuvor die Spaltung Europas betoniert, sowjetische Techniker und Soldaten errichteten auf Kuba Startrampen für Mittelstreckenraketen, die Amerika hätten erreichen können. Ich war sechs Jahre alt und verstand nur: Angst. Ich umarmte meine Mutter und fühle jetzt noch, wie nass ihre Wangen waren. Die Ängste aus den Bombennächten steckten den Nachkriegseltern in den Knochen, da halfen kein Opel Kapitän, kein Sekt-Orange und kein Roy Black »Ganz in Weiß«. Sicher hat sich meine Mutter wie die meisten Eltern ihrer Zeit alle Mühe gegeben, uns ihre Traumata nicht spüren zu lassen. Vermutlich war ihr nicht einmal bewusst, dass sie unter Kriegsfolgen litt. Aber als sie 2003 starb, hatte der Alkohol ihre Lebenskraft aufgezehrt.

2001 steuerten Terroristen Flugzeuge ins World Trade Center, mein Sohn war siebzehn Monate alt. In der Nacht danach kritzelte ich mir seitenweise Albträume von der Seele. In meiner Fantasie stürzten als Nächstes die mittelalterlichen Türme der toskanischen Kleinstadt ein, in der wir gerade Urlaub machten, mein Kind sah ich in einer terrorregierten Welt aufwachsen – ich neige zum Drama, aber diese Angst war so real wie die Trümmerwüste in Manhattan, sie musste irgendwo in mir gesteckt haben, wo sie auf den Trigger wartete, hervorzubrechen.

Zum Glück sind wir selbst mächtigen Einflüssen nicht wehrlos ausgeliefert, im Gegenteil: Oft tut es gut, sich zurückzuversetzen, weder um sich zu bedauern noch um früheren Zeiten nachzutrauern, sondern um sich zu vergewissern, woher wir kommen und was das heute mit uns zu tun hat. Mich beunruhigen Ängste und Unsicherheiten, die ich mir nicht erklären kann. Zu verstehen, dass es möglicherweise die Schmerzen oder die Gewissensnot, traumatische Belastungen oder Depressionen von Angehörigen und Vorfahren sind, die noch bei den Enkeln und Enkelinnen vermeintlich irrationale Angstgefühle und Reaktionen auslösen, kann dazu animieren, sich auseinanderzusetzen, sich vielleicht professionell helfen zu lassen und zu lernen, Ängste loszulassen. Und sei es weit jenseits der Lebensmitte.

Schonungslos und nachsichtig

Nicht immer wird so viel Belastendes hinterlassen wie bei der Kindheitsforscherin und Psychoanalytikerin Alice Miller. Erst nach dem Tod seiner berühmten Mutter konnte ihr Sohn Martin Miller, 1950 in der Schweiz geboren, das Schicksal seiner Eltern zusammensetzen, die als Juden in Polen von den Nationalsozialisten verfolgt wurden. Sein Vater, ein berühmter Soziologe und Generalsekretär der Schweizer Hochschulrektorenkonferenz, misshandelte regelmäßig den Sohn. Die Mutter, Autorin des 1979 erschienenen Bestsellers *Das Drama des begabten Kindes*, die noch heute als Vorkämpferin kindlicher Selbstbestimmung gilt, sah ihrem Mann dabei zu, während sie öffentlich verkündete: »Wenn man zulässt, dass ein Kind geschlagen wird, ist das ein Verbrechen.« Später räumte sie ein: »Es war mir nicht gegeben, eine gute Mutter zu sein.«

Martin Miller, der heute selbst als Psychotherapeut arbeitet, erinnert sich, dass seine Mutter ihn »nicht einmal gegen den Vater verteidigt« hat. Alice Miller habe »in einer psychologischen Übertragung in ihrem Sohn die Figur eines Naziverfolgers gesehen«, erklärt der Berliner Traumatherapeut Oliver Schubbe, dem Mutter Miller ihre Geschichte erzählte und den sie von der Schweigepflicht entband. Für den 2020 entstandenen Dokumentarfilm *Who's afraid of Alice Miller* reiste Sohn Martin auf den Spuren seiner Eltern nach Polen. »Das hat mich befreit«, sagt er heute. Als er zurückfuhr, spürte er: »Ich lasse die Gefühle meiner Eltern in Polen und kehre nach Hause zurück mit meinen eigenen Gefühlen.«

Schonungslos und nachsichtig zugleich hat der Schweizer Psychotherapeut die Ursachen für die Verfehlungen seiner Eltern ermittelt, insbesondere die Weigerung seiner Mutter, wider bestes Wissen über ihr eigenes kapitales Versagen zu reflektieren. Nachsichtig ist er mit sich selbst, wenn er erkennt: »Ich hatte keine Chance, mich dagegen zu wehren.«

Wer noch zwanzig oder höchstens dreißig Jahre übrig hat, um in der eigenen Vergangenheit aufzuräumen, Ballast abzuwerfen und sich halbwegs unbeschwert auf die nächste Etappe zu begeben, braucht eine taugliche Untersuchungsmethode. Schonungslos und nachsichtig klingt vielversprechend, wenn damit gemeint ist, nichts mehr zu beschönigen, was zu entdecken ist, aber barmherzig zu sein, wenn es ans Urteilen geht. Vor allem an das Urteilen über sich selbst.

Es geht beim Bilanzziehen nicht darum, Katastrophenberichte zu verfassen oder Schuld zuzuweisen. Es führt kein direkter Weg von der mütterlichen Amygdala, die im Gehirn für die Wahrnehmung von Angst zuständig ist, zu der ihrer Kinder. Es entschuldigt nicht, wenn emotional vernachlässigte Eltern ihre Kinder schlagen, weil sie selbst geschlagen wurden. Und ein NSDAP-Großvater in der Familie macht aus Enkeln keine AfD-Mitläufer. Es ist nicht gesagt, dass die Traumata unserer Eltern und Großeltern sich in uns eingegraben haben, und sie verschwinden nicht, indem man sie entdeckt. Aber denjenigen, die wissen *wollen*, hilft es, herauszufinden, was war. Das kann erleichtern, Verbindungen zu erkennen, es ermöglicht, zu verstehen, sei es die Vorfahren, sei es sich selbst. Vielleicht hilft es, eigene Traumata von denen der anderen zu unterscheiden. Vielleicht ermutigt es, daran zu arbeiten. Bestenfalls befähigt es, sich wie Alice Millers Sohn von Lasten zu befreien, die einem von den Eltern übergestülpt wurden.

Christiane Hoffmann, seit 2022 stellvertretende Sprecherin der Bundesregierung, berichtet in ihrem Buch *Alles, was wir nicht erinnern*, wie sie die 550 Kilometer zu Fuß ging, die ihr Vater 1945 als Zehnjähriger mit seiner Mutter auf der Flucht von Polen nach Deutschland zurücklegte. Auch sie, die 1967 geborene Autorin, träumt seit der Kindheit die Angstträume ihrer Eltern und Großeltern, sagt, sie sei »besessen von Flucht und Krieg«, einer Flucht und einem Krieg, die sie nicht selbst erlebt hat. Als ihre Erkundung der Vergangenheit im Frühjahr 2022 erschien, bestätigte sich in der Ukraine auf grausame Weise, was die politische Journalistin im Buch analysiert: dass die Erinnerung an die Gräueltaten des Zweiten Weltkriegs einen neuen Krieg nicht verhindern kann. »Der Schrecken hält höchstens für zwei Generationen.«

Am Ende ihrer berührenden Reise findet sich kaum Zuversicht. Der geliebte Vater, der sich mit den tiefen Wunden abgefunden hatte, die der Krieg in seine Seele schlug, ist gestorben. Die Tochter spürt, dass ihr nicht gelingen wird, sein Leid zu vergessen. »Obwohl ich weiß, dass es richtig war, und mehr als das, es war mutig und groß, obwohl ich das alles verstehe, kann ich mich nicht damit abfinden, lässt sie mich verzweifeln, Deine Bereitschaft, Dich abzufinden, Dich zu fügen.« Wenn es einen Trost gibt, dann den, dass sie der Geschichte ihres Vaters und ihrer eigenen nähergekommen ist. Ihr Buch ist die Dokumentation eines Generationen verdunkelnden Albtraums. Aber es ist auch eine Liebesgeschichte.

(ZWISCHEN-)BILANZ
TEIL II

Daumen rauf, Daumen runter

Die Zwischenbilanz soll als Grundlage dienen, um zuversichtlich in die nächste Lebensphase zu starten. Eine Lebensphase, die verspricht, künftig länger schlafen, selbstbestimmter arbeiten und lustbetonter leben zu dürfen. Warum nur kann sich eine solche Aussicht deprimierend bis lähmend auf das Gemüt legen? Warum war die Arbeit für manche Boomer so wichtig? Und ist es offensichtlich immer noch? Geht's da nur ums Geldverdienen, Status anhäufen, sich bewusstlos kaufen?

Wer mit Leuten redet, die sich schwertun mit dem Abschied von der regelmäßigen Berufstätigkeit, wird hören, dass der Beruf einen Großteil der Identität ausmacht, sofern man das Glück oder den Riecher oder beides hatte, etwas zu tun, das bis zum letzten Tag Spaß gemacht hat. Es ist beglückend, eine Arbeit zu haben, die obendrein gut genug bezahlt wird, um davon so leben zu können, wie man will. Und die einem womöglich einen Platz unter denen sichert, die nach den Maßstäben der Leistungsgesellschaft zu den Erfolgreichen gehören. Dass dies zu schaffen sei, wenn man nur will, war eines der Heilsversprechen der Wirtschaftswunder-Generation, verbunden mit der Erwartung, aus sich selbst das Bestmögliche zu machen. Die Bedingungen dafür, beruflich zu reüssieren, um am Ende des Erwerbslebens finanziell gesichert und entspannt in die unbezahlte Lebenszeit starten zu können, waren objektiv günstig in einer Pionierzeit mit rapidem Wohlstandswachstum und mit der politischen Zusicherung, dass die Altersversorgung gesichert sei.

Offensiv hat die soziale Marktwirtschaft ihren Kindern suggeriert, dass es für ein verantwortliches Miteinander einfach dazugehört, die Klaviatur des Kapitalismus zu erlernen und zu beherrschen. Als 1972 der Bericht des Club of Rome warnte, »die absoluten Wachstumsgrenzen auf der Erde« würden »im Laufe der nächsten hundert Jahre erreicht«, wenn »die gegenwärtige Zunahme der Weltbevölkerung, der Industrialisierung, der Umweltverschmutzung, der Nahrungsmittelproduktion und der Ausbeutung von natürlichen Rohstoffen unverändert anhält«, hatten die Babyboomer ihre Lektionen eines frei florierenden Marktes schon verinnerlicht. Gewiss, es gab den Ruf, niemanden sozial zurückzulassen, Umwelt und Natur zu schonen und einer Verzerrung des Wettbewerbs durch Unternehmenskonzentration rechtlich vorzubauen. Aber selbstverständlich nur, so das Credo der konservativen Gründungsväter um Ludwig Erhard, solange sich die Wirtschaft und der Einzelne frei entfalten konnten.

Für die Gesellschaft, die aus dem Wirtschaftswunder hervorgegangen ist, gehört es zur Definition von Erfolg, miteinander zu konkurrieren. Vom ersten Schultag bis zum letzten Erwerbsarbeitstag verglichen wir uns und wurden verglichen. Wir wurden benotet, bewertet, belohnt, befördert oder nicht, revoltierten allenfalls im Stillen, kaum offen gegen unsere Zensuren, oder machten uns das »Daumen rauf, Daumen runter« zu eigen. Selbst in der Familie, im Freundes- und Bekanntenkreis oder unter gänzlich Fremden werden wir selten nur nach charakterlichen und menschlichen Qualitäten beurteilt; unser Marktwert als Arbeitnehmer oder Unternehmerin, als Ärztin oder Schreibkraft, als Lokführerin oder Universitätsprofessor, das, was wir tun, wie viel wir verdienen und wo in der Rangliste der Jobbörse wir uns bewegen, trug und trägt maßgeblich dazu bei, wie wir als Person wahrgenommen, was uns zugetraut und wie wir sozial eingeordnet werden.

Außen- und Innenansicht können dabei erheblich voneinander abweichen. Was in uns gesehen, was von uns erwartet wird, kann nachhaltig beeinflussen, für welchen Berufsweg wir uns entscheiden, ob wir beispielsweise bei einer Firma bleiben, obwohl uns die Arbeit keinen Spaß mehr macht, oder ob wir einfach etwas Neues wagen. Zuspruch oder Skepsis anderer können durchaus konstruktive Begleiter sein, etwa wenn Eltern, Partnerinnen, Kollegen, Freundinnen uns zu etwas ermutigen, das wir uns selbst nicht zugetraut hätten. Ebenso können die beiden Perspektiven aber auch ineinanderfließen, bis die Person ihre Selbstwahrnehmung und das Bild, das andere von ihr haben, nicht mehr auseinanderhalten kann. Bis Kinder die Träume ihrer Eltern erfüllen. Bis der Vergleich von Statussymbolen wichtiger wird als die Freude an selbst erreichten Zielen. So mancher Aufbruch zur Selbstverwirklichung, zum eigenen Ich, ist schon vor dem Start abgebrochen worden, weil er in der Familie oder von Vorgesetzten als abwegig und aussichtslos abmoderiert wurde.

Die Zwischenbilanz ist ein guter Zeitpunkt, um zu rekapitulieren, ob Experimente und Träume frühzeitig auf der Strecke geblieben sind, was uns angetrieben, was gehindert hat. Es ist ein guter Augenblick, um sich von fremden Erwartungen zu lösen und herauszufinden, was wir wirklich (noch) wollen. Darum hilft es, sich anzuschauen, nach welchen Mechanismen, nach wessen Maßstäben und Ratschlägen wir bisher funktioniert haben.

Schon die Wahl einer Ausbildung, eines Studiums oder Berufs qualifiziert uns als potenziell erfolgreich oder nicht. Eltern können ziemlich ungemütlich werden, wenn die Berufsträume ihrer Sprösslinge kein geregeltes Einkommen versprechen. Das galt insbesondere in einer Zeit, in der Losungen wie »Ohne

Fleiß kein Preis« suggerierten, mit der richtigen, emsigen Einstellung könne es quasi jeder zu etwas bringen – und »etwas« war fast immer materiell definiert. Kreative Berufe im weitesten Sinne, Tätigkeiten, die junge Leute jenseits der Bedürfnisse des Arbeitsmarkts faszinieren, hatten und haben es da nicht leicht. In meiner Schulzeit herrschte Lehrer- und Ingenieurmangel. »Das musst du studieren«, war eine Standardempfehlung besorgter Eltern. Ausbildungswünsche mit ungewisser Alltagstauglichkeit wurden verworfen, die Zeichen standen auf Broterwerb, nicht auf Selbstverwirklichung.

Als ich 1972 im Alter von sechzehn Jahren verkündete, ich wolle Journalistin werden und vier Söhne bekommen, hielt sich die Begeisterung in Grenzen – für beides. Die neue westdeutsche Frauenbewegung kämpfte gegen patriarchalische Strukturen, die *Stern*-Titelgeschichte »Wir haben abgetrieben!«, in der 374 Frauen unter Führung von Alice Schwarzer gegen den Paragrafen 218 mobilisierten, war gerade ein Jahr her. Selbst meine feministisch unbedarfte Mutter machte sich Sorgen, welche Fehler sie bei der Erziehung ihrer Tochter gemacht haben könnte. Ich sollte einen Beruf erlernen, der mich ernähren konnte. Und bloß nicht vorher schwanger werden. Immerhin: Meine Geschlechtspräferenz für den Nachwuchs legte sich, der Wunsch nach vier Kindern blieb. Und der nach Journalismus auch.

Dieses Berufsziel lag damals ähnlich weit neben dem Zeitgeist wie meine Familienplanung. Anfang, Mitte der Siebzigerjahre, zwischen zwei Ölpreiskrisen, schwächelte nicht nur die Weltwirtschaft, sondern auch die Ausbildungsförderung in deutschen Verlagshäusern. »Irgendwas mit Medien«, die Formel, die mit der Digitalisierung in den 2000er-Jahren zum Leitmotiv unzähliger Berufseinsteiger wurde, wäre zu meiner Zeit kaum jemandem eingefallen. »Wenn du keine Beziehungen hast«, verriet mir ein Freund, der freiberuflich als Journalist um seine Existenz schrieb, »kannst du die Hoffnung auf ein Volontariat vergessen.« So heißt bis heute die Ausbildung, die formal kein Studium voraussetzt. Ich hatte keine Beziehungen. Und ich war nicht mal ein Mann. Also musste ich studieren. Mein Vater fand das völlig übertrieben. Er meinte, »Fußpflegerin ist doch ein sehr schöner Beruf für eine Frau, die sowieso heiraten wird«. Es war meine Mutter, die nicht hatte werden dürfen, was sie wollte, und mich vielleicht gerade deswegen nach dem ersten Schreck konsequent ermunterte und unterstützte, meinen Weg zu gehen.

Als Frau in den Achtzigerjahren bei einem politischen Nachrichtenmagazin anzufangen, hätte ich von mir selbst vermutlich am wenigsten erwartet. In meiner Vorstellung war das etwas für politische Tausendsassas, die schon in der Schule Geschichte als Leistungskurs belegten. Es war Glück, dass gerade eine Redakteurin gesucht wurde, die *eine* weibliche Kraft in einem fast reinen Männerhaus, und da es noch kaum Frauen gab, die sich bewarben, fiel die Wahl auf mich. Nach einem Jahr Probezeit hatten sich die Herren wohl an mich gewöhnt, nicht dass ich besonders gefördert wurde, aber sie ließen mich machen. Vermutlich hielten sie es für völlig normal, dass die Kollegin, wie viel zu viele Frauen meiner Generation, keine Ambitionen hegte, in die Hierarchie aufzusteigen. Das hat sich dank der Quotenarbeit jüngerer Journalistinnen zum Glück nachhaltig geändert. Heute gibt es in der einstigen Männerhochburg *Spiegel* Ressorts, in denen von achtzehn Redakteuren vierzehn Frauen sind, zwei von dreien in der Leitung.

Gelernt habe ich aus meiner Laufbahn etwas, das ich gerne weitergebe: Es zahlt sich aus, herauszufinden, was einen wirklich ausfüllt, was einem Spaß macht und zur Persönlichkeit passt. Das gilt nach dem Schulabschluss ebenso wie zwischendurch und spätestens jetzt noch einmal, nach dem Ende der

Erwerbstätigkeit. Außerdem lohnt es sich, auch das hat sich gezeigt, eine gewisse Sturheit zu beweisen – für mich war diese vermutlich Teil des inneren Motors, der mich angetrieben hat, ein Antrieb, auf den ich mich verlassen kann, weil er nicht mühsam erlernt werden muss, sondern Teil meines Wesens ist. Und wenn es keine Sturheit ist, dann können andere vielleicht eine besonders ausgeprägte soziale Kompetenz vorweisen, Anpassungsbereitschaft, Lernlust, Ehrgeiz, Ausdauer. Jede und jeder hat Eigenschaften, die gebraucht werden. Egal in welchem Lebensalter.

Was sind das für Leute?

Obwohl ich vermutlich mit der Berufswahl und allem, was daraus folgte, besonders viel Glück hatte, frage ich mich immer noch, warum einer mittleren Angestellten nach mehr als sechsunddreißig Jahren Lohnarbeit das Loslassen so schwerfällt. Denn loszulassen wäre ja Voraussetzung dafür, sich auf etwas Neues einzulassen und zu freuen. Was sind das für Leute, die sich mühsam von alldem trennen, das andere nur zu gern beenden? Was passiert mit diesen Anhänglichen, wenn sie in die hochgelobte Freiheit der Selbstbestimmung entlassen werden? Und was heißt das, in Zukunft vermutlich freiberuflich, also ohne feste Beschäftigung zu sein?

Angehörige der Generationen Y und Z bedauern die arbeitsanhänglichen Boomer, die zuviel Leben dem Job opfern, weil sie womöglich sonst nichts mit sich anzufangen wissen. Aber diese Kritik unterschätzt, wie sinnstiftend es sein kann, Verantwortung und Vergnügen in Einklang zu bringen, ein Gleichgewicht zu erreichen, indem Arbeit und Leben sich gegenseitig befruchten, sodass jedes für sich und beides gemeinsam zur Daseinsfreude beiträgt. Dafür muss man nicht Vorstandsvorsitzender oder Geschäftsführerin eines namhaften Unternehmens sein.

»Was heißt Traumberuf?«, sagt Günther Ludwig, Jahrgang 1954. »Ich hab halt in der IT gearbeitet.« Der Mann blickt sein Gegenüber aus sehr hellen Augen an und verbreitet mit robusten ein Meter neunzig eine behagliche Herzlichkeit. Alles Auftrumpfende, Lärmende scheint ihm fremd zu sein. Er lacht häufig, während er spricht, so als wolle er das, was er sagt, eher weniger bedeutsam erscheinen lassen. Was seinen Werdegang und seine Leistung betrifft, das, was er im Leben erreicht hat, stapelt er gerne tief.

Nach dem Studium hätte der junge Kernphysiker in die Nuklearindustrie oder an die Universität gehen können. »Aber dann kam die Antiatomkraftbewegung, und ich hatte nicht mehr die innere Überzeugung und daher auch keine Lust mehr dazu.« Also lieber in die aufkeimende Software-Entwicklung, »die jeden abwarb, der Naturwissenschaftler war«. 1985 begann er als IT-Systementwickler bei einem global agierenden Konzern der Entwicklungszusammenarbeit. »Da passte einfach vieles«, sagt Ludwig im Ton hessischer Gemütlichkeit, »ein internationales Unternehmen, eine tolle Kantine, und alle paar Wochen wurde südamerikanisch gekocht.« Aus dem Tortilla-Verhältnis wurden fünfunddreißig fest angestellte Jahre.

Ludwig hatte keine Karriereabsichten, keinen Lebenstraum und keinen Familienplan. »Es hat sich alles so ergeben.« Ergeben haben sich eine Ehe, vier Kinder und eine Laufbahn, um die ihn viele beneiden würden. Dreieinhalb Jahrzehnte beim selben Arbeitgeber, so etwas ist heute kaum noch vorstellbar. Dabei neigt Ludwig nicht zur Bequemlichkeit, er geht gern auf Unbekanntes zu, seien es Menschen, seien es fremde Länder oder Aufgaben. Ganz bewusst entschied er sich für die Betreuung der Software, die in den internationalen Außenbüros eingesetzt wurde. Er blättert in einem seiner alten Reisepässe. Simbabwe, Saudi-Arabien, Ghana, Ruanda, Äthiopien, Laos, Kambodscha. »Ich hab halt die Schulungen durchgeführt für die Außenstellen der Firma, das hat mir Spaß gemacht.« Sein Zimmernachbar aus dem Beschaffungswesen ist bis Heidelberg gekommen. »Für mich wäre das nicht das Richtige gewesen. Aber den Schritt, einmal mehrere Jahre am Stück ins Ausland zu gehen, habe ich dann doch nicht gemacht«, schränkt der Familienvater ein.

Die Geschichte des IT-Experten ist einerseits ziemlich durchschnittlich und andererseits ungewöhnlich. Durchschnittlich ist, abgesehen von seinem unaufgeregten beruflichen Werdegang, dass seine Ehe geschieden wurde. Ungewöhnlich ist, dass dem Angestellten schon mit Mitte fünfzig schwante, was für ein Veränderungsprozess ihm zum Renteneintritt bevorstand, für den er als Person eine neue, individuelle Software brauchen würde. Das erste Mal kam ihm der Gedanke, als beide Eltern gestorben waren und er entscheiden musste, ob er weiterhin in Frankfurt wohnen oder zurück in das Dorf wollte, das er als Achtzehnjähriger verlassen hatte. »Da ging es um mehr als einen Umzug aufs Land«, sagt der Mann, der das urbane Freizeitleben in seiner Frankfurter Nachbarschaft inzwischen sehr genoss, »das war eine komplette Veränderung der Lebensplanung.«

Der Hof mit Werkstatt und Nebengebäuden, den sein Vater als Tischler genutzt hatte, musste grundlegend renoviert werden. Da seine Lebensgefährtin einen anderen Job suchte, kamen die beiden auf die Idee, das alte Anwesen in eine Gastwirtschaft mit Eventlocation zu verwandeln. »Ich dachte mir, fürs Erste kann meine Freundin das bewirtschaften, und später, nach der Erwerbsarbeit, habe ich dann auch noch eine nette Aufgabe.« 2013 war der Ludwigshof fertig. Bald darauf zerbrach die Beziehung. Und der Software-Mann, der Kneipen bis dahin nur als Gast betreten hatte, band sich abends nach getaner Büroarbeit eine Schürze um und bediente. »Das war ungewohnt und stressig«, sagt er. Und obwohl der nette Hüne immer Hilfe fand, musste er die tägliche Bewirtschaftung bald erst einmal aufgeben.

Vorruhestand wäre für ihn nicht infrage gekommen, »dafür habe ich viel zu gern gearbeitet«. Erst ein Jahr vor Rentenbeginn hat Ludwig die Bürozeit reduziert. Er hält sich »nicht für besonders psychologisch«, aber vielleicht wollte er geduldig mit sich selbst sein, sich Zeit geben für den Übergang. »Ich habe dann so komische Sachen gemacht«, sagt er, »bin mit dem Fahrrad zur Arbeit gefahren und wieder zurück.« Komisch war das, weil jede Strecke zwei Stunden dauerte. »Ich gewöhnte mich an diesen neuen Rhythmus, und ich wollte etwas für die Gesundheit tun.« Das hat geklappt. Die Wadenmuskeln legten zu, der Genussbauch nahm ab, »na ja«, sagt er und grinst, »ein Gürtelloch«.

Anfang 2020 war Schluss bei der Firma. Als einer der Ersten in der Software-Entwicklung und Consultant hatte Ludwig im Laufe der Jahre viele Abteilungen kennengelernt, »immer neue Kolleginnen, neue Aufgaben, ich hatte einen superguten Überblick über die Firma«. Deshalb ging er davon aus, mit seinem Wissen über die Abläufe und das, was man ohne großen Aufwand optimieren könnte, durchaus noch nützlich zu sein. »Ich dachte, die Firma wird fragen, ob ich Lust hätte, noch was weiterzugeben. Das Know-how der Alten und die Dynamik der Jungen, das hätte doch was Konstruktives werden können.« Das hat nicht geklappt. Niemand interessierte sich für die angesammelte Erfahrung. »Das war schon schlimm«, sagt Ludwig und lächelt. »Jeder denkt, wenn der oder die geht, dann fehlt uns etwas. Und dann ist es doch nicht so. Aber erst wenn es einen selber trifft, fühlt man, wie weh das tut.«

Jenseits der Kirschblütenkultur

Ob eine Transition vom prallen Arbeitsleben in ein seelenruhiges Rentnerdasein gelingen kann, hängt nicht nur von individuellen Befindlichkeiten ab. Die millionenfach bezeugte Wahrnehmung älterer Arbeitnehmender, von jetzt auf gleich buchstäblich abgemeldet zu sein, steht im krassen Gegensatz zu der von Wirtschaftsinstituten und in Businessstudien gebetsmühlenartig wiederholten Rhetorik, wie unverzichtbar Berufserfahrung sei und welche Chancen darin lägen, Alt und Jung bei der Arbeit zusammenzuspannen. Alt und Jung, damit sind Gegensatzpaare gemeint, von denen sich die Unternehmen angeblich viel versprechen: gelassen plus lebhaft, kenntnisreich plus erfinderisch, zuverlässig plus risikofreudig, professionell plus unerschrocken, sturmerprobt plus neugierig. Die Reihe könnte weitergehen. Und doch wird diese angeblich so aussichtsreiche Personalentwicklungsstrategie weitgehend ignoriert, wie aktuelle Untersuchungen immer wieder zeigen.

Es mag überraschend klingen, aber wenn in dieser Gesellschaft jemand diskriminiert wird, dann geschieht das häufig nicht wegen Herkunft oder Geschlecht, sondern wegen des Alters. Das reicht von abfälligen Bemerkungen bis zu Regeln, Vorschriften und Beschränkungen, darunter, ab wann oder bis zu welchem Alter ein Kredit gewährt, ein Mietwagen ausgeliehen, jemand eingestellt, befördert oder zu einer Fortbildung zugelassen werden kann. Versicherungen erhöhen die Beiträge für Mitglieder im Seniorenalter oder verweigern ihnen bestimmte Behandlungen.

Zugrunde liegen solchen Benachteiligungen Stereotype, die mit Alter verbunden sind, wie etwa nicht so leistungsfähig, weniger innovativ, geistig unbeweglich und sowieso bei schlechterer Gesundheit zu sein. Der internationale Menschenrechtsschutz enthält eine Vielzahl von Diskriminierungsverboten, unter anderem wegen Hautfarbe, Religion, Weltanschauung, körperlicher oder geistiger Einschränkungen. Das Merkmal »Alter«, egal ob es um besonders junge oder ältere Personen geht, ist hingegen in keinem Menschenrechtsvertrag – auch nicht im deutschen Grundgesetz – ausdrücklich aufgeführt. Das will die Antidiskriminierungsbeauftragte des Bundes, Ferda Ataman, nun ändern. Das Allgemeine Gleichbehandlungsgesetz (AGG) verbietet zwar jede Art von Altersdiskriminierung, aber nicht für alle Lebensbereiche. »Insgesamt wird die Diskriminierung älterer Menschen selten infrage gestellt«, fasst das Deutsche Institut für Menschenrechte zusammen.

Die meisten Diskriminierungserfahrungen aus Altersgründen werden am Arbeitsplatz gesammelt. Dies betrifft sowohl die Angestelltenwelt zwischen Handwerk, Landwirtschaft, Technik, Dienstleistung und Medien als auch die freien und künstlerischen Berufe. Auf einem 2021 veranstalteten digitalen Symposium »War schön. Kann weg ... Alter(n) in der darstellenden Kunst« widersprachen die Beiträge der zumeist über fünfzigjährigen Künstler und Künstlerinnen einer sprichwörtlichen japanischen Weisheit, wonach das Leben erst in seiner letzten Phase zu seinem Höhepunkt kommt. Anders als in der Kirschblüten-Kultur, die den alternden Körper beispielsweise im Tanz zelebriert, werde vielen älteren Kulturschaffenden in westlichen Gesellschaften Abwertung, ja Verachtung entgegengebracht. Und wie zum Hohn für alles, was seit Gründung der Zeitschrift *Emma* 1977, seit der 2012 gestarteten Bewegung »Pro Quote« und den MeToo-Enthüllungen für die Gleichstellung von Frauen erreicht wurde, resümierten die Teilnehmenden der Kunst-und-Alter-Konferenz, dass insbesondere nicht mehr ganz junge Frauen im Kulturbetrieb von Bühnen und aus Galerien verschwinden.

»Frauen in meinem Alter sind nicht besonders sichtbar«,

sagte die Sängerin Inga Humpe in einem *Zeit Online*-Podcast. Zum Zeitpunkt des Interviews war die Musikerin sechsundsechzig Jahre alt und erinnerte sich, dass ihr Alter schon Mitte der Achtzigerjahre kurz nach ihrem größten Hit »Codo« thematisiert wurde: »Als ich dreißig war … hieß es: Jetzt müssen wir aber mal auf die Uhr gucken, die ist ja eigentlich schon zu alt«, so die Sängerin, »ich war eigentlich immer zu alt.« Sollten faltengereifte, ergraute, zerbrechliche Künstler und Künstlerinnen ausnahmsweise mal als Tänzer oder Schauspielerinnen performen dürfen, geht es meistens darum, ihre verblüffende Vorzeigbarkeit auszustellen – auch eine Form der Diskriminierung.

Die den Altersstereotypen zugrunde liegenden Vorurteile halten sich ebenso hartnäckig, wie sie regelmäßig durch Studien widerlegt werden – was nicht heißen soll, dass alle älteren Berufstätigen hoch motiviert, kerngesund und unermüdlich Maximales leisten. Es gibt Unterschiede von Individuum zu Individuum, und es gibt altersbedingte Veränderungen. Aber wann geht es schon darum, Alt und Jung beim Armdrücken oder Hürdenlaufen gegeneinander antreten zu lassen? IT-Experte Ludwig beabsichtigte durchaus nicht, mit seinen Nachfolgerinnen um die Wette zu programmieren. Aber er hätte das Unternehmen dabei unterstützen können, Prozesse zu verbessern, Kommunikationswege zu verkürzen, womöglich Kosten zu senken.

Stattdessen hat er all die Firmengadgets, die er in fünfunddreißig Jahren gesammelt hatte, »alles, wo das Logo draufsteht«, genommen und sie bei der großen Abschiedssause, die er sich selber gab, ausgestellt. Viele Kollegen und Kolleginnen kamen, eine Jazzband spielte. »Das war schön«, sagt er. »Aber es war auch ein böses Erwachen. Ich war schon sehr überzeugt von der Firma, und dann ist man von einem auf den anderen Tag von allem abgeschnitten.« Kein Zugriff mehr aufs Intranet, keine E-Mail, keine Informationen, wo neue Kollegen anfangen, welche alten ausscheiden, wie die Projekte laufen. »Alles, was so lange ein so wichtiger Teil deines Lebens war, ist plötzlich einfach nicht mehr da.«

Weil Corona kam, feierten auf dem Ludwigshof nur noch selten kleine Gruppen, unter strengen Hygienemaßnahmen, die keinen Spaß aufkommen ließen. An Auslandsreisen zu befreundeten Mitarbeitern und Mitarbeiterinnen war auch nicht zu denken. Wenn die Pandemie es erlaubte, hat Ludwig Kinder und Enkel besucht. »Ansonsten lag ich gefühlt viel zu oft auf dem Sofa herum, mit Netflix und Amazone Prime. Und es ging mir nicht gut dabei.« Immerhin gab es in Haus, Hof und Garten einiges zu tun, »da kam auch mein Tischler-Gen zum Vorschein«, sagt der Tischler-Sohn. Er hat vieles repariert, Wohnungen umgebaut oder neu gestaltet. Letztlich hat ihm wieder das geholfen, was ihn verlässlich durch berufliche und private Holperstrecken getragen hat: eine gesunde Mischung aus Gemütsruhe und Aktivität.

Nur langsam beginnt sich die Wissenschaft damit zu beschäftigen, warum der Übergang ins Rentnerdasein manchen Arbeitnehmern und Arbeitnehmerinnen leicht und manchen deutlich schwerer fällt. Die Australian National University bemerkte 2020 »einen Mangel an Forschung über den Prozess, durch den Rentner den Rollenübergang bewältigen«. Oft erweisen sich ausgerechnet jene als Ruhestands-Muffel oder entwickeln mit Zeitverzug Depressionen, die sich auf die freie Zeit gefreut haben. In einer qualitativen Studie fanden die ozeanischen Soziologen heraus, wie sich das Selbstverständnis eines Menschen am Arbeitsplatz zu der Privatperson verhält und was das für den Wechsel in die Erwerbslosigkeit bedeutet. Vier Gruppen von Rentneranfängern haben die Australier identifiziert:

1. Erwartungsgemäß fällt denjenigen die Transition in den Ruhestand am leichtesten, die sich am wenigsten über die Arbeit definieren, sondern vor allem über private Beziehungen und Aktivitäten, die einen guten Freundeskreis haben, vielleicht Familie und Familienaufgaben.
2. Auch wer aus der Arbeit viel Befriedigung gezogen hat, aber parallel dazu außerberuflich sehr aktiv war, wer Hobbys gepflegt und soziale Aufgaben wahrgenommen hat, kommt relativ gut mit dem Wechsel klar.
3. Diejenigen, die sich überwiegend mit dem Job identifizieren und daneben nur wenig Sozialkontakte aufbauen, erklären häufig, dafür keine Zeit zu haben, oder sind der Meinung, die Begegnung mit anderen gebe ihnen nur wenig. Wenn dann die Arbeit als Sinn und Inhalt entfällt, tut sich gerade diese Gruppe mit der Umstellung schwer.
4. Am härtesten aber trifft der Übergang diejenigen, die weder im Beruf noch privat für ein lebendiges Umfeld und ein soziales Wohlbefinden gesorgt haben. Eigenbrötler, Einzelgängerinnen, Nerds aller Art entdecken oft erst, wie leer ihr Dasein ist, wenn die Identifikationsmacht des Berufs entfällt.

Der IT-Experte Ludwig hat vieles richtig gemacht. Finanziell kommt er klar. Er hat vorausschauend Projekte für seine Rentnerzeit entwickelt, hat Geselligkeit außerhalb der Arbeit gefunden und sich körperlich wie seelisch darauf eingestellt, im Alltag und im Umgang mit sich selbst vor allem eines zu brauchen: Humor. Seine berufliche wie private Zwischenbilanz kann sich sehen lassen, und er wirkt nicht wie einer, der sich darauf ausruht. Dennoch hat ihn in seinem idyllischen Zuhause ein heftiger Blues erwischt, als die letzten Töne seiner Abschiedsfete verklungen waren und die Zeit sich zu dehnen begann. »As Time Goes By«.

Machtmenschen und Tischlerinnen

Worum es beim beruflichen Abschiedsweh geht, hat mir ein Mann erklärt, der unter Babyboomern, männlichen wie weiblichen, beliebt ist wie kaum ein anderer: der Schauspieler Mario Adorf. Zu den Glücksfällen meines Berufs gehörte es, den Star 1992 porträtieren zu dürfen, seither sind wir verbunden geblieben. Mario Adorf, Jahrgang 1930, ist kein Babyboomer und mit dreiundneunzig Jahren weit jenseits jener Lebensphase, in der die sogenannten jungen Alten an der Ruhestandsrampe stehen. Adorf hat nie aufgehört zu arbeiten, als selbstständiger Schauspieler kann er so lange auftreten, wie ihn Stimme, Geist und Beine tragen. Zuletzt drehte der allgegenwärtige Großdarsteller 2018 die Gaunerkomödie *Alte Bande*, in der er einen betagten Boxer spielt, der sich im Knast durch jene Präsenz Respekt verschafft, mit der Adorf sich gern für seine auf 178 Zentimetern verteilten fünfundneunzig Kilo entschuldigt: »Ich wirke leicht enorm.«

Kurz nach Erscheinen des Films riss die Pandemie – wie bei so vielen Freischaffenden – einen Krater in die einzigartige Karriere, die nun schon weit mehr als ein halbes Jahrhundert anhält. Anders als die meisten seiner Zunftkollegen und -kolleginnen müssen den Helden von grob gezählt 140 Kino- und Dutzenden Fernsehfilmen und Serien, der zum Zeitvertreib Bestseller schreibt, keine Existenzängste plagen. Gerade hat der Schauspieler mit dem kratzweichen Bariton gemeinsam mit Startenor Daniel Behle und dem Ensemble *German Hornsound* »500 Jahre Heimatlieder und Gedichte« eingespielt. »Und doch habe ich eine Ahnung davon bekommen«, sagt Adorf, »wie verstörend so ein Berufsabriss wirken kann.« Gewiss, wenn er auf der Berlinale einen

Corona-Geburtstag nachfeiert, ist das der *Bild*-Zeitung immer eine Schlagzeile wert, und die aktuelle Prominenz gibt ihm die Ehre. »Aber solange nicht das nächste Filmprojekt unterschrieben ist, fühlt man sich insgeheim wie ein Außerirdischer. Und das fühlt sich nicht gut an.«

Die Rollen als finsterer Geselle haben den Jungen aus der Eifel mit den sichelförmigen Augenbrauen durch die ganze Welt getragen. »Kalabrese, du kommst aus Kalabrien«, hatte ihm ein neapolitanischer Kollege einst auf den Kopf zugesagt, solche Brauenbögen gebe es nur im Süden Italiens, wo Adorfs Vater geboren wurde. »Sie sind mein Mexikaner«, freute sich Regisseur Sam Peckinpah, als er den jungen Schauspieler 1964 für den US-Western *Sierra Charriba* engagierte – es grassierte ein fröhlicher Rassismus, der seinerzeit als unschuldig galt. »Wäre ich in Hollywood geblieben«, vermutet Adorf, »dann hätte ich wohl bis ans Lebensende den Mexikaner gemacht.«

Er hat noch mit Therese Giehse unter Bert Brecht gespielt, mühelos Kinogenerationen, Nationalitäten, Regiestile und Erzählformate durchkreuzt. Zunächst kam es mir unpassend vor, eine Ausnahmefigur wie Adorf heranzuziehen, wenn eher durchschnittliche Lebensläufer und -läuferinnen sich fragen, wie es ohne Auftrag von oben weitergehen könnte. Doch dann erschien es mir besonders tröstlich, von einem Weltstar zu hören, dass er sich schwer damit tut, allmählich von der Bildfläche zu verschwinden. »Natürlich kann man sagen, es sei längst an der Zeit, sich zurückzuziehen«, sagt er leise, »aber ich muss mich erst daran gewöhnen, nicht mehr so gebraucht zu werden.«

Es heißt immer, am Ende könnten diejenigen ihren Job nicht loslassen, die sich für unersetzbar halten. Gemeint sind damit Leute wie der Vorstandsvorsitzende, der sich nach Auskunft seiner Frau in den ersten Ruhestandswochen auf dem Rücksitz seines Autos niederließ, weil er erwartete, dass sein Chauffeur sich ans Steuer setzt. Mario Adorf mag beruflich daran gewöhnt sein, im Maybach herumkutschiert zu werden; berühmt geworden ist seine Wutrede als Konsul Haffenloher in der TV-Serie *Kir Royal*: »Ich scheiß dich so was von zu mit meinem Geld, dass du keine ruhige Minute mehr hast.« Aber so unvergesslich wie dieser Ausbruch eines fiktiven Emporkömmlings ist es, zu erleben, wie sein Darsteller Adorf privat am Steuer eines verbeulten Fiat 500 laut fluchend durch das verstopfte Rom kurvt. Der Sohn einer alleinerziehenden Näherin ist immer auf dem Teppich geblieben.

Es sind nicht nur selbstverliebte Machtmenschen, die sich an Chefsessel und Insignien klammern. Es sind Abteilungsleiterinnen, die stolz darauf sind, Verantwortung zu tragen. Projektmanager, die nicht um fünf das Laptop zuklappen. Tischlerinnen, die das Werkstück erst aus der Hand legen, wenn es so geworden ist, wie sie es haben wollen. Ladeninhaberinnen, die eine Kundin noch reinlassen, obwohl schon Feierabend wäre. Erzieher, die spät abends zurückrufen, weil Eltern sich Sorgen machen. Es sind Berufstätige, wie der US-amerikanische Wirtschaftspsychologe und *New York Times*-Autor Barry Schwartz in seinem Buch *Warum wir arbeiten* schreibt, denen »ihre Arbeit Spaß macht, oft so wie Kreuzworträtsel oder Sudoku Spaß machen«, die »das, was sie tun, für sinnvoll halten« und bereit sind, Neues zu lernen, um sich »sowohl als Arbeitnehmer wie auch als Person weiterzuentwickeln«.

Wie vernünftig ist es, derart motivierten Leuten mit Verweis auf ein reiches unbezahltes Betätigungsfeld die Tür zu weisen? Mir erscheint das weder fair noch verantwortlich noch im Sinne der Gesellschaft sozial. Unfair und unverantwortlich Einzelnen gegenüber ist es, weil, abgesehen von denen, die einfach keine Lust haben, sich auf ihren Verdiensten auszuruhen, rund ein Drittel aller weiterarbeitenden Rentner und Rentnerinnen hinzuverdienen *müssen*, um ihren Lebensunterhalt zu bestreiten. Der Gesellschaft schadet es, weil Arbeitskräfte fehlen und Menschen seelisch und körperlich krank werden, ergo der Gemeinschaft und ihren Familien zur Last fallen, wenn sie unfreiwillig aufs Abstellgleis geschoben werden.

Die Statik des Familienfriedens

Soll dies nun ein Plädoyer für reich versorgte Schreibtischgreise sein, die ihren nachrückenden Kolleginnen die Arbeitsplätze streitig machen? Oder für gelangweilte Wohlstandsrentnerinnen, die mit sich nichts anzufangen wissen und jungen Arbeitnehmern die Chance stehlen, ihrerseits Karriere zu machen, Familien zu gründen und ihr Leben zu gestalten? Soll ein Anspruch, weiterbeschäftigt zu werden, rechtfertigen, dass künftig massenweise reaktionäre Senioren die Zukunft ihrer Unternehmen in der Vergangenheit festhalten? Sicher nicht. Die Lage ist komplizierter.

Es geht um mehr als um die Orchideenprobleme sinnsuchender Gerontokratinnen und Gerontokraten. Es gibt in Deutschland rund 800 000 betuchte Privatiers, die finanziell unabhängig sind, weil sie von ihren Ersparnissen und Einkünften aus Vermögen, Vermietung, Aktien etc. leben können. Mehr als die Hälfte dieser materiell Glücklichen ist zwischen fünfundfünfzig und fünfundsechzig Jahre alt. Aber was ist mit den Abermillionen anderen? Jeden Monat gehen 80 000 Boomer in Rente. Die Frage, wie viele Rentner und Pensionäre hierzulande von Altersarmut bedroht sind und wie viele zu den Reichen gehören, wird – je nach Auftraggeber – in Statistiken unterschiedlich beantwortet. Aktuell gibt die Bundesregierung an, dass fast ein Fünftel im Ruhestand unterhalb der Armutsgrenze lebt, also mit weniger als 1135 Euro monatlich klarkommen muss. Bei Frauen, so meldete das Bundesministerium für Arbeit und Soziales, lag die Durchschnittsrente 2021 bei 832 Euro monatlich, fast jede zweite hat 800 Euro oder weniger.

Dass es in diesem Land ein solches Alterselend gibt, ist inakzeptabel. Ebenso die Tatsache, dass dieser Missstand politisch immer wieder angeprangert, aber nicht wirklich beseitigt wird. Viel zu viele Männer und Frauen können sich nach einem langen Arbeitsleben ihre Miete plus Krankenversicherung nur leisten, wenn sie die staatlichen Bezüge aufstocken. Und zu dieser Gruppe gehören nicht nur die am unteren Rentenrand. Wer in Hamburg, Frankfurt, München und mittlerweile auch in Berlin zwei oder drei Zimmer bewohnt und sich irgendwann zu einer privaten Krankenversicherung hat überreden lassen, wird von 2000 Euro Ruhegeld, wie das so schön heißt, vielleicht gerade mal das Zuhause und die Versicherungsbeiträge bezahlen können. Und froh sein über einen bezahlten Job. Oder über Familienangehörige, die vermögend und fürsorglich genug sind, um Bruder, Schwester, Mutter oder Vater zu unterstützen.

Von der finanziellen Ausstattung hängt es ab, ob aus eigenständigen, eigenwilligen Leistungsträgern schicke Silverager werden. Von der *Apotheken Umschau* bis zu Hollywood-Romanticals verklären Stars wie Jane Fonda, George Clooney, Iris Berben oder Sky du Mont die grau melierten als goldene Zeiten. Andererseits verwandeln sich Eltern in Bittsteller beim eigenen Nachwuchs, die ihren Kindern mit ihrer Art zu leben eben noch als unabhängige Typen vorkamen, skurril oder betulich, zu sparsam oder zu anspruchsvoll, aber unabhängig. Eine Menge emotionaler Sprengstoff steckt in ungeschriebenen Generationenverträgen. Es mag einen gefühlten Anspruch bedürftiger Ruheständler geben, notfalls Unterstützung von ihren Kindern einzufordern, so wie die Alten jahrzehntelang für die Jungen aufgekommen sind. Einen gesetzlich verbrieften gibt es erst, wenn Tochter oder Sohn brutto mindestens 100 000 Euro im Jahr verdienen. Selbst dann greifen Eltern ungern auf das Geld ihrer Kinder zu, umso weniger, wenn die nur mit Mühe selbst über die Runden kommen.

Die Statik des Familienfriedens ist außerdem nicht erst bedroht, wenn das Geld für Großmutter und Großvater knapp wird. Selbst ansonsten recht harmonische Sippschaften können auseinanderbrechen, wenn Angehörige finanziell aufeinander angewiesen sind. Es zählt zu den Hausaufgaben von Neurentnern, sich (mindestens selbst) Rechenschaft über ihre innerfamiliären Beziehungen abzulegen, einen Blick zu werfen hinter die Fassade tapfer aufrechterhaltener Weihnachts- und Geburtstagsrituale: Wer ist hier wirklich gern mit wem verwandt? Wer steht sich unabhängig von Blutsbanden nahe? Und halten die gefühlten Bindungen es aus, daraus Ansprüche oder Verpflichtungen abzuleiten?

Es ist verblüffend, wie selten Eltern und ihre erwachsenen Kinder über Geld und Lebensentwürfe sprechen, solange alle (noch) im Vollbesitz ihrer geistigen und finanziellen Selbstständigkeit gut verständliche und annehmbare Gesprächstöne treffen. Und wie häufig, trotz allerbester Vorsätze, vom Alltag gestresste Nachkommen schließlich doch die lieben Älteren bevormunden. Die wiederum, in dem Dilemma, entweder ihre Autonomie einzubüßen oder die Zuneigung der Kinder zu riskieren, lassen sich notgedrungen auf Vereinbarungen ein, die ihnen insgeheim wehtun.

Ziemlich rau kam es mir vor, als die erwachsenen Kinder eines Bekannten ihm den Kleinwagen enteigneten, weil der Enkel ihn dringender benötige. Der Großvater schickte sich: »Vielleicht hätten sie mir sonst entgegengehalten, dass der Junge mich nun auch nicht mehr besuchen könne.« Verstehen kann ich auch die kürzlich verstorbene Mutter einer Freundin, die allein mit ihrem Gehalt als Büroangestellte zwei Kinder hat studieren lassen und nach vierzig arbeitsreichen Jahren auf ihre Tochter angewiesen war. Der hat das weder finanziell noch gefühlsmäßig etwas ausgemacht, sie hat ihre »Mama« aufrichtig gern unterstützt. »Ohne sie wäre ich vielleicht nicht geworden, was ich bin«, sagt sie. Aber die Mutter empfand sich als gescheitert und ihr Anliegen als demütigend. »Das verzeihe ich mir nicht«, erklärte sie viele Male, »dass ich das nötig habe, weil ich es aus eigener Kraft nicht geschafft habe, meinen Lebensunterhalt bis zum Ende selbst zu bestreiten.«

Umgekehrt wird es vielen heute Fünfundzwanzigjährigen mit Blick auf ihre Zukunft mulmig. Am Arbeitsplatz, so die Befürchtung, konkurrieren sie demnächst mit Millionen Boomerinnen und Boomern, die nicht in Rente gehen wollen. Währenddessen warten die eigenen Eltern zu Hause auf finanzielle Unterstützung.

Die Sorge vieler junger Menschen ist durchaus verständlich. Allerdings ist es zu einfach, der Demografie die Schuld zu geben. Ich hatte in meinen letzten beiden Arbeitsjahren das Glück, noch mal in einem neuen Team anfangen zu dürfen, umringt von rund zwanzig Redakteurinnen und Redakteuren, einige davon unter dreißig. Da arbeiteten hochqualifizierte junge Kolleginnen seit Jahren auf befristeten Stellen, für etwa die Hälfte des Gehalts, zu dem ich 1985 eingestellt wurde. Und damit sind sie noch vergleichsweise gut bedient. In vielen Branchen und Unternehmen unterwandern allerlei unverbindliche Arbeitsverträge mit Praktikanten, Pauschalistinnen und ähnlichen Kurzzeitmitarbeitenden eine solide Berufsbiografie, sodass kaum noch Anstellungen mit berechenbaren tariflichen Konditionen zustande kommen. Auch deshalb wird es für Berufseinsteigerinnen und -einsteiger immer unwahrscheinlicher – trotz guter

Chancen in einigen Handwerks- und Industrieberufen –, aus eigener Kraft ein solides materielles Fundament für die späten Jahre ansparen zu können – schon ohne bedürftige Eltern.

Der Zorn der Millennials

Wenn eine (Zwischen-)Bilanz irgendwie erhellend ausfallen soll, gehören auch die Kehrseiten des bundesdeutschen Aufstiegsmärchens und die Fehleinschätzungen dazu. Was das Privatleben angeht, muss das jede und jeder mit sich selbst ausmachen. Hier geht es um Irrtümer und Haltungen, sofern sie sich auf die Allgemeinheit ausgewirkt haben.

Nicht jede Tochter und nicht jeder Sohn konfrontiert ältere Familienmitglieder mit einer Abrechnung, wie sie Greta Thunberg 2021 an den UN-Weltklima-Gipfel gerichtet hat: »Alle kommenden Generationen haben euch im Blick, und wenn ihr euch dazu entscheidet, uns im Stich zu lassen, dann entscheide ich mich zu sagen: Wir werden euch das nie vergeben! Wir werden euch das nicht durchgehen lassen!« (Noch) nicht alle Fünfzehn- bis Dreißigjährigen fordern, das Wahlalter auf fünfundachtzig Jahre zu begrenzen. Aber wer ein dreiviertel Leben gelebt und die Welt mitgestaltet hat, sollte die Empörung ernst nehmen, die Kinder und Enkel der abfällig Boomer genannten Großgeneration formulieren. Und sich – leise oder laut – ein paar Fragen stellen.

Ist der Zorn der Millennials und der Generation Z nicht berechtigt? Der Zorn auf die Profiteure von Wiederaufbau und wirtschaftlicher Konsolidierung, die ohne Rücksicht auf Verluste drauflos gelebt und Warnungen vor den sozialen, ökologischen und klimatischen Folgen ignoriert haben oder nicht wahrhaben wollten. Jahrzehntelang änderten die Berichte angesehener Klimaforscher, Globalisierungskritikerinnen oder Sozialwissenschaftler nichts an der neoliberalen, ruinösen Lebens- und Wirtschaftsweise, die das Wachstums-Credo und ein Recht auf Kaufrausch über alles stellte.

Was nützt es, dass ich heute zerknirscht bin, weil ich mir selbst jahrelang ziemlich erfolgreich und cool vorkam, wenn ich morgens nach Hamburg zur Konferenz und abends zurück nach München flog. Überhaupt habe ich viel lieber konsumiert als verzichtet, vermutlich müsste ich 102 werden, um die Schuhe aufzutragen, die ich angesammelt habe, meistens mit der Ausrede, sie seien im Ausverkauf so günstig gewesen. Auch wenn es nur für eine Minderheit der Babyboomer um Chanel, Ferrari und St. Moritz ging: Für alle, die Erfolg, Status und das Hochgefühl, es geschafft zu haben, vor allem am Konsum festmach(t)en, war (und ist) *weniger* eben nicht mehr, sondern fast immer zu wenig. Gern darf es von allem auch heute noch ein bisschen mehr sein. Boshaft verstanden könnte man die Forderung, vom gesetzlichen Rentenbeginn befreit zu werden, durchaus einreihen in die Wunschliste verwöhnter Wirtschaftswunderkinder, die nicht genug kriegen können.

Ist es gerecht, dass der Zufall eines Geburtszeitpunkts über das Schicksal nachfolgender Generationen entscheidet? Ob ich während eines Krieges oder danach geboren bin? In einer wirtschaftlichen Not oder im Aufschwung? Zur Zeit einer gesellschaftlichen Depression, in der sich Menschen fragen, ob es verantwortlich ist, Kinder in die Welt zu setzen? Oder in einem optimistischen Hoch, in dem dies viele im Vertrauen auf eine sichere Zukunft tun? Es sind biografische Glücks- oder Pechfälle, die dazu geführt haben, dass wir, eine rund fünfundzwanzig Millionen starke Kohorte von Sechzig-, Siebzig-, Achtzigjährigen und Älteren (Tendenz steigend), über circa zwanzig Millionen Achtzehn- bis Neununddreißigjährige (Tendenz fallend) demografisch dominieren. Und so an den Wahlurnen einer Rentnerdemokratie über eine Zukunft entscheiden, in der nicht wir selbst, sondern unsere Kinder und Kindeskinder auszubaden haben, was wir hinterlassen.

Auch mich ärgern die Verallgemeinerungen, das pauschale Boomer Bashing gegen alle, die vor 1990 geboren wurden. *Zeit*-Kolumnist Harald Martenstein bezeichnete es als »dümmliche Altenschmähungen«, zum einen seien »wir« nicht alle gleich, und »wir« haben auch »die heutige Erde, also all ihr Gutes und all ihr Schlechtes, nicht ganz allein geschaffen«, da waren noch ein paar Generationen vor uns beteiligt. Es scheint in Vergessenheit geraten zu sein, dass die Fünftagewoche und die Verkürzung der Wochenarbeitszeit von achtundvierzig auf fünfunddreißig Stunden in den Jahren zwischen 1950 bis 1995 erkämpft wurde, das Rund-um-die-Uhr des 24/7 hingegen eine Errungenschaft des digitalen Zeitalters ist.

Aber bei allen berechtigten Einwänden gegen »kollektive Schuldzuschreibungen« (Martenstein) scheint es doch so, als hätte es erst einer weltumspannenden Virenangst bedurft, eines neuen Krieges in Europa, einer existenziellen Energiekrise, einer strangulierenden Inflation, drohender Hungersnöte, Zigtausender Erdbebenopfer und einer wachsenden Sorge um die Demokratie, damit in Eigentumswohnungen und Doppelhaushälften darüber nachdacht wird, worauf die Wegwerfgesellschaft verzichten könnte – und immer noch gut leben würde. Dass ausgerechnet die Grünen die unbequemen Wahrheiten der Realpolitik umsetzen müssen, Waffen in Kriegsgebiete zu liefern und Energie von Antidemokraten zu beziehen, beschleunigt hoffentlich unabhängig von Parteien die politische Einsicht, wie die Wirtschaft nachhaltiger und das Zusammenleben solidarischer zu gestalten wäre.

Wie also, wenn nicht als Kampfansage Alt gegen Jung und Jung gegen Alt, ist das Anliegen gemeint, arbeitswillige Ältere einzubinden und auf Wunsch weiter zu beschäftigen? Es ist zunächst einmal eine Einladung, sich offen auszutauschen. Noch weniger als an die Zwangsläufigkeit apokalyptischer Prognosen glaube ich daran, es könnten aus einem Widerstreit der Generationen Formen des Zusammenlebens entstehen, die allen Beteiligten gerecht werden. Gebraucht werden kreative Ideen und Modelle außerhalb von Kleinfamilien, jenseits von Altersheimen, mit einem sich runderneuernden Arbeitsmarkt und trotz Wohnungsnot für unterschiedliche Individuen und Gemeinschaften. Es muss sich also die Einsicht wiederherstellen, die vor über 130 Jahren den Beginn der gesetzlichen Rentenversicherung markierte: Auch unter veränderten demografischen Bedingungen geht die soziale Versorgung alter wie junger Mitbürger und Mitbürgerinnen alle an, als gesellschaftliche und politische Aufgabe.

Die Voraussetzungen für gute Lösungen sind nicht so schlecht, wie sie im hitzigen Gegeneinander oft erscheinen. Es ist ja nicht so, dass eine bedrohliche Zahl älterer Herrschaften mit ihren Nachfolgerinnen um Praktikantenstellen und Spitzenjobs konkurrieren werden. Die allermeisten können den Ruhestand kaum erwarten. Und wer käme ernsthaft auf die Idee, die Verantwortung für ein menschenwürdiges Dasein jenseits der sechzig zu privatisieren, sie Kindern und Enkeln zuzuschieben, die dann neben ihren prekären Jobs auch noch dafür zuständig wären, die Großeltern zu päppeln und zu bespaßen. Soweit ich mich erinnere, wollen die meisten jungen und mittelalten Erwachsenen doch vor allem eines: sich freiwillig, aus eigener Anhänglichkeit und Zuneigung *gelegentlich* mit ihren Alten umgeben, ohne moralischen Druck oder finanzielle Verpflichtungen.

Niemand mit Herz und Verstand bestreitet, dass wir – die Alten und die Jungen – einander brauchen. Wir müssen das viel beschworene fruchtbare Miteinander der Generationen nur endlich in die Wirklichkeit überführen. Wir müssen individuell, politisch und wirtschaftlich nach Modellen suchen, die arbeitswillige und fähige Leute weder diskriminieren, weil sie zu jung, zu unerfahren oder ungeduldig, noch weil sie zu alt, zu besserwisserisch oder dickköpfig sind. Manchmal hilft es schon, einander zuzuhören. Mit einer kleinen Gruppe von Zwanzig- bis Dreißigjährigen sah ich den bewegenden Dokumentarfilm *Die Unbeugsamen*, die Geschichte jener Frauen der Bonner Republik, die beharrlich und unerschrocken gegen überhebliche und machtverliebte Männer antraten, um an demokratischen Entscheidungsprozessen beteiligt zu werden. »Wir hatten keine Ahnung«, waren sie sich hinterher einig, »wie hart die Frauen das erkämpfen mussten, was heute selbstverständlich ist.«

Wie Kooperationen aussehen könnten, kann gemeinsam und fürsorglich beraten werden. Zwischen Aus- und Weiterbildung, Berufsanfang und lebenslangem Lernen warten drängende gesellschaftliche Aufgaben in Gesundheits- und Bildungsberufen, in MINT-Arbeitsfeldern (Mathematik, Informatik, Natur- und Ingenieurwissenschaft und Technik) sowie in kreativ-intellektuellen Jobs. Parteien, Gewerkschaften, Sozialverbände, Universitäten und Mitstreitende in Kirchen und Instituten entwickeln seit Jahren Konzepte, von denen ich einige im Kapitel »Aufbruch« skizzieren werde. Was fehlt? Dass sie umgesetzt werden!

Großmutter Dorothea oder: Schmieren und trainieren

So wie das Bankkonto darüber entscheidet, ob Neurentner sich die Pläne und Projekte, von denen sie träumen, überhaupt leisten können, so bestimmt der Gesundheitszustand darüber, wie weit vermeintliche Best Ager noch in der Lage sind, sich eine neue Welt zu erobern. Dieses Bilanzkapitel handelt nicht davon, wie wir Muskeln und Bänder stramm halten, wie viel Schokolade, Leberwurst und Tiramisu wir essen dürfen; ob wir von unten oder besser von oben in Berge einsteigen sollten; uns vorzugsweise kasteien und disziplinieren oder zum schnurrenden Wohlbehagen Seele und gute Vorsätze baumeln lassen und die durchschnittliche Lebenserwartung in genussvolle Jahre verwandeln, je nachdem, was das Portemonnaie erlaubt. Die Wissenschaft liefert nonstop neue Erkenntnisse über Ernährung, Bewegung, Zellerneuerung. Die Medizin forscht im Auftrag von Milliardeninvestoren gegen die Sterblichkeit der Menschheit an, die Coaching-Angebote halten für jede Alterserscheinung Bibliotheken von Ratgeberfolianten bereit.

Es geht vielmehr darum, eine innere Haltung zu finden, die Körper und Geist stabilisiert, wenn die zersetzende Kraft der Zeit an Knochen, Organen, Energiereserven und zerebraler Gelenkigkeit nagt. Denn egal wie ausgiebig wir Neuronen und Scharniere schmieren und trainieren, dem allmählichen Verfall lässt sich allenfalls abtrotzen, dass er nicht früher, sondern später einsetzt, wobei früher oder später ohnehin von Einzelfall zu Einzelfall variiert. Man müsste kein Wort darüber verlieren, welche Art des Alterns die bessere, mindestens eine erträgliche ist, weil das jede und jeder für sich herausfinden muss, wenn nicht spätestens jenseits der fünfundfünfzig einer großen Mehrheit der reiferen Jahrgänge zwei Ziele bewusst würden: Erstens wollen fast alle möglichst lange leben und zweitens allemal so lange, wie ihre Gesundheit ihnen ein hinlängliches Maß an Selbstbestimmung und Daseinsfreude erlaubt.

Gesundheit ist von Geburt an Glückssache. Wer mit einem voll funktionsfähigen Organismus auf die Welt kommt, wird diesen für selbstverständlich halten, bis Unfall oder Krankheit die Gewissheit erschüttert. Auch jeder körperlich oder geistig eingeschränkte Mensch hat eine individuelle Bestform, an der er sein Wohlbefinden misst. Altern ist an sich keine Krankheit, sondern ein biologischer Prozess, der mit dem Eintritt in die Welt beginnt und, wie wir wissen, mit dem letzten Atemzug endet. Aber egal, bei welchem Grad an Fitness man startet: Mit den Jahren lassen Körperfunktionen nach, die Neigung für Krankheiten nimmt zu, die Genesung dauert länger, und immer häufiger stellen sich Beschwerden ein, die nicht mehr vollständig zu heilen sind. Wir finden uns, schrieb Jean Améry in seiner gnadenlosen Abrechnung mit dem Alter, »nach der Wiederherstellung stets auf einem tiefer gelegenen Punkt der Spirale des Organischen wieder: wir sind niemals so heil wie wir das vorher gewesen waren«.

Den meisten Männern und Frauen an der Schwelle zum Renteneintritt dämmert diese Einsicht. Doch auch hier wirkt sich das marxsche Diktum aus, wonach das Sein das Bewusstsein bestimmt. Arbeitnehmende, die sich ihren Lebensunterhalt körperlich hart verdienen, kennen die Erfahrung, verwundbar zu sein, meist schon aus jüngeren Jahren und sind froh, wenn sie ihr Pensum ihren Kraftreserven anpassen dürfen. Geistig und kreativ Schaffende können die unbequeme Wahrnehmung, die belastbarsten Jahre hinter sich zu haben, oft noch verdrängen, während sie sich strotzend vor Energie in den Vorruhestand abmelden. Welche physische Selbstwahrnehmung jemand hat, beeinflusst ein Leben lang die Gemütsverfassung und damit auch, in welcher Stimmung, mit welchem Zutrauen und welchen Erwartungen Alterseinsteiger aus dem übervollen Arbeitsalltag in den Ruhestand aufbrechen.

Der Psychoanalytiker Wolfgang Schmidbauer hat recht, wenn er in seinem kürzlich neu aufgelegten Mutmacher *Altern ohne Angst* über alle Altersstufen hinweg resümiert: »Die Realität des eigenen Körpers wahrzunehmen, bleibt eine lebenslange Aufgabe.« Eine Aufgabe, die weit darüber hinausgeht, sich irgendwann zwischen Schullandheim und Seniorenresidenz mit dem Gegenüber im Spiegel anzufreunden. Sich wahrzunehmen bedeutet, die Eigenheiten, die Stärken und Schwächen des jeweiligen Organismus kennenzulernen, zu verstehen, was der eigene Körper kann und was nicht, warum ein sanguinischer sechzigjähriger Kegelkumpel mit Freuden hin und wieder eine ruhige Kugel schiebt und eine athletische Dauerläuferin noch mit achtzig für das Deutsche Sportabzeichen um die Wette rennt. Vermutlich haben sich die beiden schon vierzig Jahre früher unterschiedlich viel und schweißtreibend bewegt, aber erst mit dem Älterwerden wird verglichen, und die Diskrepanz beginnt, das Ego zu kränken. Dabei heißt sich wahrzunehmen, sachte mit dem eigenen Körper umzugehen, wenn er jetzt morgens eine Stunde länger braucht, um sich dem Tag zu stellen. Anzuerkennen, was Haut, Knochen und Organe geleistet und mitgemacht haben, wie geduldig sie Unvernunft und Übermut verziehen, welche Eskapaden sie weggesteckt haben, ohne schlappzumachen.

In Wirklichkeit fällt es vielen Neusenioren schwer, sich dem eigenen Wenigerwerden freundlich zuzuwenden. Vermutlich war es noch nie einfach, wie der mittlerweile über achtzigjährige Schmidbauer einräumt, »die Bewegungs-Grandiosität der Jugend zu ertragen, wenn man sich selbst von ihr verabschieden« muss. Aber wenn ich mich an meine Großmutter Dorothea Musall erinnere, 1896 im früheren Pommern (heute Polen) geboren, deren Bild vor mir auf dem Schreibtisch steht, dann hat sich innerhalb von zwei Generationen offensichtlich doch etwas grundlegend verändert in der Art, wie wir mit dem Älterwerden umgehen.

Als das Schwarz-Weiß-Foto Anfang der Sechzigerjahre aufgenommen wurde, war sie Mitte sechzig, etwa so alt wie ich heute. Ihr Gesicht ist im Halbprofil zu sehen, sie schaut nicht in die

Kamera, der schmale Mund deutet ein Lächeln an, unter ihren hohen Wangenknochen sind Grübchen zu erkennen. Die dauergewellten weißen Haare, wie immer nach hinten gebürstet, kräuseln sich unter einer in Falten gelegten Kappe, die ältere Damen damals gern trugen. Der Mantel aus grober Wolle könnte auch für einen Herrn geschneidert sein, mit Ärmelaufschlägen und breiten Revers. Meine Großmutter hatte weiße Häkelhandschuhe dazu angezogen, und eine Hand, das ist das Auffälligste an dieser sehr aufrechten Frau, hat sie in die verdeckte Knopfleiste ihres Mantels geschoben. Sie steht da wie ein verschmitzter Napoleon. Wobei der Vergleich hinkt, denn mit einem Meter dreiundsiebzig war sie als Frau in ihrer Generation stattlich groß.

Omi Dorchen, wie wir sie nannten, hat im Leben kein Make-up getragen, keine Diäten und keine Liegestütze gemacht, damit die Taille schlank und die Oberarme straff bleiben. Manchmal schimpfte sie halbherzig mit sich selbst, weil sie wieder ihre Kniebeugen vergessen hatte. Ein graublau-beige gestreiftes Seidentuch und ein weißer Spitzenkragen waren wohl die kühnsten Ausflüge in ihre Welt der Mode. Ob ihre Beine wohlgeformt waren, könnte ich nicht sagen, sie steckten sommers wie winters unter wadenlangen Kleidern in dicken braunen oder schwarzen Nylonstrümpfen. Und wie oft haben wir gelacht, bis wir keine Luft mehr bekamen, wenn sie ihre dritten Zähne wieder einmal nicht finden konnte, weil die schon in ihrem Mund steckten.

Jeden Morgen, wenn ich an meiner Großmama vorbeigehe, um auf dem Balkon eine Stunde Hometrainer, Hanteln, Hula-Hoop-Reifen und wer weiß was noch alles zu bedienen, in der Hoffnung, die Geister der Vergreisung noch eine Weile fernzuhalten, höre ich sie raunen: »Kind, was tust du denn da? Warum machst du es dir nicht bei Kaffee und Marmeladenbrötchen in der Küche gemütlich? Bist du sicher, dass das gut für dich ist?«

Natürlich bin ich sicher, trotze ich zurück, denn wenn sich Orthopäden, Internisten, Neurologen, Psychologen irgendwo einig sind, dann bei den Ermahnungen für ein gesundes Altern: Bewegung, Bewegung, Bewegung, sei es auf dem Laufrad, sei es am Gedächtnistrainer. Aber sind es wirklich nur das Ziepen der Lendenwirbel und die ärztliche Kontrolle, die das Schwungrad des Anti-Aging antreiben?

Meine Großmutter war umgeben von ihren Kränzchenfreundinnen, Tante Meta, Tante Else und Tante Anni – sicher hatten sie noch nichts von Push-ups, Intervallfasten und Anti-Pigmentflecken-Cremes gehört. An Geburtstagen, wenn Onkel Rudi kam, um die eierlikörbeschwipsten Damen nach Hause zu fahren, trug Tante Anni einen Hauch von rosa Lippenstift auf, das fanden die anderen Damen dann ganz schön »Oho«. Konkurrenzdruck? Mithalten können? Selbstoptimierung? Meine Großmutter und ihre Gefährtinnen hätten nicht verstanden, was heutzutage zum durchschnittlichen Fitnessprogramm von Silversurfern gehört. Silversurfer, das Wort gibt die Zielmarke vor: surfen auf dem Kalender, die Wellen des Alters schneidig durchkreuzen, mit allen Mitteln jünger erscheinen wollen, als der Pass und die Schrumpelhaut am Ellenbogen verraten.

Das soll nicht undankbar klingen. Seit dem Geburtstag meiner Großmutter um die vorvorige Jahrhundertwende hat sich die »fernere Lebenserwartung«, also die Zeit, die Menschen jenseits der fünfundsechzig vor sich haben, durch Faktoren wie Frieden, Ernährung, Einkommen und die Fortschritte der Medizin in der Wellness-Region Deutschland fast verdoppelt. Dennoch hat sich etwas verändert seit Dorothea Musalls Tagen, das vielen das Älterwerden allen günstigen Bedingungen zum Trotz schwerer erscheinen lässt, als es zu ihrer Zeit war.

Mit Großmamas »Warum machst du das?« in den Ohren, stehe ich vor dem Spiegel und am Kleiderschrank. Okay, dass mir die Schlaghosen aus dem letzten Jahrhundert noch passen, ist weniger der Eitelkeit geschuldet, es ist ein Kollateralgewinn. Ohne die Warnung der Orthopädin: »Wenn Sie jetzt nicht ernsthaft gegen Ihre Arthrose antrainieren, gehen Sie demnächst am Stock«, hätte ich mich freiwillig nie auf ein Fahrrad gesetzt, das keinen Meter vorankommt. Großmutter Dorothea hätte sich andererseits lieber bei einem Gläschen Pepsinwein zu Hause versteckt, als ihren durchaus schlanken Körper in figurumspannenden Hosen, taillennahen Lederjacken und Ringel-T-Shirts auszuführen. Abgesehen davon, dass sich die Mode geändert hat, geht es heute eben auch darum, das »noch« zu können, noch nicht lächerlich zu erscheinen in den angesagten Sachen, ob eng oder fluffig, noch eine »gute Figur« abzugeben, noch dazuzugehören zu denen, die als gesund, fit und von heute gelten – oder jedenfalls nicht von gestern.

»Ihr habt Probleme«, klingt es halb mitleidig, halb spöttelnd von fern. Es sind Probleme oder besser Bedürfnisse einer Generation, die herauswuchs aus den seelischen und ökonomischen Blessuren existenziellen Überlebens, einer notwendigerweise besinnungslosen Zeit, die das Nachdenken durch Abrackern ersetzte. Anfangs waren die Ansprüche der Gesellschaft und des Einzelnen weitgehend identisch: die Wirtschaft ankurbeln, damit es allen wirtschaftlich besser ging. »Wirtschaftlich besser« wurde zum Synonym für insgesamt besser, allen sollte es besser gehen, bis es (fast) allen gut ging. Vom Gemeinwohl schien der Weg direkt zum Eigenwohl zu führen. Kein Wunder, dass nicht nur die Überwindung der allgemeinen Krise im Konsum mündete, sondern auch die Konsumenten an die Heilkraft der Dinge glaubten.

Als die Not nachhaltig besiegt schien, begannen Bürger und Bürgerinnen mehr und mehr, auf sich selbst zu schauen. Das Ich trat dem Wir gegenüber und pumpte sich auf. Nicht nur die verbrieften Urlaubstage zur Regeneration ausgepowerter Anschaffungsprofis wurden zahlreicher, auch die Problemzonen um die Körpermitte nahmen zu. Ästhetisch anspruchsvolle Zeitgenossinnen rückten den Pfunden auf Bowlingbahnen, Bolz- oder Golfplätzen und in Aerobic-Kursen zu Leibe. Aus solidarischen Nachbarn und Kolleginnen waren unmerklich Wettbewerber geworden, ob in der Schule, am Arbeitsplatz oder bei der Liebesbalz.Optimal bei anderen ankommen, das hieß erst einmal, zu sich selbst zu kommen, und bei sich ankommen – da schloss sich der Kreis – bedeutete für die meisten, im Wohlstand ankommen, sich Wünsche erfüllen bis zur Wunschlosigkeit und das für Glück zu halten.

Nur selten war und ist damit etwas wie Innerlichkeit gemeint. Der Berliner Hausarzt Matthias Kogel behandelt in seiner allgemeinmedizinischen Praxis überwiegend Privatpatienten. Sicher hat der Mann ein gutes Auskommen, aber er macht nicht den Eindruck, als habe er sich deshalb für die elitäre Behandlungsvariante entschieden, sondern weil er sich für jeden und jede die Zeit nehmen will, die er und seine Patienten und Patientinnen brauchen. Kogel diagnostiziert und therapiert nicht nur, er misst den Blutdruck, legt die EKG-Elektroden an, zieht die Spritzen auf, klebt die Pflaster auf den Einstich. Der Arzt ohne Kittel beschäftigt keine Sprechstundenhilfe, Termine, Telefonate, Rezepte erledigt er in Personalunion. Manche Sterbende begleitet er auf Wunsch zu Hause bis in den Tod. Auf seine sonderliche, knarzige Weise mag der Doktor mit einer Vorliebe für Naturheilkunde seine Kranken und Kränkelnden, aber etwas beobachtet er mit Sorge: »Es gibt Menschen, die sind viel zu reich, um sich vorzustellen, dass es so etwas wie eine Seele gibt. Transzendenz ist denen kein Begriff. Sie verlassen sich lieber auf ihr Geld und das, was sie damit machen können.« Für diejenigen, die es sich leisten können, mag das zweimal jährlich

Ayurveda mit Hamam und Hot-Stone-Massagen sein, für alle anderen vielleicht so oft wie möglich All-inclusive-Sangria auf Mallorca und die Großpackung Säureblocker gegen Sodbrennen, anstatt öfter mal zu Hause mit Familie oder Freunden Bio zu kochen.

Es sieht so aus, als sei auf dem Weg von der kollektiven Überlebensstrapaze in die käufliche Rundumversorgung auch die Gesundheit zu einer verfügbaren Ware geworden, einem Statussymbol, das besitzen kann, wer dafür bezahlt. Wohl-Stand, das ist eine Zustandsbeschreibung. Eine bezahlte Ware geht in den Besitz dessen über, der sie gekauft hat. Sie hat intakt zu sein und zu funktionieren. Sollte sich ein Mangel zeigen, wird die Ware repariert oder umgetauscht. Wie trügerisch dieser Gesundheitsbegriff ist, zeigen die unablässig steigenden Gesundheitsausgaben. Kaum etwas ist so voraussehbar wie der körperliche Abbau mit dem Älterwerden, und kaum etwas erscheint überraschender, wenn es eintritt, berichten Mediziner. Zornig forderte ein ansonsten rüstiger Achtundsiebzigjähriger seinen Hausarzt auf, ihn vom Rheumatismus zu befreien. Auf die Frage des Mediziners, wann, wenn nicht jetzt der Patient denn seinen Rheumatismus haben wolle, empörte sich der Mann, er wolle den Rheumatismus gar nicht haben, zu keiner Zeit, er habe ihn ja vorher auch nicht gehabt.

Mit seiner Erwartung steht der Mann durchaus nicht allein, womöglich lebt er gesund und versteht schon deshalb nicht, warum sein Körper dennoch weniger verlässlich als mit vierzig funktioniert. Viele chronisch Kranke allerdings, die unter Herz-Kreislauf-Problemen, Krebserkrankungen, Muskel- und Skelettschäden oder psychischen Beschwerden leiden, leben eher ungesund. Der durchschnittliche Bewohner der nördlichen Welthalbkugel trinkt zu viel Alkohol, isst zu viel billiges Fleisch, wärmt sich lieber Fertigessen auf, statt selbst zu kochen, futtert unkontrolliert

Süßes oder Salziges. Rund 380 000 Tonnen Knabberartikel werden jährlich in Deutschland produziert, gut 14 Milliarden Euro setzte der deutsche Lebensmittelhandel 2021 mit Süßwaren um. Die Generation Kaufrausch wünscht sich, quer durch alle sozialen Schichten, pausenlos gesund zu bleiben, gleichzeitig aber erwartet das durchschnittliche Individuum, das zerbrechlichste aller physischen Güter, die Gesundheit, bleibe voll intakt, egal wie gleichgültig sie behandelt wird.

Es kann passieren, dass sich die Gesundheit während mehrerer Lebensdekaden von ihrem Wesenskern, vorübergehend zu sein, so weit entfernt, dass sie – aus Versehen – auf der Strecke bleibt. Hoffentlich nicht. Doch egal, ob man bisher auf den eigenen Körper wie auf einen selbstverständlichen Besitz blickt wie auf eine verletzliche Hülle oder ein unendlich reparables Eigentum: An der Gabelung zum dritten Lebensdrittel lohnt es sich, die Perspektive zu überprüfen. Schonungslos und nachsichtig, das eigenartige Begriffspaar aus der Erinnerungskultur, kommt wieder in den Sinn. Schonungslos diesmal, wenn es um die aufrichtige Bilanz geht. Wie gesund bin ich und warum? Lebe ich gesund? Sind es die Gene, die mich bisher fit halten? Kann ich so weitermachen, wenn ich noch die Welt bereisen oder ein aktiver Großvater werden will? Passe ich meine Pläne meiner Gesundheit an oder schaffe ich es, den Zustand zu verbessern, um künftig gesünder neue Risiken einzugehen?

In jedem Fall lohnt es sich, nachsichtig zu werden mit den eigenen Kräften, seien sie noch immer bärenstark oder hier und da schon ein wenig angeschlagen. Auch in einem niedrigeren Gang kann die Überfahrt ins weitere Leben aufregend sein. Es wäre gut, einen inneren Werkzeugkasten anzulegen, der mehr ist als ein käufliches Wiederherstellungsset, das neben Medikamenten aus der Apotheke oder dem Drogeriemarkt Hilfsmittel aus der Kategorie Selbstwirksamkeit enthält. Das kann der tägliche Spaziergang mit dem Hund sein, den TV-Ärztin Marianne Koch als lebensverlängernd preist, oder das ganze Arsenal von Yoga bis Meditation. Immer häufiger geht es darum, sich selbst Gutes zu tun, und sei es – gelegentlich – mit einem Leberwurstbrot oder einem Stück Käsesahnetorte, getreu der Maxime von Ironie-Altmeister François-Marie Arouet, besser bekannt als Voltaire, der resümierte: »Da es sehr förderlich für die Gesundheit ist, habe ich beschlossen, glücklich zu sein.«

Meine Großmutter wäre nicht auf die Idee gekommen, ihre Gesundheit könne ihr gehören. Vielmehr schien sie ihr umso kostbarer, als sie um ihre Vergänglichkeit wusste, sie nie in Zweifel gezogen hätte, weil sie Teil des Wertes war. Mit Mitte siebzig erkrankte Dorothea an Krebs. Sie bereitete die Familie darauf vor, dass sie das Jahr nicht überleben würde. Jeder wollte sie trösten, vor allem ich, denn sie war in allen Nöten meines sechzehnjährigen Lebens meine zuverlässige Vertraute. Nun saß ich da, an ihrem Bett, hielt die schmale Hand mit den blau hervortretenden Adern und heulte. »Kindchen«, sagte sie, »ich hatte doch ein gutes Leben. Es ist in Ordnung, wenn es jetzt zu Ende geht.« Auch wenn ich darin bis heute nicht ihrer Meinung bin, tröstet es mich, zu wissen, dass es ihre gelassene Haltung war, ihr Humor und eine gesunde Distanz zur eigenen Bedeutung, die sie ihr Leben bis zu ihrem Tod wenige Monate später als lebenswert und erfüllt empfinden ließen.

Die Würde der anderen

Um noch einmal auf das Gegenüber im Spiegel zurückzukommen: Ist die äußere Erscheinung ein Teil der Gesundheit? Spielt sie eine Rolle für die Fragen, wer ich bin, was ich geworden bin und womöglich noch werden will? Gehört sie dazu, wenn der

Übergang ins letzte Lebensdrittel gelingen soll? Oder sollte sie, oberflächlich, wie sie ist, draußen bleiben?

Ein spontaner Mikrozensus zu dieser Frage in meinem Bekanntenkreis ergab ein facettenreiches und vor allem ziemlich emotionales Meinungsbild:

A: Das Äußere ist von jeher überbewertet und sollte wenigstens bei älteren Menschen keine Rolle mehr spielen.
B: Das Thema muss unbedingt rein! Und bitte mit aktuellen Recherchetipps für Botox, Hyaluron, Lifting & Co.!
C: Frauenfeindlich! Das verlängert nur die jahrhundertealte Reduktion der Frauen aufs Äußerliche!
D: Äußerlichkeiten sollten nur ein Thema sein, wenn klar dafür plädiert wird, dass Männern die gleichen kosmetischen Tricks zustehen wie Frauen.
E: Es muss offen über mangelnde Ästhetik im Alter gesprochen werden, vor allem bei Männern, die sich einfach gehen lassen und das für männlich halten.
F: Eine gebotoxte Frau kommt mir nicht ins Haus!
G: Männer mit gefärbten Haaren sind ja so was von unerotisch!

Das ist ein Ausschnitt. Das Erscheinungsbild, die Frage, wie wir uns sehen, gesehen werden und gesehen werden wollen, wird nicht plötzlich unbedeutend, weil an die Stelle jugendlicher Glätte eine Topografie der Reife tritt. Mit Topografie ist mehr gemeint als die Erhebungen und Einbuchtungen, die unbestellten Wülste und Furchen, das Verfärben und Erblassen, die unkontrollierbar be- und enthaarten Oberflächen von Gesicht und Körper alternder Menschen. Auch die Empfindungen beim Anblick der eigenen Veränderungen unterliegen gewöhnlich einem Auf und Ab, das mit wachsender Abgeklärtheit irgendwann zur Ruhe gekommen schien, als die letzte Pubertätsakne vernarbt und die ersten Altersflecken noch nicht sichtbar waren.

Es mag Zufall sein oder ein Umfeld widerspiegeln, das von Eitelkeit besonders geprägt ist, aber weder privat noch beruflich sind mir viele dieser beneidenswert entspannten, in sich ruhenden, mit sich zufriedenen Wesen begegnet, schon gar nicht, nachdem sie ein »gewisses Alter« erreicht haben. Wobei das gewisse Alter zusehends ins Ungewisse spielt, denn wann genau ein Mensch beginnt, sich im Spiegel fremd zu werden, ist nicht den Genen, sondern dem individuellen Blickwinkel und den Urteilen geschuldet, die dem Älterwerden von der jeweiligen Gesellschaft angehängt oder abgewonnen werden.

Das Sich-fremd-Werden hat der Aufklärer Jean Améry gnadenlos entlarvt. Er macht keinen wesentlichen Unterschied zwischen dem »Missbefinden« alternder Frauen oder Männer, oft bezieht er sich auf die illusionsfreien Äußerungen von Jean-Paul Sartre und Simone de Beauvoir. Letztere schrieb 1970 ihren Essay über das Alter, »um die Verschwörung des Schweigens zu brechen«, des Schweigens in einer Gesellschaft, die das Alter ächte und behaupte, »es gebe lediglich mehr oder weniger junge Leute«. Unbeeindruckt von derlei Schönfärberei schildert die feministische Philosophin schonungslos ihren Überdruss am eigenen alternden Selbst: »Oft bleibe ich konsterniert haften an dem unglaublichen Zeug, das mir als Antlitz dient.«

Améry greift zu einem einenden »Wir«, wenn er jenen furchterregenden Prozess schildert, den alle irgendwann durchlaufen werden: »Wir mögen dem Spiegel ausweichen. Wir können aber nicht verhindern, dass wir unsere Hände sehen, an denen die Adern hervortreten, unseren Bauch, der schlaff und faltig wird, unsere Füße, deren Zehennägel trotz aller Pedikeurskünste verdickt und rissig wurden. Wir können unserem Körper, wären wir selbst blind, nicht davonlaufen, können nicht aus der Haut fahren, wie wir das nur allzu gerne möchten, wenn wir diese schilfrig sich schuppende Haut betasten.«

Selbst wer – wie viele Geistesmenschen – vorgibt, nur nach innen zu schauen, wo bekanntlich die wahren Werte des Homo sapiens lagern; wer gesegnet ist mit einer scheinbar unverwüstlichen Jugendlichkeit; wer seinem Aussehen nie viel Bedeutung zugemessen hat; wem die giftige Bemerkung, »für sein Alter noch gut« auszusehen, allen Ernstes tröstlich ist; wer schon in mittleren Jahren, wie ein bekannter Schriftsteller und Schauspieler, beschlossen hat, seine Figur dem Genuss anheimzugeben und im Gegenzug darauf zu verzichten, noch sein Geschlecht sehen oder Schnürschuhe selbsttätig binden zu können – selbst diese äußerlich unabhängigen Zeitgenossen werden konfrontiert mit Alterserscheinungen, die je nach Psychotyp oder Tagesform nur mit Galgenhumor, mit Stoizismus oder gar nicht zu ertragen sind.

»Der Körper«, schreibt Améry, »wird zu unserem Gefängnis«, aber dann wechselt der Essayist des Schreckens die Perspektive. Denn ebenso unausweichlich erfasse den älter werdenden Menschen die Wahrheit, dass die vermeintlich fremder werdende äußere Hülle »auch zu unserem letzten Obdach« wird, spätestens wenn sie irgendwann die sterbliche Hülle sein wird. All die Schrunden, Verwelkungen und Verfärbungen, diese Einsicht ist so ernüchternd wie tröstlich, sind »ein Eigenes und Eigentliches«, so wie der langsamer werdende Stoffwechsel oder die knarzenden Gelenke. Und zu dem Selbsthass, der einen an schlechten Tagen beim eigenen Anblick befallen kann, gesellt sich, laut Améry, so etwas »wie Stolz, es schon so lange durchgestanden zu haben«, sodass mit der Gewöhnung und ein wenig Nachsicht dem Unvermeidlichen gegenüber die älter werdende Person »ihre spröde Haut trägt wie ein tapferer Krieger seine Narben«.

So weit das philosophische Ideal. Gewiss zählt zu den Glücklicheren, wer es sich zu eigen machen kann. Was den Stoizismus angeht, scheint er – zumindest hierzulande – nicht weit verbreitet zu sein, wie die spontanen Antworten, die keinerlei Anspruch auf Vollständigkeit erheben, zur Frage »Gehört die äußere Erscheinung und der Umgang damit zum Eintritt in das dritte Lebensdrittel, ja oder nein?« nahelegen. Gelassenheit wird eingefordert, als Teil jener Würde, in der gereifte Menschen tunlichst altern sollten. Doch obwohl die Würde aller Menschen grundgesetzlich unantastbar verbrieft ist, scheint sie sogleich auf dem Spiel zu stehen, wenn es um Manipulationen an der Außenhaut geht.

Niemand käme auf die Idee, jemand könne seine Würde verlieren, wenn ein Bandscheibenvorfall, eine Herz-Kreislauf-Schwäche oder ein Bluthochdruck behandelt werden, obwohl es äußere Eingriffe ins Organsystem sind, die mit medizinischen Mitteln die Lebensspanne ausdehnen. Von Darmträgheit bis Knochendichte kümmern sich Werbetreibende vor den Fernsehnachrichten rührend darum, das Altern zu erleichtern oder vergessen zu machen. Wer die Fünfundfünfzig geschafft hat, findet im E-Mail-Eingang regelmäßig ein buntes Angebot an Gleitmitteln und Penisprothesen vor. Wer es aber wagt, seine Falten auffüllen, seine Runzeln wegschneiden oder sein Doppelkinn absaugen zu lassen, riskiert in der Wertegemeinschaft deutscher Würdenträger und Würdenträgerinnen, irgendwo zwischen Versündigung und politischer Korrektheit zum Gespött gemacht und bezichtigt zu werden, seine Würde einzubüßen. Mich hat diese Anmaßung schon als Mittzwanzigerin aufgebracht und womöglich aus reinem Trotz in die Widerständigkeit getrieben: Wer bitte, außer mir selbst, hat über meine Würde zu befinden?

Mehrfach habe ich als Journalistin Beautykliniken besucht, mit Patienten und Operateurinnen gesprochen, die Risiken, die

Aussichten und das Geschäft mit der Schönheit beleuchtet. Es ist unbestreitbar, dass eine durchkommerzialisierte Gesellschaft Druck ausübt auf ihre Mitglieder, sich von der »Babycreme für Knutschebäckchen«, so die Werbung, bis zur Ganzkörperstraffung gnadenlos den Schönheitsidealen der Kosmetikindustrie auszuliefern. Und eine innere Verunsicherung, psychische Probleme, eine Altersdepression, mit Spritzen oder Skalpell behandeln zu wollen, wird nicht nur nichts helfen, es kann ins Gegenteil umschlagen.

Aber ich verstehe auch die siebzigjährige Lebenskünstlerin, die sagt: »Ich habe mein Leben lang auf mein Äußeres geachtet, so wie es zu mir gehört, die Harmonie in Natur und Kunst, die Ästhetik von Bauwerken zu sehen. Schön fand ich mich nie, aber ich möchte auch nicht aufhören, in meinen Möglichkeiten eitel zu sein.« Nach schweren Krankheiten sieht sie im Spiegel die Spuren, die Schmerzen und Therapien hinterlassen haben. »Die Ringe unter den Augen, die hängenden Konturen, die tiefe Sorgenfurche in der Stirn, würde ich gern beheben lassen. Ich habe gelernt, mir dabei zuzusehen, wie mit zunehmendem Alter mein gewohntes Ich zerfällt, das ist nicht einfach. Aber ich bin nicht so traurig, wie ich aussehe. Außen und Innen sollen wieder im Einklang sein.«

Im Einklang mit sich zu sein, ist eine der Voraussetzungen dafür, um in Würde älter werden zu können. Mir sind die Eitlen lieber als die Uneitlen, gerade im Alter. Auf sich zu achten, sich eher mehr als weniger zu pflegen, halte ich nicht nur für einen Akt der Mitmenschlichkeit, sondern für eine Form der Selbstfürsorge, die umso notwendiger wird, wenn die Überzeugung bröckelt, dass Körper und Gesicht uns selbstverständlich gesund und gewohnt präsent zur Verfügung stehen und nach außen darstellen. Niemand muss sich deshalb operieren lassen, niemand sollte mit seinem oder ihrem Äußeren hadern müssen, weil das sichtbare Alter gesellschaftlich geächtet wird. Mit Informationen aus der Beautyindustrie kann und mag ich nicht dienen. Aber solange es – heute mehr denn je – von Bedeutung ist, ob jemand alt oder jung wirkt, solange das Alter mit darüber entscheidet, ob und wie jemand am Leben, am Beruf, an der Liebe teilhaben kann oder nicht, ist es scheinheilig, sich zu empören, wenn jemand in seinen oder ihren Alterungsprozess eingreift, egal mit welchen Mitteln. Die Würde anderer geht uns nur insofern an, als wir sie respektieren sollten.

Liebe, Begehren und Partnerschaft

»An der Liebe teilhaben«, das klingt merkwürdig distanziert. Aber womöglich trifft diese vorsichtige Formulierung recht präzise die vielleicht wichtigsten Fragen vor Beginn des letzten Lebensdrittels oder -viertels, die Fragen rund um Zuneigung und Zuwendung, Nähe und Distanz, Lust und Begehren, Gemeinschaft und Partnerschaft.

Lebe ich – wie mehr als zwei Drittel aller deutschen Frauen und Männer um sechzig – in einer Ehe oder Beziehung? Wenn ich zufrieden bin mit diesem Zustand, was hat uns bis hierhergetragen? Und taugen die Rezepte noch, wenn sich die Lebensbedingungen ändern? Wenn nein, was ist schiefgegangen und was kann ich/können wir daraus lernen? Oder lebe ich allein und soll das so bleiben? Suche ich einen Partner oder eine Partnerin? Oder eine andere Art von Gemeinschaft? Wie ist es um mein erotisches Liebesleben bestellt? So wie ich es mir wünsche? Oder was vermisse ich?

Bei kaum einem anderen Thema ist Ehrlichkeit sich selbst gegenüber bedeutsamer, und bei kaum einem fällt etwas wie Wahrhaftigkeit so schwer, besonders weil die Fragen nicht nur das eigene Selbst betreffen. Was tun, wenn die aufrichtige Bilanz einer Beziehung im späten Alter ergibt, dass sie die Mindestanforderung nicht erfüllt: Das Leben *mit* einem anderen sollte erfreulicher sein als *ohne* ihn oder sie. Wie damit umgehen, wenn zwei nach dem Ende des Berufsalltags mit der Freizeit im Doppelpack nicht klarkommen, die sich wunderbar verstanden, solange sie gemeinsam für die Kinder sorgten, halbe Tage in ihre Welten abtauchen und sich stundenweise aufeinander freuen konnten?

Wie herausfinden aus einem unfreiwilligen Singledasein? Oder wie sich wohlfühlen allein in einer Gesellschaft, die als Norm noch immer die Zweisamkeit propagiert? Ist der Sex jenseits der sechzig wirklich so grandios, wie uns die Potenzmittelwerbung (»Wieder lustvoll: Das GoLonger Spray«), Seniorenbroschüren (»Da geht noch was«) und selbst seriöse Medien (»Lust ohne Ende«) versprechen? Woher den Optimismus nehmen, eine neue Partnerschaft ließe sich finden und beginnen, wenn die Zeit für eine Zukunft zu zweit kaum noch reicht, um irgendwann auf eine gelebte und geliebte gemeinsame Vergangenheit zurückzublicken?

Während die Fragen zu Liebe, Begehren und Partnerschaft eine nach der anderen auftauchen, wird mir klar, wie schwer es fällt, dazu etwas verbindlich zu sagen. Es scheint so selbstverständlich, dass die Antworten vom Beziehungsstatus abhängen, dass Paare zusammen bilanzieren und Singles individuell planen, wo sie in der Liebe stehen und wo sie gerne stehen würden. Es gibt sie, die Paare, die ebenso unverbrüchlich miteinander in die Zukunft schauen wie auf die gemeinsame Vergangenheit. »Die meisten Ehen enden im Grab«, kommentiert die Plattform Statista die seit der Jahrtausendwende steigende Zahl der Ehen in Deutschland, die das Versprechen einlösen, zu halten, bis der Tod sie scheidet. Zum einen leben heute mehr Paare ohne Trauschein zusammen, zum anderen lassen viele sich mehr Zeit mit der Entscheidung füreinander, was die Trefferquote erhöht.

Aber auch die Scheidungszahlen im vorgerückten Alter steigen, und es sind überwiegend Frauen, die sich trennen. Als Hauptmotiv nennen sie meist eine allgemeine Entfremdung in der Beziehung, wie die Schweizer Psychologin Pasqualina Perrig-Chiello in einer Langzeitstudie herausfand. Auffällig ist, wie unterschiedlich die Geschlechter auf eine späte Trennung reagieren. Frauen suchen sich soziale Kontakte und Aufgaben, Männer so schnell wie möglich eine neue Frau.

Entfremdung, das wird so dahingesagt. Was bedeutet das eigentlich? Die vermeintlichen Definitionen – auseinandergelebt, ewig gleicher Trott – sagen nur aus, dass zwei entweder ihre grundverschiedenen Bedürfnisse und Ziele zu lange verdrängt oder wegen gemeinsamer Aufgaben wie der Kinderbetreuung zurückgestellt haben. Gewiss ist das Gefühl verständlich, im fortgeschrittenen Alter endlich der Sehnsucht nach einem Neuanfang nachzugeben, die Flucht nach vorn anzutreten, weg von den endlosen Debatten, was wichtiger ist, Bundesliga oder Kinobesuch, Motorradfahren oder Freunde besuchen, bergwandern oder stadtbummeln … Lieber durchstarten mit einem neuen Partner, einer neuen Partnerin, einer sorglosen Liebe nachgeben, unbelastet, leichten Herzens, frei von dumpfen Erinnerungen, von Schuldzuweisungen und Freudlosigkeit.

Ich kenne allerdings auch Paare, die es mit therapeutischer Unterstützung geschafft haben, heute liebevoller als zuvor aufeinander und auf die gemeinsame Geschichte zu schauen und sich auf die Zukunft zu zweit zu freuen. Was wieder keine Empfehlung, sondern nur eine Information sein soll: Auch das *kann* richtig gut werden. Und sollte bei der Liebesinventur nicht zu schnell verworfen werden. Schließlich geht es unter anderem darum, sich selbst weiterzuentwickeln, was nur selten völlig mühelos gelingt.

Gleichzeitig offenbart ein Blick in die Partnerschafts- und Beratungsliteratur ein Kaleidoskop an Lebensentwürfen, so vielgestaltig und bunt wie wohl zu keiner Zeit zuvor. Die mehr und mehr diverse Gesellschaft scheint sich damit zu arrangieren, dass jede und jeder nach ihrer und seiner oder einer dritten Fasson glücklich werden möge, eine Entwicklung, die es bis ins Unterhaltungskino geschafft hat. Wenn jetzt nicht, wann dann?, fragen sich Robert und Sol, die beiden Ehemänner von Grace und Frankie in der langjährigen gleichnamigen Netflix-Serie. Ihren ahnungslosen Frauen offenbaren die Spätbekennenden, dass sie seit zwanzig Jahren ein Liebespaar sind, sich nun, jenseits der siebzig, scheiden lassen und einander heiraten wollen. Die Fiktion lässt nichts aus, nicht die Wut und Trauer der Betrogenen, nicht das schlechte Gewissen und die verliebte Vorfreude der Betrüger, nicht die Angst vor einer Zukunft alt und allein, nicht die Sorge um einen Aufbruch ins Ungewisse. Und nicht die Vertrautheit und Freundschaft, ja auch Liebe, die in mehr als vierzig gemeinsamen Jahren entstanden sind und auf den letzten Lebenskilometern trotz allem nicht verloren gehen sollen.

Wenn man mal alle moralinsatten Schnellurteile außen vor lässt, zeigt die Aufklärungssatire ziemlich treffend, dass es zum einen nie zu spät ist. Zum anderen aber wird es Zeit, sich selbst und mögliche Beteiligte vor dem Austrocknen aller Lebenssäfte ergebnisoffen mit Bilanz und Zukunft zu befassen. Das Ende der regulären Berufstätigkeit bietet sich dafür an, auch wenn vor dem Reihenhaus nicht wie im Film der Pazifik brandet und die finanziellen Sorgen darüber hinausgehen, wer wem die Kreditkarte sperrt.

Persönlich bin ich der Ansicht, dass es sich lohnt, die Glücks- und Sehnsuchtsinventur unabhängig vom Beziehungsstatus – und also vom Partner oder der Partnerin – vorzunehmen. Da eins plus eins selbst in der wunderbarsten Liebe niemals eins, sondern immer zwei ergibt, fällt die Bestandsaufnahme ehrlicher und aussichtsreicher aus, wenn jede und jeder sie (auch) für sich allein macht – vor allem, wenn die Jahre absehbar sind, noch etwas zu gestalten. Ob gemeinsam oder getrennt. Besonders in Liebesdingen kann es daher kaum die eine Antwort auf die Frage geben, wie es gelingen kann, die beruflich befreite Lebensphase mit einem Glücksversprechen zu beginnen und so die Chance zu erhöhen, irgendwann zufrieden auf ein Leben zurückzuschauen, das uns erfüllt vorkommt. Vielleicht, weil wir unserem alten Weg treu geblieben sind, vielleicht, weil wir einen neuen eingeschlagen haben.

AUFBRUCH
TEIL I

Was tun?

Während ich dies schreibe, verändern sich die Lebensbedingungen in einer Weise, dass die Führungskräfte dieses Landes wahlweise von einer »Zeitenwende« oder einem »Epochenbruch« sprechen. Das geht weder an jungen noch an älteren Bürgern und Bürgerinnen spurlos vorüber, weder an denen, die gerade erst in ein unabhängiges Leben starten, noch an denen, die in ihr letztes Lebensdrittel oder -viertel aufbrechen.

Wenn wir Babyboomer eines Tages Greisenboomer sind, werden viele auf die Zweitausendzwanzigerjahre zurückblicken und einmal mehr feststellen, wie viel lebensnäher es ist, anzunehmen, dass doch das meiste überraschend kommt, als zu glauben, alles ließe sich planen. Während Russland die Ukraine überfiel, richtete ich mich im Ruhestand ein. Jahrzehntelang war ich – wie vermutlich etliche in ähnlicher Situation – davon ausgegangen, mit einem berechenbaren staatlichen Ruhegeld plus eigenen Ersparnissen vielleicht etwas bescheidener, aber immer noch unbekümmert leben zu können.

Zwar hatte schon das Covid-19-Virus die Gewissheit erschüttert, sich zumindest im globalen Norden unter einer Käseglocke aus Wohlstand und zivilem Miteinander keine existenziellen Sorgen machen zu müssen; plötzlich konnte eine Grippe übelste gesundheitliche Langzeitschäden hinterlassen und immunschwache Leute lebensbedrohlich befallen. Aber Krieg, Todesangst, Überlebenskampf, Heimatverlust? Inflation, Rezession, wirtschaftliche Not? Erdbeben, Feuersbrünste, Überflutungen, die Millionen Menschen töten? Das betraf nicht Europa und noch weniger Deutschland und schon gar nicht mich und meinesgleichen, eine nach Lust und Laune gebildete, finanziell vorversorgte, sich fit haltende, privilegierte Kohorte.

Während ich dies schreibe, hoffe ich, dass der Krieg in Europa in absehbarer Zeit zu Ende verhandelt wird. Aber selbst wenn dies gelänge, dann hat die Furcht, die Gewalt könnte um sich greifen, nukleare Ausmaße annehmen und die eigene Idylle in einen Todesstreifen verwandeln, Millionen Erdbewohner beherrscht, deren Resilienz gerade bis zum Anschlag und nicht selten darüber hinaus beansprucht worden war. Wer Kinder und/oder Enkelinnen in einem Alter hat, in dem sie ihre Lebensumstände bewusst wahrnehmen, konnte beobachten, wie erdrückend sich selbst die indirekte Kriegserfahrung auf die Zuversicht legte, jugendlich unbeschwert an die eigene Zukunft zu glauben. Zumal die Klimakrise ohnehin wie das unaufhaltsame Weltende auf der zwischen 1995 und 2010 geborenen Generation Z lastet.

Noch einmal verstärkte sich die Wahrnehmung, dass die Boomer einfach unverschämt leichtfüßig ihr Dasein gestalten durften. »Wir« hatten nicht nur lernen oder studieren können, was wir wollten, mit Glück gute Berufe ergreifen und davon leben können, eine Familie gründen, all inclusive reisen, Ressourcen verbrauchen und fürs Alter vorsorgen können, sondern wir hatten auch den Frieden gepachtet. Selbst wenn, was mit egal welchen Mitteln verhütet werden möge, die Kriegsmaschine weitere Teile Europas erreichen sollte: Wir, die sogenannten Nachkriegskinder, haben ein Grundgefühl der Sicherheit entwickelt, das die Jahrgänge nach 1990 gerade im Begriff sind zu verlieren – manche von denen, die sich auf den Asphalt kleben, um in letzter Minute das Klima zu retten, haben dieses Urvertrauen schon eingebüßt.

Natürlich hoffe ich, dass es besser kommt. Noch sind »wir«

am Ruder, noch sind viele von uns in Verantwortung, die Altmeister des »Wir schaffen das«. Ex-Kanzlerin Angela Merkel, die mit diesem Satz 2015 die Deutschen zur Flüchtlingshilfe aufrief, lässt es seit ihrem Abschied offen, ob sie sich als Bürgerin noch einmal in die Pflicht nehmen lassen wird. Einstweilen schreibt sie mit ihrer Vertrauten Beate Baumann an ihren Memoiren. Sie freue sich, so Merkel, »zentrale Entscheidungen und Situationen meiner politischen Arbeit zu reflektieren und sie, auch mit Rückgriff auf meine persönliche Geschichte, einer breiten Öffentlichkeit verständlich zu machen«. Das wird sicher lehrreich. Aber vielleicht wäre es aktuell noch dringlicher, in einer akuten Notlage Land und Welt zu Hilfe zu eilen. Für Merkel gilt, was für viele Ausgeschiedene stimmt: Aus der Distanz schärft sich oft der Blick, um eine Krise (wie den Krieg) einzuschätzen. Aus der Erfahrung und Kenntnis der beteiligten Parteien und Personen lässt sich besser beurteilen, wer für welche Angebote zugänglich sein könnte. Mit der dienstbefreiten Unabhängigkeit wächst die Glaubwürdigkeit einer Beraterin.

Wer wäre geeigneter als die Erste Boomerin im Staat (Jahrgang 1954), der selbst Kritiker attestieren, vergleichsweise unanfällig für Machtgehabe zu sein, ihrer Generation aus dem Ruhestand heraus ein Beispiel an Tatkraft zu geben. Die integre Ost-West-Wanderin könnte die angejahrten Nutznießer des Wirtschaftswunders überzeugen, dass es jetzt gilt, den Aufbruch in die arbeitsbefreite Zeit nicht nur zum eigenen Wohlleben, sondern für gesellschaftlichen Wandel zu nutzen. Wem das zu groß klingt, der sei daran erinnert: Einmal noch haben die Boomer die Gelegenheit, allein durch ihre demografische Überlegenheit wirklich etwas zu verändern – ob es in der Klimarettung, bei der Nachbarschaftshilfe oder in der Wahlkabine ist.

Es stimmt: Eine politische Ausgangslage wie die gegenwärtige kann sich lähmend auf den Impuls legen, etwas anzupacken.

Aber Best Ager, die sich einiges darauf einbilden, halbwegs jung und einsatzfähig geblieben zu sein, sollte der bedrohte Frieden nicht als Entschuldigung dienen, sich aufs Alter rauszureden, wenn plötzlich so viel mehr auf dem Spiel steht als die eigene ungestörte Ruhe. Niemand über sechzig muss sich auf der Autobahn festkleistern, aber ein politischer Umschwung kann nur beginnen, wenn die Boomer der Generation Greenpeace aufhören, auf ihren Nachfahren, der Letzten Generation, herumzuhacken und stattdessen deren Anliegen unterstützen. Ein Aufbruch in diesen Zeiten braucht genau das, worauf sich die geburtenstarken Jahrgänge so stolz berufen: Vitalität und Optimismus.

—

Aufbruch, das Wort klingt nach Zuversicht, nach Ausblicken und Erwartungen, getragen von einem erregenden Gefühl: Vorfreude. Aufbruch klingt nach losreisen, wegfahren, sich auf den Weg machen. Es liegt der Zauber eines Anfangs darin und die prickelnde Ungewissheit, was einen erwartet. Es schwingt mit, dass vorher der Entschluss gefasst wurde, nicht stehen, sitzen oder liegen zu bleiben, sondern all das stehen und liegen zu lassen, was einen beschwert und daran hindern könnte, einen Neuanfang zu wagen – oder weiterzumachen mit dem beflügelnden Gefühl, da kommt noch was.

Bereit zu sein für den nächsten Lebensabschnitt bedeutet, herausgefunden zu haben, was uns geprägt hat, was uns innerlich angetrieben oder gebremst hat und uns weiter antreiben oder zurückhalten könnte. Zu verstehen und zu akzeptieren, welche Verantwortung damit verbunden ist, als Babyboomer aufgewachsen zu sein und nun als Rentnerboomer bereitzustehen, öffnet den Generationendialog und schafft Raum für Handlungsfelder. Sondiert zu haben, wofür die persönlichen finanziellen Mittel reichen, und ob sie aufgestockt werden müssen, steckt den Rahmen ab für Arbeit und Freizeitaktivitäten. Sich Rechenschaft abzulegen über den Gesundheitsstatus, zieht womöglich Grenzen und spornt an, sich in Bewegung zu setzen.

Wer innerlich Abschied von der geregelten Berufstätigkeit genommen hat und sich über den eigenen Weg bis dahin klar geworden ist, fühlt sich schließlich frei genug, um:

- auf dem Gelernten und Erarbeiteten etwas aufzubauen;
- anzuknüpfen an liegen gebliebene Ideen oder Träume;
- etwas zu lernen oder kennenzulernen, das neue Perspektiven eröffnet;
- etwas völlig Verrücktes, Gewagtes, Entlegenes auszuprobieren, solange das noch geht.

Ich nahm mir vor, eine Bilanz zu ziehen und eine Idee zu entwickeln, als bis zu meinem Abschied vom geregelten Arbeitsleben noch gut neun Monate Zeit blieben. Die Bilanz lief als Hintergrundmusik in vielen Gesprächen und Selbstgesprächen mit, begleitete mal bewusst, mal unbewusst den noch unveränderten Alltag. Wie leer gefegt kam mir mein Verstand hingegen bei der Suche nach einer Eingebung vor, die geeignet wäre, mit der stellungslosen Zukunft etwas anzufangen.

Es entspricht nicht meinem Temperament, die Tage von einem Arzt-, Sport- oder Friseurbesuch zum anderen zu planen und die Abende abwechselnd mit Binge-Watching und jener Sorte Verabredungen zu gestalten, die man eigentlich nur trifft, um sich vom Campari Spritz bis zum Triple Baileys durchzuprosten, ohne sich als Single-Alkoholikerin zu fühlen. Ich brauche andere, gehaltvollere Termine, die mein Verweilen als Pensionata erfüllt und sinnstiftend erscheinen lassen. Gewiss ist es ein großes Glück, ein Kind (oder mehrere) weiterhin begleiten zu dürfen, bis sie den Einstieg ins Berufsleben und so etwas wie einen Lebensfaden gefunden haben, aber die wachsende Selbstständigkeit meines Sohnes bedeutet auch, mich von ihm so unabhängig zu machen wie er sich von mir. Ich bin froh und dankbar für Freundeskreis und Freundschaft, und zugleich werde ich darüber hinaus soziale Kontakte brauchen, damit unsere Begegnungen freudig und freiwillig bleiben.

Mir war bewusst, dass Arbeit für mich immer mehr gewesen war als die Lohnabrechnung am Monatsende. Und mir wurde beim Blick auf meinen Münchner Indexmietvertrag und die langsam, aber sicher strangulierende private Krankenversicherung überdeutlich, dass ich zusätzlich zur Rente Geld verdienen musste, wenn ich meinen Lebensstandard halbwegs halten wollte. Aber hatte ich Lust, nach vierzig Jahren Journalismus weiterzuschreiben? Nur schlechter bezahlt und in der Bittsteller-Pose, die den vermeintlich freien Mitarbeiterinnen Unabhängigkeit vorgaukelt, wo doppelte Abhängigkeit besteht: vom Urteil fest angestellter Auftraggeber und der Zahlungsmoral prekär honorierender Medienhäuser.

Ich ging gedanklich durch, was ich in jüngeren Jahren so alles für Geld gemacht hatte und ob davon noch etwas taugte, um es wieder aufzunehmen:

Kinder hüten – will ich den Kindern nicht zumuten, seit mir die Nerven dafür fehlen, wenn es nicht die eigenen sind.
Tenniswillige trainieren? Würde meine rechte Schulter derart übel nehmen, dass auch Tätigkeiten wie staubsaugen oder Haare waschen auf Dauer unterbleiben müssten.
Modefotos für Anzeigenblätter. Ha! Obwohl, da hat mich Fotomodell Gerdi Rubi, von der ich später erzählen will, sogar inspiriert.
Kisten packen am Fließband. Auf die Wette, ob zuerst mein Verstand oder mein Rücken aussetzen würde, verzichte ich mal besser.

Glücksgöttin am Lotterierad im Einkaufszentrum. Wohl die originellste Position, die mir das Studenten-Arbeitsamt zugedacht hat. Nur fürchte ich, dass diese Siebzigerjahre-Idee irgendwie aus der Zeit gefallen ist, nicht nur wegen des genieteten Jeansanzugs Größe 36 und der weißen Knautschlackstiefel.
In der Disco am Tresen bedienen? Entfällt mangels Disco. Also im Club? Schon in Ordnung, wenn die Tresentrinkerinnen und -trinker nett und nicht allzu hinüber sind. Aber nehmen die Sechzigplusjährige? Und schaffe ich mit der Arthrose, Gläser zu spülen bis morgens um vier?
Taxi fahren. Das wäre eine echte Alternative, sofern die Sitze ergonomisch, die Gäste wohlerzogen und die Ampeln auf Grün gestellt sind.

Abgesehen von einigen amüsanten Erinnerungen kam nicht viel heraus bei der Rekapitulation meiner beruflichen Kuriositätensammlung. Außer: dass ich mir für nichts zu schade gewesen war, dass kein Job zu bescheuert war, nicht mal das Putzen bei einer sechsköpfigen Arztfamilie. Doch kurz vor dem Start ins Altenteil verließ mich die Fantasie, woher die Draufgabe zum staatlichen Ruhegehalt kommen sollte. Für nichts zu schade, was könnte das in meinem Alter bedeuten? Wo ließen sich auf schlichte, wenig strapaziöse Art die privaten Physiotherapiestunden, die Anti-Aging-Emulsion, das Theaterticket und ein Bio-Dinkel-Zubrot verdienen, die mich auch dann noch erfreuen, wenn sonst nicht mehr viel geht?

Es gab da noch die Unvollendeten. Beschäftigungen, die zwischen Selbsterprobung und Müßiggang nie gereicht hatten, Geld damit zu verdienen, die aber gewisse Begabungen verrieten und nun vielleicht ausgebaut werden könnten. In meinem Fall lagen die Neigungsfächer im Kreativ-Körperlichen, allerlei Leibesübungen wie Ballett, Rock ’n’ Roll oder lateinamerikanische Tänze gehörten dazu, selbst gemalte hoffnungslos kitschige Mohnblumen im Nolde-Stil und der Traum von einer Sangeskarriere, den ich nur um ein paar lächerliche Noten beim Vorsingen verpasste. Nein, da lauerte nirgendwo eine späte Laufbahn.

Schließlich sah ich mich als Zwölfjährige zu Hause auf dem Teppichboden sitzen, vor meiner mausgrauen Lieblingsfreundin mit dem verheißungsvollen Namen »Olympia Splendid«, einer mechanischen Reiseschreibmaschine mit Kofferklappe. Schriftstellerin wolle ich werden, erklärte ich meiner Mutter. Der Gedanke liegt in der Wiedervorlage, spießig, wie viele Babyboomer sind, halte ich das Handwerk hoch, und ich habe nun mal das Schreiben nach Fakten und nicht nach der Fantasie erlernt.

Zur Halbzeit meiner Frist bis zum Arbeitsfinale erfuhr ich, dass etwa gleichzeitig mit mir dreißig Kollegen und Kolleginnen im Alter zwischen fünfundfünfzig und sechzig aus unserem Unternehmen ausscheiden würden. Man hatte ihnen unwiderstehliche Angebote gemacht. Ich fragte mich, ob wohl alle nach einem ausgedehnten Müßiggang noch glücklich mit ihrer Entscheidung wären. Und ob das nicht erst der Anfang eines Boomer-Tsunami sei, der in den kommenden Jahren das Land, die Wirtschaft, die Familien und die Betroffenen vor Aufgaben, wenn nicht Probleme stellen könnte. Egal, wen ich ansprach, Freundinnen, Kollegen, Unternehmerinnen, Soziologen, Ärztinnen, Babyboomer, Pillenknicker, Millennials und schließlich Leute, die Bücher machen – viele teilten meine Einschätzung, das Thema gehöre lautstark auf die Agenda. Zumal ich selbst mittendrin war in dem Wandlungsprozess, aus dem vollen Lauf in die Auszeit. So landete ich doch wieder beim Schreiben, ähnlich genug meiner Profession, weit genug entfernt, um das Gefühl zu haben, etwas aufregend Neues anzufangen.

Das war es für den Augenblick, was ich gewollt hatte: Am 31. Oktober wusste ich, dass ich am 1. November mit dem Buch beginnen würde. Ohne Pause. Positiv gesagt: Da wartete kein Loch. Für mich war das richtig und ist es auch im Rückblick. Kreative Unruhe und Bewegung sind ein Teil von mir. *Alt werde ich später*, hatte Marianne Koch ihr Buch genannt und damit gemeint, sie wolle weiter aktiv am sozialen und beruflichen Leben teilnehmen, ihren physischen und psychischen Möglichkeiten entsprechend. Auch mir entspricht es, so lange herumzuwerkeln, wie es Körper und Geist erlauben. Die Segel zu hissen, solange der Lebenswind dafür reicht. Still sitzen kann ich später.

Was für mich richtig war und ist, könnte andere anregen, auf ihre eigenen, vermutlich ganz anderen Lebensentwürfe zu kommen. Der Findungsprozess wird womöglich ähnlich sein, egal ob am Ende ein Start-up, ein Ehrenamt, eine Weltreise oder die Enkelbetreuung steht. Wer ungeübt in solchen Selbstbefragungen ist, kann sich Gesprächspartner suchen, für die eine sind das Partner und Freundinnen, für den anderen Coaching-Programme oder Therapeuten.

Es kann auch stimulierend wirken, sich anzuschauen, welche Wege andere Zeitgenossen in dieser Lebensphase eingeschlagen haben, wie und warum sie zu ihren Vorhaben gelangten und wie es ihnen damit geht. Die Geschichten der Menschen, die hier erzählt werden, sind weder spektakulär noch vorbildlich. Ihre Porträts sind alles andere als vollständig, auch wenn die jeweilige Biografie gestreift wird, weil sie für den Aufbruch eine Rolle spielt. Mich haben die Erfahrungen dieser anderen berührt und bei meiner Suche nach Orientierung manchmal nur durch ein paar Sätze, durch eine Krise, die bewältigt, oder ein Glück, das gefunden wurde, inspiriert.

Wandlungen, Wechsel-Jahre, Willensbildung, Weichenstellung

Fast gleichzeitig mit mir stieg eine Frau aus ihrem Job als Assistentin einer Künstleragentur aus, die ich vor Jahren bei einer Recherche in Stuttgart kennengelernt hatte – mit dem Unterschied, dass Sabine erst sechsundfünfzig Jahre alt ist, als sie auf eigenen Wunsch in den Vorruhestand geht. Anders als ich freute sich die Frühaussteigerin auf ihre freie Zeit, was sicher damit zu tun hatte, dass der Job für sie mehr Mittel zum Zweck als Erfüllung war. In ihrem Büro war Sabine für all das zuständig, was die Texter und Berater von ihrer werblichen Arbeit abhalten könnte: Reisen buchen, Kontakt zu den Kunden halten, Termine ausmachen und vor allem auch dann den Humor behalten, wenn mal wieder fünf Leute gleichzeitig an ihr zerrten. Der erste Eindruck, den Sabine wohl auf die meisten Leute macht, einen Meter sechsundsiebzig groß, sportlich und schlank, ist souverän und cool.

Doch dann sitzt mir eine Frau gegenüber, die vor allem mit Zweifeln ringt, an sich, an ihrem Lebensweg und ihrer Zukunft. »Ich frage mich, wie viel innerer Schaffensdrang lodert in mir und wodurch ist der motiviert, durch mich selbst oder durch andere Leute? Wenn ich etwas tue, nur weil ich es will, frage ich mich ganz schnell: Warum will ich das eigentlich? Wofür soll das gut sein? Ich bin immer viel mehr animiert durch andere Leute. Was ich im Büro tat, war mir fast egal, aber die Kolleginnen waren nett und freuten sich, wenn ich etwas für sie erledigte.«

Es ist, als streife Sabine eine Haut ab oder ein Kostüm, das sie all die Jahre getragen hat, eine Arbeitsuniform, die zu ihrer

Rolle passte und ihr im Büroalltag Halt gab. Zum Vorschein kommt ein verletzlicher Mensch. Eine berühmte Zeichnung Ludwigs XIV. fällt mir dabei ein, der prachtstrotzende Sonnenkönig, doch nach der Auskleidezeremonie steht da ein unscheinbares Männlein. Zwar ist Sabine keine Herrscherin, keine Hierarchin, die ihre Machtdarstellung verliert, sobald sie auf ihr Menschsein reduziert ist. Aber ihre Wandlung geht umso tiefer, sie berührt das innere Bild, das sie von sich selbst entwickelt hat.

Sabine, in Stuttgart geboren und aufgewachsen, ist verheiratet, hat keine Kinder, aber eine Katze und einen Labrador, meditiert regelmäßig und steht der freireligiösen Bewegung nahe. In den Neunzigerjahren hat sie Kunstgeschichte studiert und auf einer Fete einen älteren Mann kennengelernt, für den sie nach Lübeck zog. Der Mann, »so richtig Achtundsechziger-Generation«, arbeitete on und off, mal im Hafen als Lagerarbeiter, mal als Roadie für Hardrock-Bands, er trank zu viel und rauchte drei Schachteln Zigaretten am Tag. »Ich hab geahnt, dass er nicht gut für mich ist«, sagt sie, aber sie ist bei ihm geblieben, bis heute.

2004 starb Sabines Vater, ein Musiker. Sie zog zurück nach Stuttgart, mit ihrem Mann auf das elterliche Grundstück, wo die Mutter noch weiterhin lebt. Bei allem, was sie sagt, scheint es, als habe Sabine ihr Leben nicht selbst gelebt, als sei sie von anderen und von den Umständen gelebt worden. Aber geht es nicht darum, gut für sich zu sorgen, dafür, dass man sicher und gern in der Welt steht? Wäre es nicht an der Zeit, sich hin und wieder eine Freude zu machen, und sei es nur, sich ein Kleid in dieser Farbe zu kaufen, nicht in einer anderen?

Sabine kann das nicht nachvollziehen. »Ich stelle mir vor, niemand würde je dieses Kleid sehen. Gesetzt den Fall, ich wäre allein auf der Welt, bezweifle ich, ob ich mich noch an dem Kleid erfreuen würde.« Die Freude finde im Kopf statt, sie hänge nicht mit äußeren Faktoren zusammen. »Warum können ziemlich arme Leute glücklich sein?«, fragt sie, »weil sie einander haben, gute Beziehungen, eine Gemeinschaft. Das ist das Lebenselixier.«

Wie wird es Sabine damit gehen, sich künftig selber Aufgaben stellen zu müssen, wenn ihre Auftraggeber in der Agentur entfallen? Wie wird es weitergehen mit ihrem Mann, der bald fünfundsiebzig wird und hofft, dass seine Frau nun mehr zu Hause ist? »Meine Vorstellung von einer Partnerschaft wäre, etwas zusammen zu tun«, sagt sie, wenn das mit ihrem Gefährten nicht klappt, hofft sie »auf neue Kontakte oder auf alte, die ich wiederbeleben kann, mit klugen, lustigen Leuten zusammen sein, das wünsche ich mir.« Aber sie kann sich nicht vorstellen, dass es dazu kommt. Ihre Vorzüge, so scheint es, übersieht die unübersehbare Frau, sie empfindet sich als defizitär.

Andererseits klingt Sabine, als habe sie ziemlich viel Lust, liegen gebliebene Sehnsüchte wieder aufzunehmen und zu versuchen, unterschiedliche Bedürfnisse miteinander zu verwirklichen: ihre eigenen und die ihr nahestehender Menschen. Fürs Erste hat sie sich mit einer Freundin zusammen ein kleines Büro eingerichtet, »sodass ich morgens weiterhin so tue, als ginge ich zur Arbeit«. Mit befreundeten Kolleginnen werde sie weiter per Teams kommunizieren. »Auch habe ich viel auszumisten und aufzuräumen.« Und dann ist da noch ihre Vision. »Ich würde gern Menschen finden, die etwas Nützliches tun, da möchte ich mitmachen, beispielsweise als Assistentin von Leuten, die mit ihrem Geld etwas Gutes tun wollen und das alleine nicht schaffen.«

Zum Auftanken will Sabine öfter in ein freireligiöses Zentrum fahren, »abends zusammen zu sitzen, die Geschichten anderer zu hören, da komme ich immer mit neuen Ideen zurück«. Aber erst einmal will sie zum Friseur gehen. »Mein Selbstwertgefühl als Frau ist ungefähr so«, sie hält Daumen und Zeigefinger einen Zentimeter auseinander. Dabei schaut sie ihr Gegenüber mit wachen, warmbraunen Augen offen an, ihre sportlichen Beine sehen toll aus mit kurzen Röcken, und nirgendwo zeichnen sich Pölsterchen ab. »Das ist es ja eben«, sagt sie, »ich habe die Figur meines Vaters.« So ist das mit der Selbst- und Fremdwahrnehmung, insbesondere von Frauen, ganz besonders des Alters fünfzig plus: Mit sich zufrieden sind nur die wenigsten. Selbst diejenigen, die um ihr Aussehen von anderen beneidet werden, haben etwas an sich auszusetzen.

Dass Sabines Aufbruch defensiv, beinahe zaghaft ausfällt, ist wohl charakteristisch für sie, vermutlich aber für viele Frauen einer Generation, deren Mütter ihnen vielfach noch einschärften, was für sie selber galt: streng mit sich zu sein. Zu streng. Bis 1977, drei Jahre, nachdem Sabine geboren wurde, hatten Personen weiblichen Geschlechts als Hausfrau und Mutter zu funktionieren. Eigene Wünsche hatten Frauen zurückzustellen, seien sie beruflicher, privater oder ganz persönlicher Art gewesen. Nicht mal auf ihre Unversehrtheit hatten sie einen Anspruch. Da fällt es schwer, sich einen eigenen, unabhängigen Lebensplan zu entwerfen.

Muss das so bleiben? Oder kann der Aufbruch in die späteren Jahre ein Anlass sein, spätestens jetzt Ballast abzuwerfen, sich früheren Ideen und Zukunftsbildern anzunähern? Oder neue zu entwickeln? Sind das Spinnereien? Oder ist nun die Gelegenheit, die es zu ergreifen gilt?

Gerdi Ruby, 1958 in Kaiserslautern geboren, wollte Juristin werden. Stattdessen heiratete sie einen Arzt, um eine Familie zu gründen. Die Ehe zerbrach kinderlos, Gerdi litt an Endometriose und wurde depressiv. Trotzdem erlernte sie mehrere Berufe, arbeitete in diversen Jobs, im Marketing, in der Öffentlichkeitsarbeit und in der Veranstaltungsorganisation. Was sie zusätzlich brauchte, um erfolgreich zu sein, brachte sie sich selber bei. Als sie achtunddreißig Jahre alt war, kam endlich das ersehnte Wunschkind. Die Beziehung zum Vater war nicht von Dauer. Als ihre Mutter krank wurde, kümmerte sich Gerdi um sie, fuhr zwischen Hamburg, wo sie mittlerweile lebte und mit ihren Jobs sich und das Kind versorgte, und Kaiserslautern hin und her, verwaltete nebenher elterliche Immobilien. Schon beim Zuhören geht einem die Luft aus. Gerdi brach erst zusammen, als die Mutter gestorben war.

Die erschöpfte Tochter versuchte es mit Yoga, Spiritualität, Buddhismus. Aber ihr Körper protestierte gegen die jahrelange Missachtung, nacheinander folgten ein Beinbruch, eine Hüft-OP, eine gebrochene Kniescheibe. »Lange Zeit dachte ich, ich komme überhaupt nicht mehr weg vom Rollator.« Da ist sie fünfundfünfzig Jahre alt. Gerdi erinnerte sich, wie leidenschaftlich gern sie als Schülerin getanzt hat, und meldete sich zu einem lateinamerikanischen Tanzkurs an. »Ich nahm zu Beginn des Unterrichts eine Schmerztablette und ließ mir nichts anmerken, wenn mich die Dreißigjährigen herumschwenkten, die meine Söhne hätten sein können. Ich hab mich bewegt, ohne nachzudenken, und bin darin aufgegangen. Nach anderthalb Stunden war die Wirkung des Schmerzmittels vorbei, dann musste ich gehen.«

Die zierliche Frau mit dem Willen, sich nicht unterkriegen zu lassen, wird heftig auf die Probe gestellt. Herzprobleme traten auf und sie erhielt eine Krebsdiagnose. Nach der Chemotherapie hat sie sich gesagt: »Das bin ich nicht. Nur noch krank sein. Nur noch Termine bei Ärzten und Therapeuten. Rein ins Taxi, raus aus dem Taxi, und für was anderes hat man gar keine Kraft mehr.« Zur letzten Bestrahlung kam sie mit einem Rollkoffer in die Praxis, der Arzt fragte, was sie denn vorhabe. »Ich fahre jetzt nach Sylt«, sagte sie. So was hatte er noch nie von einer Krebspatientin gehört. »Ich hatte die Schnauze voll von diesen Einrichtungen, dem Geruch, der Atmosphäre.« Die zwei Wochen auf der Insel haben ihr gutgetan.

Danach wollte Gerdi wieder arbeiten, aber sie erfuhr, dass sie in ihren früheren Berufen mit Ende fünfzig nicht mehr gefragt war. 2015 begann sie in der Flüchtlingshilfe, doch die Bürokratie und die Art, wie mit den Hilfesuchenden umgegangen wird, schreckten sie ab. »Ich lag auf meinem Sofa und träumte, was ich noch gern tun würde. Und gleichzeitig hatte ich Angst davor. Ich merkte, ich ziehe mich zurück und ich muss stattdessen wieder raus, wieder auf Menschen zugehen.« Gerdi Ruby hat Erfahrung darin, das Gefühl hervorzurufen, das man braucht, um von seinem Sofa aufzustehen. »Dann überlege ich, was mir Freude machen könnte, und sei es, einem Sambatänzer dabei zuzugucken, wie er mit den Hüften wackelt. So fängt es an.«

Sie hat viel ausprobiert, geschrieben, gemalt, an einem Clownsworkshop und am Improvisationstheater teilgenommen. »Da merkte ich, dass ich schnell die Großmutterrolle übernahm oder andere Figuren, die eher Älteren zugeschrieben werden.« Sie war beschäftigt damit, wie die anderen sie sehen. »Nur noch als die Alte?«

Gerdi Ruby spricht leise, nimmt sich Zeit zu überlegen, und man sieht ihr an, wenn ihr eine Erinnerung wehtut. Aber ein Kranz von Lachfalten lässt ihre lichtblauen Augen strahlen. Dass sie sich nach jedem K.-o. wieder aufgerappelt und gefragt hat, wie es weitergehen könnte, gibt ihrem Gesicht eine Lebendigkeit, die nichts künstlich Jugendliches hat. Vor einiger Zeit machte ein Bekannter sie auf eine Casting-Agentur aufmerksam, die auch mit Älteren arbeitet. Bei einem Foto-Shooting gefiel es ihr, als Best-Ager-Modell vor der Kamera zu stehen.

»Gerdi R., Größe 160 cm, Konfektion 36, Schuhe 38, Haare blond«, steht auf der Sedcard, mit der die Agentur für sie wirbt. Anfangs wollte sie nicht, dass man ihren Namen schreibt und ihr Alter. Inzwischen ist ihr das egal. Hemmungen? »Nö, in dem Moment hab ich meinen Spaß. Und ich vertraue den Profis, die wollen schließlich etwas mit mir verkaufen, also achten sie schon darauf, dass ich gut rüberkomme.«

Leben könnte Gerdi Ruby von den mäßig bezahlten Aufträgen nicht, aber es tut ihr gut und bessert die Rente auf, wenn sie Werbespots oder Videos für Unternehmen dreht. Sie hat das Gefühl, sie ist selbstbewusster geworden. Einmal hat man sie so verrückt geschminkt, dass sie sich beim Vorbeigehen in einer Fensterscheibe nicht gleich erkannt hat. »Ich dachte: Huch, bin ich das jetzt? Und dann dachte ich: Ja, das bin ich auch.«

Gerdi hat Zeit gebraucht und Mut, ihr Leben neu zu planen und zu verändern. Am Anfang stehe immer, sich zu erinnern: »Was hat mir früher Spaß gemacht?« Es müsse nichts Außergewöhnliches sein, »vielleicht eine Situation mit einer Freundin, in der man sich halb schiefgelacht hat und das herrlich fand«. Bei dem Gefühl steigt sie wieder ein. Lässt sich davontragen und versucht, nicht zu denken, »den Kopf Kopf sein lassen, nur nach dem Gefühl suchen«. Natürlich entdeckt man nach zwei Drittel Leben in der eigenen Vergangenheit auch Schmerz und Trauer. Aber Gerdi insistiert: »Da ist auch Freude. Die muss man rausholen, nicht wegschieben, nach dem Motto: Ach, das ist kindisch. Das mach ich heute nicht mehr.« Nach ihrer Hüftoperation hat sie als Babysitterin gejobbt, es fiel ihr schwer, mit den kleinen Jungs auf dem Boden zu spielen. »Dann schiebt man sich eben ein paar Kissen unter. Nicht denken. Einfach tun.«

Die viel geprüfte Frau hat manches gefunden, sich aufzurichten oder sich neu zu erfinden. Sie sagt, sie sei heute zufriedener als vor zehn Jahren. Und wenn gerade kein Fotoauftrag wartet und die Stimmung in den Keller rauscht? »Dann hocke ich mich in den Garten und jäte Unkraut. Dabei vergesse ich innerhalb von zehn Minuten alles, was mich beschwert.«

Der nasse Fisch

Gehen Männer und Frauen unterschiedlich mit dem Älterwerden um? Reagieren Männer anders als Frauen auf das Ende der Festanstellung, der regelmäßigen Beschäftigung, auf den Einstieg in den Ruhestand, den Beginn des letzten Lebensdrittels oder -viertels?

In meinem Freundes- und Bekanntenkreis ebenso wie unter Kollegen und Expertinnen finden sich Menschen diverser Geschlechtsidentitäten. Mit zunehmender Recherche gewann ich den Eindruck, dass sie sich die Fragen rund um das Arbeitsende und den Rentenanfang zwar durchaus unterschiedlich intensiv stellen, je nach Temperament und Biografie, aber nicht hauptsächlich nach Geschlechtern getrennt. Außerdem hatte ich das Glück, in meinem Leben von vielen Leuten viel lernen zu dürfen, von ganz alten und ganz jungen, von Einwohnerinnen verschiedener Kontinente, von Angehörigen unterschiedlicher Konfessionen, von Obdachlosen und Opernsängerinnen, Predigern und Prostituierten, von Tennisspielern, Generalinnen, Kanzlern und Kuhhirtinnen, Melancholischen und notorisch Munteren. Es wäre mir seltsam vorgekommen, über den Eintritt in das dritte Lebensdrittel zu schreiben und mich auf ein Geschlecht zu beschränken oder nur für ein Geschlecht zu schreiben. Außerdem werden chronisch Neugierige wie ich erst richtig hellhörig, wenn kleine oder große Unterschiede von Mensch zu Mensch zutage treten. Diese Freude an der Abweichung, an der Vielgestalt, an der Buntheit kann sich nur entfalten, je diverser die Schar derer ist, die beim Nachdenken über nächste Ziele, Wege und Aufgaben hilft.

Davon ausgehend muss man zugeben, dass die Voraussetzungen, um mit dem Übergangsprozess gut klarzukommen, noch immer ziemlich ungleich sind – und teilweise bleiben werden. So fallen die Jahre des Umbruchs ab fünfundfünfzig für die meisten Frauen mit den Wechseljahren zusammen, eine Erfahrung, die selten als beneidenswert empfunden wird. Wenn es auch nicht immer so drastisch abläuft, wie es die britische Autorin Marina Benjamin erlebt hat: »Die Menopause kommt, als wenn dir jemand einen nassen Fisch ins Gesicht schlägt. Schluss mit der Kontinuität, auf die du dich verlassen hast.« Nach einer Entfernung der Gebärmutter fühlte sie sich »gnadenlos von der Biologie überrannt«, ausgeliefert dem Gefühl, »von der Lebensmitte heimtückisch in einen Hinterhalt gelockt und aufs Kreuz gelegt worden zu sein«.

Sie schildert die Begegnung mit sich selbst im Spiegelbild, »nur noch scharfe Kanten, wulstige Tränensäcke, knotige Gelenke«, sie sah »ihre Brüste absacken und nach außen fallen«. Die Schriftstellerin dokumentiert die »gnadenlose Physiologie des Klimakteriums« ganz und gar mitleidlos. Sich darüber klar zu werden, dass es für Frauen vorbei ist mit Fruchtbarkeit und Reproduktion, erfasse »in keinster Weise, was mit dem Körper und der Seele geschieht«. Der Wechsel vom Jungsein zum Altwerden, das Abschiednehmen und Hinübergehen sei »ein langer, anstrengender Prozess«, eine geistige und körperliche Transition, die unvermeidlich dem Übergang vom Vollberufler zum Rentnerjobber zugrunde liegt.

Geholfen hat der verheirateten Mutter einer Tochter schließlich ein Lehrsatz des Schweizer Psychiatriepioniers C. G. Jung: »Wenn wir versuchen, unsere zweite Lebenshälfte wie die erste zu leben, sind wir zum Scheitern verurteilt, was die Selbsterkenntnis betrifft.« Eine Wahrheit, die für Männer ebenso gültig sein dürfte wie für Frauen. Denn selbst wenn Frauen durch das Klimakterium einen biologischen Wendepunkt erfahren, geben mehr und mehr Männer zu, wie einschneidend auch sie den Wechsel in das späte Lebensalter empfinden. Nur kann sich das sprichwörtlich starke Geschlecht länger der Illusion hingeben, äußere und innere Veränderungen hätten mit dem Älterwerden nichts zu tun.

Jung vergleicht den Gang des Lebens mit dem Auf und Ab der Sonne im Tagesverlauf. In der ersten Hälfte wachsen wir auf den Höhepunkt zu und merken meistens erst während des Abstiegs, dass wir den Gipfel hinter uns haben. Die Ironie ist laut Marina Benjamin, dass es »für so etwas wie Erleuchtung« nicht mehr helfe zu klettern, wenn wir auf dem Weg nach unten sind. Die Kunst bestehe darin, den Abstieg nicht nur als Verlust zu sehen, sondern den Blick nach innen zu richten. Niemand ist gezwungen, die Kunst der Introspektion zu erlernen. Niemand, der/die es versucht hat, wird behaupten, dass die Übung einfach ist und die Einsichten, die man gewinnt, rundum erfreulich wären. Wer allerdings danach strebt, irgendwann mit sich und dem eigenen Dasein Frieden zu schließen, wird kaum darum herumkommen.

Eine gesunde Selbsterkenntnis könnte unter anderem darin bestehen, die Beziehung zur nächsten Generation neu zu definieren. Zu sehen, was wir weitergeben können, anstatt zu bedauern, dass sie haben, was wir nicht mehr haben. »Zu verstehen«, sagt Benjamin, »dass wir jetzt die Chance bekommen, ein Rollenvorbild zu werden.« Tröstlich findet die Autorin auch die Vorstellung, wie der Mensch im Laufe des Lebens nicht nur eine, sondern mehrere Identitäten entwickele. Ihr gefällt die Idee, die unterschiedlichen Seiten eines Selbst nicht nacheinander abzuhaken, das eine Leben, den Job, den Partner oder die

Partnerin verlassen zu müssen, sondern die diversen Fragmente ins Leben zu integrieren. Das Mehr im Weniger zu erkennen sei durchaus kein Euphemismus für Resignation: »Auf Ablenkung zu verzichten, weniger Dinge zu kaufen, dafür mehr Dinge zu reflektieren, allein zu sein in den Bergen, das gibt mir jetzt wirklich viel.«

Nicht nur was die Biologie angeht, auch wirtschaftlich können Männer auf einen sanfteren Übergang in die Post-Erwerbszeit hoffen. »Ältere Männer haben es besser als ältere Frauen«, kommentierte der *Spiegel* 2021 eine Studie, die in achtzehn hoch entwickelten Mitgliedsstaaten der OECD die Geschlechter danach verglich, wie gesund sie sind, wie wohl und wie sicher sie sich fühlen, ob sie Zugang zu Bildung haben und finanziell versorgt sind. Danach leben Frauen statistisch zwar länger, aber in ihren späten Lebensjahren sind sie, wie schon erwähnt, tendenziell ärmer, häufiger krank und allein, unter anderem weil Männer im Durchschnitt früher sterben.

Auch in Deutschland gibt es Unterschiede, das dokumentiert seit mehr als einem Vierteljahrhundert der »Deutsche Alterssurvey«, eine repräsentative Langzeitstudie im Auftrag des Bundesfamilienministeriums. Frauen zwischen fünfzig und Anfang siebzig, also die Rentnerboomerinnen, sind danach gesundheitlich anfälliger als Männer, aber gefragt, wie gut sie sich fühlen, antworten beide Geschlechter, mit ihrem Zustand subjektiv zufrieden zu sein. Frauen neigen im hohen Alter stärker zu depressiven Symptomen, aber noch nicht, wenn sie aufhören zu arbeiten. Mit den Jahren steigt auch bei Männern das Depressionsrisiko. Gleich geblieben ist trotz aller Gleichstellungsmaßnahmen seit Beginn der Aufzeichnungen, dass Frauen sich in größerer Zahl um pflegebedürftige Angehörige kümmern und anders als Männer noch während der Berufstätigkeit damit anfangen, auf die Enkel aufpassen, wobei die Großkinder der Babyboomer mit Beginn des Ruhestands zunehmend auch vom Großvater betreut werden. Die Autoren beider Studien machen »neben unterschiedlichen Verdienstmöglichkeiten von Frauen und Männern nach wie vor traditionelle Rollenbilder sowie die eingeübte Lebenspraxis« dafür verantwortlich, dass sich die Ungleichheit der Chancen auch im Alter fortsetzt.

Der viel beschworene gesellschaftliche Wandel, der in den besten Boomerjahren allmählich Fahrt aufnahm, hat dazu geführt, dass viele Frauen dieser Generation heute besser ausgebildet in Rente gehen als ihre Mütter, aber finanziell kaum besser abgesichert. Immer noch liegen die Altersrenten von Arbeitnehmerinnen nach mindesten fünfunddreißig Versicherungsjahren (1234 Euro) durchschnittlich 400 Euro monatlich unter denen ihrer männlichen Kollegen (1637 Euro). Abgesehen von den besseren Einkünften haben viele Männer der geburtenstarken Jahrgänge – wie ihre Väter – einiges nachzuholen und entdecken erst im Seniorenalter, was sie im Familien- und Freundeskreis jahrzehntelang verpasst haben. Das gilt insbesondere für diejenigen, die gern und viel erwerbsmäßig gearbeitet haben. Und das waren in der Generation R wie Rente (zumindest für die Jahrzehnte vor der Quote) überwiegend Männer.

Elegant rauskommen

Dreiundsiebzigmal ist Stefan Offermann in China gewesen, seit er den mittlerweile 125 Jahre alten Familienbetrieb im bayerischen Offingen 1984 von seinem Vater übernahm, Hunderte Dienstreisen in andere Länder hat er nicht mitgezählt. Drei Kinder wurden geboren, während das Unternehmen wuchs, in Krisen geriet, sich erholte und weiter expandierte. Heute sind 1800 Mitarbeiter und Mitarbeiterinnen weltweit in sechzehn

Produktionsstätten beschäftigt, um unter anderem mit textilen Filtermaterialien für die industrielle Abgasreinigung einen Umsatz von über 320 Millionen Euro zu erwirtschaften – als Offermann einstieg, waren es noch 30 Millionen.

Er schaut nicht nur wegen der Zahlen zufrieden auf sein Lebenswerk, sondern auch, weil er das mit der Amtsübergabe gut hingekriegt hat. 2021, der Seniorchef war vierundsechzig Jahre alt, gab er seine Funktion als geschäftsführender Gesellschafter in fünfter Generation an den Sohn weiter, wie es ihm sein Vater vorgemacht hatte. »Es war Glück«, sagt Offermann, »dass meine beiden Töchter ihrer Mutter nacheifern und Lehrerin werden wollten, sonst hätte ich ein Problem gehabt.« Laut Statuten darf nur ein Familienmitglied in die Betriebsführung einrücken, die aus zwei persönlich haftenden Geschäftsführern besteht.

Wenn von der Regelrente die Rede ist und davon, dass sie aktive Arbeitnehmende zum Aufgeben zwingt, werden Selbstständige und Freiberufler darum beneidet, so lange arbeiten zu dürfen, wie sie wollen und können. Stefan Offermann hat erfolgreich einen mittelständischen Betrieb geleitet, ein familiengeführtes Unternehmen, zu denen je nach Definition zwischen 85 und 96 Prozent der 3,6 Millionen in Deutschland registrierten Firmen zählen.

Ein ganzer Beraterzweig lebt von den Schwierigkeiten, die bei der Geschäftsübergabe innerhalb einer Sippe entstehen. Ferdinand Piëch, bis 2002 Vorstandsvorsitzender der Volkswagen AG, legte sein Aufsichtsratsmandat im Alter von achtundsiebzig Jahren nieder, bei Porsche hielt es ihn bis achtzig in dem Kontrollgremium, zwei Jahre später starb der Patriarch. Sein Nachfolger Wolfgang Porsche ist achtzig. Der jahrzehntelange Kampf zwischen den gealterten Clanchefs belastete die Konzerne bis an die Zerrüttungsgrenze. Der bayerische Butterbaron Toni Meggle, bis ins neunundachtzigste Lebensjahr Alleininhaber im Traditionsunternehmen, enterbte seine fünf

Kinder, von denen drei gegen ihn vor Gericht zogen. Der Hamburger Kaffeekönig Albert Darboven, siebenundachtzig, hat seine Nachfolge bis heute nicht geregelt.

Der umtriebige Offermann ist zu einem Zeitpunkt ausgestiegen, zu dem er gesundheitlich sicher weiterhin die Geschäfte hätte führen können. »Aber ich habe schon zehn Jahre vorher angefangen, mir zu überlegen, wie ich elegant aus der Firma rauskomme und wie es elegant für mich weitergeht.« Auch das hat Tradition in seiner Familie. »Sucht euch Aufgaben außerhalb vom Betrieb«, hatte sein Vater den Nachfolgern rechtzeitig vor der Geschäftsübergabe gesagt, »damit ihr die Jungen nicht mehr belästigt.« Früh übernahm Stefan Offermann Ehrenämter, für die Gemeinde, für das Land und den Staat, dafür wurde ihm 2021 das Bundesverdienstkreuz verliehen.

»Viele haben nichts anderes als die Firma, die laufen noch mit über achtzig durch den Betrieb und geben hinter dem Rücken ihrer Kinder Anweisungen, das wollte ich auf keinen Fall. Ich habe meinen Mitarbeitern gesagt, wenn ich euch Anweisungen gebe, führt ihr die nicht aus. Kann sein, dass ich altersmilde werde, oder ich will noch sagen, wo's langgeht, und das ist auch nicht gut. Oder ich verblöde, für den Fall habe ich vorgesorgt, ich kann auch privat nichts entscheiden ohne die Zustimmung meiner Frau.«

Offermann spielt Golf, läuft Ski und reist gern. »Und wir haben innerhalb von knapp vier Jahren sechs Enkel bekommen, die wohnen alle in der Nähe, was ein großes Glück ist; meine Frau und ich sehen sie oft. Heute freue ich mich, wenn ich mit meinen Enkeln im Golfcart durch die Firma fahre und alle freundlich grüßen.« Berufliche Aufgaben will er nicht mehr übernehmen. »Da hab ich ja wieder den gleichen Terminstress wie vorher.«

Der Familienunternehmer hat das gefunden, was Manager und Managerinnen, leitende Angestellte und Entscheidungsträgerinnen in den Seminaren des Münchner Jesuitenpaters Michael Bordt suchen, nicht nur, aber auch an der Schwelle zur Pensionierung: eine Richtung und eine Lebensperspektive. Das Institut für Philosophie und Leadership, das der Pater leitet, verbindet die Erkenntnisse der abendländischen Philosophie mit der Spiritualität des Jesuitenordens. Im Zentrum der exklusiven Fortbildungen und Retreats im edlen Ambiente eines Schlosshotels stehen Meditationen, die einen Einstieg in die Selbstreflexion liefern sollen. Ergänzende Yoga-Übungen und Einzel- beziehungsweise Gruppengespräche basieren auf den geistlichen Übungen des spanischen Ordensgründers Ignatius von Loyola.

Die Ziele, die Bordt und sein Institut für den Alltag von Führungspersonal formuliert haben, gewinnen eine neue Dringlichkeit und Aktualität, wenn nun auch die Spitzenkräfte aus Unternehmen und gesellschaftlichen Einrichtungen massenhaft ins Rentenalter kommen. *Die Kunst unserer Sehnsucht zu folgen*, heißt ein Buch des Jesuiten, das davon handelt, »aus dem alltäglichen Hamsterrad« herauszufinden, »hin zu einer neuen Geistesgegenwart und einer Heimat in uns selbst« – es klingt wie eine Wegbeschreibung für Einsteiger in den erwerbsbefreiten Lebensabschnitt. Tatsächlich sucht mittlerweile nicht nur eine in Fortbildungskursen und Klausurtagungen geprägte Managerelite nach Rat in solchen Instituten, sondern eine Gründergeneration, die aus der Verantwortung ausscheidet. »Viele Fragen gleichen sich«, sagt Bordt, »nur dass sie nun weniger das Führen als das Leben betreffen.«

Der Berater erinnert sich an den Chef eines Textilkonzerns. »Er kam kurz vor seiner Verabschiedung zu mir und verkündete stolz, sein Terminkalender für die Zeit danach sei schon proppenvoll.« Aber insgeheim spürte der Hochleistungsmanager wohl, dass er innerlich unzufrieden damit war, sonst hätte er sich kaum zu einem philosophischen Austausch angemeldet. »Als er anfing zu meditieren«, sagt Bordt, »erkannte er, dass er sich aus Angst vor der Leere zugeplant hatte.« Stattdessen nahm er sich dann vor, erst einmal gar nichts zu tun und zu beobachten, was sich daraus ergibt. Irgendwann fing der Pensionär an, in einer Obstbrennerei mitzuarbeiten, damit hatte er bis dahin nur insofern zu tun, als er gerne Grappa trank. »Es hat ihm unglaublich Spaß gemacht und er ist dort etliche Jahre geblieben.«

Es sind einander ähnelnde Selbstreflexionen, mit denen ein Aufbruch beginnt. Fragen etwa danach, woraus die Basis eines Einzelnen besteht: Was trägt mich im Leben? Was ist da, ohne dass ich etwas tun muss? »Viele denken zuerst an Menschen, von denen sie sich getragen fühlen, dann kann es etwas sein wie Natur, Kunst, Musik, Weltanschauung, Werte, die man absolut für richtig hält.« Man kann weiterfragen, was diese Dinge zum Fundament macht. Welche Qualität Werte oder Personen haben. »Meistens zeigt sich«, so Bordt, »der Unterbau, auf dem ich stehe, liegt nicht so sehr da draußen, sondern er liegt in dem, was ich erlebt und mir zu eigen gemacht habe. Er liegt also in mir.« Ist das erst einmal bewusst geworden, helfen Fragen weiter, die sich auf Vergangenes beziehen, das Spuren hinterlassen hat: Was wäre besser nicht passiert, was hat mich verletzt? Woran arbeite ich mich noch ab? Und schließlich: Was will ich in meinem Leben noch machen?

Das »noch« ist häufig gerade bei Machertypen von Bedeutung, die Konfrontation mit der eigenen Endlichkeit kann sich lähmend auf die Lebenslust legen. Da hilft es, zu erkennen, wie oft es auch in jüngeren Jahren schon darum ging, mit Ereignissen oder Entwicklungen fertigzuwerden, die man furchtbar findet. Ob jemand in Not gerät, mit Gewalt konfrontiert ist, Ablehnung erfährt oder einen nahen Menschen verliert, immer muss man lernen, damit umgehen zu können, sich mit dem Geschehen oder einer Person zu versöhnen. »Was nicht bedeutet«, betont Bordt, »dass dann alles okay ist oder man sich Dinge so lange zurechtbiegt, bis sie gut erscheinen, obwohl sie so nicht sein sollten.« Der Jesuit hält es mit dem Motto von Frère Roger, dem Schweizer Gründer der Gemeinschaft von Taizé: »Mit versöhntem Herzen kämpfen. So eine Haltung zu lernen«, sagt Bordt, »ist in jedem Alter erstrebenswert.«

Letztlich geht es für den in Oxford promovierten Philosophen bei all dem darum, »in die eigenen Grenzen hineinzuwachsen und eine Haltung dazu zu finden«. Bordt ist Anfang sechzig, seine Funktionen im Jesuitenorden und im Institut sind nicht an den Regelrentenbeginn gekoppelt, viele Aufgaben in der Seelsorge, in Bildung und Lehre profitieren von zunehmender Erfahrung und Reife. Aber die Probleme, die mit Abschied und Bedeutungsverlust einhergehen, stellen sich auch im Orden, nur meistens ein paar Jahre später, wenn jemand wegen schwächelnder Gesundheit nicht mehr alle Aufgaben übernehmen kann oder Aufträge und Anfragen ausbleiben. In der theologischen Welt laufe diese Herausforderung »auf ein Dasein vor Gott« hinaus. Im Einzelfall könne auch in dieser Phase »noch eine fabelhafte Persönlichkeitsentwicklung entstehen«, versichert Bordt, »aber die Auseinandersetzung mit sich selbst kann auch in großer Bitterkeit und Depression münden«.

Seinen individuellen Grenzen begegnet der drahtige Gottesmann einstweilen im Diesseits. Wenn er früher von zu Hause ins Büro geradelt ist, hat er viele Leute überholt, heute wird er überholt. »Ich finde das gut, es ist ein schönes Gefühl, ich kann und muss und will nicht mehr mit derselben Kraft und Energie die Dinge vorantreiben, wie ich das bisher getan habe.«

Grenzen und Wachsen

In die eigenen Grenzen hineinwachsen, die Formulierung ist so ungewöhnlich wie gut gewählt, beinhaltet sie doch, dass Arbeitsende, Renteneinstieg und Neuorientierung aus beidem bestehen: individuelle Grenzen auszuloten und dennoch zu wachsen. Grenzen nicht nur als einschränkend zu betrachten, nicht als einen Verlust an Einfluss, Bewegungsspielraum, Gesundheit, Entfaltung, sondern zu erkennen, dass da einerseits schon ganz viel ist, das bleibt, und zusätzlich ein neuer Aktionsradius entdeckt werden kann, der zu der Person passen soll, die ja gerade erst entsteht. Was auf den ersten Blick widersprüchlich erscheint, begrenzen und wachsen, kann bei näherer Betrachtung dazu verhelfen, die Perspektive zu verändern, das, was Bordt »eine Haltung« nennt. »Crisis is always risk and chance«, lautet ein amerikanisches Motto. »Eine Krise ist immer sowohl Risiko wie Chance.« Aus dem Blickwinkel des Chancensuchers fällt es leichter, sich vorzustellen, dass da Schleichwege und Perspektiven verborgen liegen, die nur darauf warten, gefunden zu werden. Es wäre allerdings unbedarft, diesen Prozess für trivial zu halten.

Im Gegenteil. Für gewöhnlich stehen Energie, Fantasie und Stehaufmännchen-Schwung einem gerade dann nicht zur Verfügung, wenn sie gebraucht werden: bei einer unfreiwilligen Lebenswende. Doch auch für die Entdeckung der Selbstwirksamkeit am Arbeitsende stimmt der Hinweis von Berater Bordt, dass elementare Herausforderungen schon lange vor dem Übergang ins Rentendasein anstehen. Die meisten von uns dürfen mehrmals im Leben üben, sich an den eigenen Haaren aus dem Sumpf zu ziehen, etwa wenn wir vertraut Gewordenes verlassen müssen oder verlassen werden, wenn wir enttäuscht sind oder enttäuscht werden. Gewiss, es ist semantisch korrekt festzustellen, dass Ent-Täuschung vor allem die Befreiung von einer Täuschung bedeutet – etwa der Täuschung, dass ich noch jenseits der fünfundsechzig im Job gebraucht werde. Sicher hat Hermann Hesse recht, wenn er tröstet, dass jedem Anfang ein Zauber innewohne. Und doch kommt es einem Kraftakt gleich, ausgerechnet in einem Augenblick der Schwäche, sei sie auch noch so subjektiv empfunden, Selbstvertrauen und Zuversicht zu entwickeln.

Es gibt, wie erwähnt, eine große Zahl Neurentner, die sich unbändig auf ihre arbeitsbefreite Zeit freuen, auch schon Jahre vor dem gesetzlichen Ruhestandsbeginn. Bettina Zanger, seit 2003 Referatsleiterin bei einem Versicherungskonzern, gehört ganz sicher nicht dazu. Zangers Geschichte zeigt, ähnlich der von Managerin Simone Menne, dass es bei der Frage, wie sich ein Altersteilzeit- oder Vorruhestands-Angebot auf das Gemüt auswirkt, um viel mehr als um die Höhe der Vergütung geht.

Fünfundfünfzig Jahre war die Marketingexpertin alt, als die Umstellung von Print auf Online in der Unternehmenskommunikation 2017 auch die Abteilung der Versicherung erreichte, die Bettina Zanger leitete. Sie musste die Hälfte ihres Teams abbauen, das war die Vorgabe. »Es war belastend, dauernd Ausstiegsangebote machen zu müssen. Aber ich habe nicht im Ansatz darüber nachgedacht, dass sie auch mich auf dem Plan haben könnten.« Bettina hatte während ihrer Arbeit für internationale PR-Agenturen Preise gewonnen und im Konzern Sonderzahlungen erhalten »für den tollen Job, den ich machte«.

Und dann kam dieser Nachmittag. Ich sehe den Kollegen noch vor mir sitzen, höre noch, wie er sagt: »Du hast sicher schon geahnt, dass wir deinen Bereich nun auflösen müssen.« Sie hatten Bettina so lange machen lassen, bis sie die Abteilung heruntergeschrumpft hatte, dann war sie selbst dran. Die Offerte, unter einem Kollegen weiterzumachen, kam einer Degradierung gleich und war so halbherzig, dass Bettinas Abfindungsbote noch währenddessen einen gefalteten Zettel aus der Sakkotasche zog und vor ihr auf den Schreibtisch legte. »Er sah fast stolz dabei aus. Und mir sind sofort die Tränen in die Augen geschossen, da konnte ich gar nichts machen.« Wie ein Gedankenkreisel rotierte immer derselbe Satz durch den Kopf der Karrierefrau: »Die wollen dich hier nicht mehr. Jetzt bist du alt.«

Bettina Zanger erzählt ihre Geschichte in einem Münchner Museumscafé. Sie strahlt das Selbstbewusstsein einer Person aus, die auf auftrumpfende Gesten verzichten kann, weil sie weiß, was sie kann und was sie wert ist. Auch auf dem Markt, der von Headhuntern beherrscht wird. Mittlerweile hat sie ihren sechzigsten Geburtstag hinter sich, und immer noch kann man sich die schmale Frau mit der Bubikopf-Frisur ohne Weiteres als Mannschaftsführerin einer Jugendsportgruppe vorstellen. Ruhig, mit fester Stimme erinnert sie sich. Wenn sie damals sicher auch wütend war, ist davon heute nichts mehr zu spüren, aber das Erstaunen, dass so etwas ausgerechnet ihr passiert, schwingt noch immer in ihren Sätzen mit.

Und die Niedergeschlagenheit, wenn sie darauf kommt, wie sie das, was sie als Fiasko empfand, ihrer Familie berichtete. Bettina Zanger ist mit dem Familienbetrieb ihrer Eltern aufgewachsen. Als ihre sechsundachtzigjährige Mutter im Seniorenheim von dem Vorruhestandsangebot hörte, beschwor sie ihre Tochter: »Du musst so lange im Job bleiben, wie es geht, sonst machst du dich nur unglücklich.« Bildlich hat sie auch die Reaktion ihrer dreizehn Jahre jüngeren Ehefrau vor sich, die, wie Zanger sagt, »völlig in Panik geriet, wir empfanden plötzlich beide ein schweres Ungleichgewicht zwischen ihrer und meiner

Situation«. Die Dynamik, das Umfeld, alles ist anders, ob es abends heißt: »Schönen Feierabend!« – »Ihnen auch«! oder ob jemand weitab vom Job ganz im Privaten lebt. Die eine mittendrin, die andere außen vor, so sah Bettina sich und ihre Partnerin in diesem Augenblick. Auch wenn die angebotene Ausstattung komfortabel war. 85 Prozent ihres letzten Bruttogehalts war Bettinas Demission ihrem Arbeitgeber wert, »das war de facto zweimal weniger essen gehen und zwei Paar Schuhe weniger im Jahr«. Luxusprobleme, sicherlich, was die finanzielle Lage angeht. Klar blitzt da auch der Gedanke auf, »kassier das Geld und mach nur noch, was du immer schon machen wolltest«, sagt Bettina Zanger. »Aber ich hatte keinen Plan B, ich wusste: nur noch privatisieren, das würde mich anöden. Ich bin ein Arbeitstier, ich brauche Menschen um mich, Kreativität. Eine Aufgabe, die einfach da ist, die ich mir nicht jeden Tag neu suchen muss. Und plötzlich war da diese gähnende Leere. Ich hab mich vor mir selbst erschrocken, vor diesem Nichts in mir.«

Nach dem ersten Schock erwachte Bettinas Widerspruchsgeist. »Das ergab alles keinen Sinn. Da wird ein Riesenpotenzial verschenkt, ein Know-how, das ich doch auch im Unternehmen angesammelt hatte. Und dann bezahlen sie ein Vermögen dafür, das wegzuwerfen.« Bettina Zanger ist nicht diejenige, die schnell aufgibt. »Ich weiß, dass hinter solchen Entscheidungen nichts Persönliches steckt, das ist ein reines Zahlenspiel. Aber es trifft dich persönlich, weil du es nicht selbst entschieden hast.«

Da ist er, der Schmerz der Unfreiwilligkeit. Das Gefühl, die Kontrolle über sein Leben zu verlieren, kann einen seelischen Schaden anrichten, der nicht selten anfällig macht für körperliche Leiden. Bettina Zanger hat 2013 eine Krebserkrankung überstanden, seither geht sie umsichtiger mit sich und ihrer Gesundheit um. Sie weiß, dass Kämpfen Kraft kostet, aber kampflos aufgeben? Kommt nicht infrage, da bleibt sie sich treu.

»Ich wollte meine Führungsposition wiederhaben. Also begab ich mich auf den Kriegspfad. Und wenn ich nicht zurückkonnte, dann ging es um den Preis.« Sie nahm sich einen berüchtigten Arbeitsrechtsanwalt. Es folgten ungezählte schlaflose Nächte. Bis die Auseinandersetzung eine unvorhersehbare Wendung nahm.

Ein wohlwollender Kollege erzählte ihr von einer unternehmensinternen Ausschreibung für eine Stelle, die auf so etwas wie Talentmanagement hinauslief, was wie eine Kreuzung aus *Deutschland sucht den Superstar* und *Germany's Next Topmodel* klang. »Aber er ermunterte mich, die Abteilung entwickle erst, was da inhaltlich gemacht werden soll.« Bettina bewarb sich und wurde genommen. Ein Vorstandsmitglied sagte ihr, er sei »so froh, was sie mit dir gemacht haben, war nicht fair«. Das sagt sich leicht, hinterher, wenn der Fall vom Tisch ist. Aber Bettina war auch erleichtert, »das wäre sonst ein langer, qualvoller Rechtsweg geworden«.

Drei Jahre später fühlt sie sich wohler in ihrer Firma als vor der Krise. Sie hat die neue Stelle mitgestaltet. Aber bis sie ihr Selbstwertgefühl zurückhatte, bis sie sich traute, wieder sichtbar zu sein, war es noch ein Schritt. »Ich kam mir vor wie eine Ameise mit Knie- und Ellenbogenschonern, die ja nicht auffallen wollte. Ich kannte mich selbst nicht mehr.« Als die nächsten Gehaltsverhandlungen anstanden, hat Bettina sich eingereiht: »Es kann ja nicht sein«, sagte sie sich, »dass da gar nichts mehr geht, bloß weil ich sechzig wurde.« Es ging noch was. Es gelang ihr, vom Abstellgleis zurück auf die Karriereleiter zu steigen.

Wer hingegen im Garten schon die Hängematte aufgehängt hat und es gar nicht abwarten kann, darin zu schaukeln, wird Bettina Zangers Geschichte schwer nachempfinden können. Ist es nicht das, was sich so viele Menschen wünschen, finanzielle Sicherheit bis ans Lebensende? Und tun und lassen können, was man will? Für jede und jeden, der/die sich morgens in die Arbeit schleppt, wer Selbstverwirklichung oder jedenfalls Glücksgefühle ausschließlich im Privaten findet und den Beruf vor allem als Einkommensquelle sieht oder wer mit Krankheit und Belastungsfolgen zu kämpfen hat, für all jene klingt der Kampf der Managerin um ihren Job vermutlich ziemlich befremdlich. Aber ebenso wie diejenigen, die dringend aufhören wollen – und dürfen sollten –, leiden Bettina und ihresgleichen unter dem, was sie wie eine Zwangsverrentung wahrnehmen. Auf sie trifft zu, dass Geld beruhigend sein mag, aber an sich nicht sinnstiftend ist, auch wenn die Münchnerin sich »froh und dankbar« fühlt, finanziell abgesichert zu sein.

Mittlerweile hat Bettina »eine kleine Geschäftsidee«, wie sie sagt, die will sie neben ihrem Vollzeitjob entwickeln, »und wenn ich dann raus bin, mache ich das vielleicht ganz«. Inzwischen kann sie sich vorstellen, die Firma zu verlassen: »Ich weiß noch nicht genau, wann, aber wenn ich gehe, ist es meine Entscheidung.«

Die Geschichte der Münchner Führungskraft ist so ermutigend, weil sie zeigt, was gelingen kann, wenn alle Beteiligten offen bleiben für Wege, die neben der eingefahrenen Spur liegen. Die preisgekrönte Marketingexpertin lässt sich auf eine vage entworfene Stelle ein, der multinationale Konzern überträgt einer schon ausgemusterten Kollegin die Führung einer neuen Abteilung und setzt mit dieser Entscheidung einen der Leitsätze der Firma um: »Die Lebenserfahrung der älteren Generation ist ein kostbarer gesellschaftlicher Wert, der nicht verschwendet, sondern produktiv eingesetzt werden muss.« Das Ressort, in dem Zanger nun arbeitet, soll der demografischen Herausforderung begegnen, dass in der Führungsetage die Babyboomer ausscheiden und vergleichsweise weniger junge Nachwuchskräfte antreten. Talentmanagement in diesem Sinne bedeutet, frühzeitig geeignete

Führungsbegabungen zu fördern und ältere Arbeitnehmerinnen – wie Zanger – zu qualifizieren und neu zu integrieren. Das tut der Versicherer nicht aus reiner Menschenfreundlichkeit. Der finnische Klima- und Zukunftsforscher Markku Wilenius berät den Konzern, wenn es um mittel- und langfristige Geschäftskonzepte geht. Er ist überzeugt: »In den Märkten der Zukunft werden genau die Unternehmen erfolgreich sein, die es verstehen, die Kenntnisse und Erfahrungen der älteren Generation effektiv einzusetzen.«

Damit gelungene Integration von älteren und jungen Mitarbeitenden so selbstverständlich wird wie Elternzeit und Homeoffice braucht es mehr als einzelne Großbetriebe, die aus kommerziellem Kalkül Modelle entwickeln. Es braucht auch mehr als die Lernbereitschaft von Erwerbstätigen und den Beschluss von Geschäftsführerinnen, Fähige und Willige aller Jahrgänge in unkonventionellen Teams zusammenzuspannen. Es braucht eine gesellschaftliche Debatte, in der allen Generationen klar wird, wie sie voneinander abhängig und aufeinander angewiesen sind. Nur in einer intelligenten Kooperation kann die Lösung liegen. Und es braucht politische Akteure, die das demografisch und ökonomisch Notwendige so ernst nehmen wie die Bedürfnisse und das Wohlergehen ihrer Bürger und Bürgerinnen, egal wie alt sie sind.

Politik zwischen Wellness und Weiterrackern

Es klingt unfreiwillig ironisch, wie das 2021 erschienene umfangreiche *Handbuch Alter und Altern* die Lage des Diskurses kommentiert. Es sei »festzuhalten, dass Reformbemühungen der Lebenslaufpolitik, etwa im Bereich des Übergangs von Erwerbsarbeit in den Ruhestand, eher gesellschaftlichen Experimenten mit ungewissem Ausgang folgen, als dass sie einem Masterplan entsprechen«. Gebetsmühlenartig weisen Parteien und Verbände, Unternehmen und Wissenschaft vereinfacht gesagt darauf hin, dass nicht alle Rentner und Rentnerinnen das Gleiche wollen und es deshalb kein Konzept für alle geben könne, mit dem Ergebnis, dass wenig bis gar nichts vorangeht. Die überwältigende Zahl an Vorruheständlern und Rentnerinnen, die sich nun in Richtung Arbeitsausgang bewegt, drückt hoffentlich aufs Tempo und spornt die Politik an, jenen Masterplan zu entwerfen, nach dem Wirtschaft wie Sozialverbände sich reformieren und Arbeitswillige und -fähige integrieren können. Das kann nur gelingen, indem die disparate Ausgangslage sorgfältig analysiert wird.

Werbung und Medien verkaufen seit Jahren das Traumbild von den silbrig umwehten Müßiggängern, die dauergebräunt und wellness-getuned ihre Pension auf Kreuzfahrtschiffen oder in Ayurveda-Hotels verjuxen. Die gibt es. Ebenso wie sechs Prozent über Fünfundsechzigjährige, die hierzulande ihre finanzielle Situation als schlecht bis sehr schlecht bezeichnen. Sobald nun aber gesundheitlich gut erhaltene Rentnerboomer massenhaft in die nächste Lebensschleife einbiegen, wird kontinuierlich die Zahl derjenigen steigen, die keine Lust haben, in ihren geistig und körperlich noch fitten Jahren auf der faulen Haut zu liegen. In keiner anderen Altersgruppe nahm der Anteil der Arbeitnehmerinnen und Arbeitnehmer in den letzten Jahren so stark zu wie unter den Sechzig- bis Vierundsechzigjährigen: Während 2010 bis zur Regelrente 41 Prozent durchmachen wollten, waren es 2020 schon 61 Prozent. Jenseits des Rentenbeginns hat sich der Anteil der Erwerbstätigen nahezu verdoppelt, von neun auf 17 Prozent.

Je besser ausgebildet die Menschen sind, umso höher ihr Anteil an der bezahlten Arbeit, fast drei Viertel der Spätjobber sind hoch qualifiziert. Es sind zumeist die Bessergebildeten und Besserverdienenden, die zwischen Optionen wählen können. Diejenigen, für die Arbeit weniger Stress war als Animation, vielleicht auch Status und gesellschaftliche Position, leiden unter dem Verlust ihrer Tätigkeit und suchen sich Ersatz. Etwa Leute wie Frank Bsirske, der Gründungsvorsitzende der Dienstleistungsgesellschaft ver.di, der zwei Jahre nach seinem Abschied in den Ruhestand als einer der ältesten Debütanten mit neunundsechzig für die Grünen in den Bundestag einzog. Lieber wolle er etwas gegen die Folgen des Klimawandels tun, als »noch ein paar Inseln besuchen, bevor die absaufen«, kommentierte er seinen Entschluss.

Auch von den acht Prozent aller Fünfundsechzig- bis Vierundsiebzigjährigen, die nach Angaben der Bundesagentur für Arbeit mittlerweile einer bezahlten Beschäftigung nachgehen, sind nicht alle darauf angewiesen, sich mit Minijobs und spaßbefreiter Lohnarbeit etwas hinzuverdienen zu müssen. Aber wenn zwanzig Millionen Senioren und Seniorinnen demnächst ohne Erwerb dastehen, steigt auch die Zahl derer, die zum Leben nicht genug auf dem Konto haben. Seit 1990 ist das statistische Nettorentenniveau kontinuierlich gesunken. Diese Statistik sagt zwar wenig über die Rente Einzelner aus, dient aber als Indikator dafür, inwieweit die gesetzliche Rente den Lebensstandard im Alter sichern kann. Nach mehreren Rentenanpassungen blieb die Höhe des Altersruhegelds hinter der Lohnentwicklung zurück. Daran ändert auch die Rentenerhöhung von 2023 nichts, die nur die inflationsbedingte Preissteigerung abmildern soll. Lediglich diejenigen, die eine Betriebsrente erhalten oder es sich von einem guten Gehalt leisten konnten, Lebensversicherungen abzuschließen, Aktien oder Eigentumswohnungen zu kaufen, können diese Lücke schließen. Und längst nicht alle leben in einer Partnerschaft, in der beide Rente beziehen.

Eine wachsende Gruppe von Renteneinsteigern weiß schon am letzten Arbeitstag, dass morgen die Suche nach einer neuen Beschäftigung losgehen *muss*, weil die staatliche Zahlung schlicht nicht reicht. Sie brauchen Jobs, die dazu beitragen sollen, zu essen, zu trinken, zu wohnen, sich zu kleiden, und das, obwohl seit 2013 das Renteneintrittsalter ständig steigt. Diese Menschen haben ein Leben lang gearbeitet und können nun nicht anders, als ohne Rücksicht auf müde Knochen und eine angeschlagene Gesundheit weiterzurackern. Sie würden das Wort »Ruhestand« nur zu gerne wörtlich nehmen, weil er wohlverdient ist – und dennoch in weiter Ferne liegt.

Zusammengenommen stehen auf der einen Seite die vielen, die weiterarbeiten müssen, auf der anderen diejenigen, die nicht aufhören wollen; hier die Unternehmen, die Arbeitswillige in den (Vor-)Ruhestand entlassen, dort die Firmen, denen ohne die Älteren die Fachkräfte ausgehen; einerseits eine zweistellige Millionenkohorte, die in absehbarer Zeit auf Pflege und Fürsorge angewiesen sein wird, demgegenüber eine viel zu kleine Zahl ausgebildeter Helfer. Und obendrein sozialpolitische Aufgaben, von der Bildung bis zur psychologischen Betreuung, für die dringend Leute gebraucht werden, aber nicht ausreichend qualifiziertes Personal nachwächst.

Hinzu kommt: Es ist kein Luxusproblem einiger weniger Privilegierter, sich beantworten zu müssen, wie jenes Lebensdrittel oder -viertel aussehen könnte, an dessen Ende das stehen soll, was die Philosophie »ein gutes Leben« nennt. Es geht alle an, sich zu überlegen, wie eine Lebensspanne von fünfundzwanzig, dreißig Jahren gestaltet werden könnte, wie alternative Sozialkontakte aussehen könnten, zu welchen Arbeitsleistungen der/die Einzelne (noch) fähig wäre und wie man sich nützlich machen könnte. Die Aufgabe wird umso bedeutsamer, wenn sie nicht nur der individuellen Selbstverwirklichung oder dem privaten Vermögen, sondern einer sozialen Verwendung dienen soll. Einen Weg zu finden, der dem eigenen Temperament, den beruflichen Voraussetzungen und den Bedürfnissen einer Gemeinschaft am besten entspricht, ist eine Verantwortung sich selbst, der eigenen Familie und der Gesellschaft gegenüber. Und es ist umgekehrt die Verantwortung der Gesellschaft für ihre Mitbürger und Mitbürgerinnen, dafür zu sorgen, dass jede und jeder ausreichend ausgebildet einen Platz einnehmen kann, an dem jemand gebraucht wird.

Es sind nicht vor allem individuelle Fragen und Problemlösungen, wenn sie zig Millionen Menschen betreffen oder jedenfalls betreffen könnten. Mit den Rentnerboomern ante portas wird aus vereinzelten Schicksalen eine strukturelle Aufgabe, eine Aufgabe für Gesellschaft, Wirtschaft und Politik, sich den Folgen der Bevölkerungsentwicklung zu stellen. Seit Jahren wird über die Demografie, die umgekehrte Alterspyramide, den Fachkräftemangel, die Rentenlücke geredet. Aber bis in die politische Gestaltung, in den aktuellen Koalitionsvertrag, in die Gesetzgebung haben es die viel diskutierten Konzepte und Maßnahmen bisher nicht geschafft.

Die gewaltige Leere, die Millionen Arbeitnehmer und Arbeitnehmerinnen hinterlassen, wenn sie aus ihrem Job aussteigen, war so absehbar wie der Mangel an Lehrkräften, als die Babyboomer in den Sechziger- und Siebzigerjahren in die Schule kamen. Jetzt ist Deutschland damit konfrontiert, dass dieselbe Generation zusätzlich zur Rente bezahlte Arbeit braucht, gesundheitlich versorgt werden muss und sozialpsychologisch nicht allein gelassen werden darf – und wieder ist die stärkste Volkswirtschaft Europas nicht vorbereitet.

Aber sind die Aufgaben wirklich so schwer lösbar, wie sie dargestellt werden?

Ein Gesprächspartner wie dieses Buch will nicht so tun, als

ließen sich solche Fragen en passant beantworten. Es kann nur ein persönlicher Diskussionsbeitrag sein. Drei Themen-Bausteine sollen beispielhaft für den ganzen Komplex stehen und die Argumente verstärken, die meiner Meinung nach die richtige Richtung anzeigen: die künftige Finanzierung der Renten, die Fragen rund um Flexirente oder Weiterbeschäftigung und die ehrenamtlichen Aufgaben.

Die Finanzierungslücke

»Die meisten denken«, sagt Lothar Binding, Vorsitzender der »Arbeitsgemeinschaft SPD 60 plus«, »wenn erst die Babyboomer in Rente gehen und dann die Pillenknicker nachrücken, sei die Rente nicht mehr sicher. Das denke ich nicht.« Der gelernte Starkstromelektriker, der später Mathematik, Physik und Philosophie studiert hat, fiel im Bundestag dadurch auf, dass er seine Herzensthemen mit Sachkenntnis, Humor und einem Zollstock in Szene setzte, was ihn auch in jüngeren Generationen zum YouTube-Star machte. Ob Schuldenberge, Managergehälter, Nichtraucherschutz oder Grundsteuerreform, wenn es galt, Finanzpolitik und Bevölkerung ins Verhältnis zu bringen, zog der Mann seinen Maßstab, der so lang ist wie er selbst, aus dem Jackett. Die minimalintelligenten Lösungsansätze der AfD entblößte Binding mit den Worten, dass dafür »ein viel kleinerer Zollstock« genüge – den er ebenfalls in SPD-Signalrot dabeihatte.

Alle Finanzierungsprobleme rund um Rente, Krankheit und Pflege lassen sich nach Ansicht des Experten lösen, »wenn es uns gelingt, die Arbeit fair zu entlohnen, das ist der Schlüssel«. Probleme entstünden nur, sofern es bei einer extrem asymmetrischen Einkommens- und Vermögensverteilung bleibe, erklärt Binding, »das zu ändern ist die politische Aufgabe«. Skeptisch beurteilt der Sozialdemokrat die aktien- oder kapitalgedeckten Rentenmodelle, die derzeit die Reformdebatte beherrschen – eine fürsorgliche Einschätzung, nachdem Pandemie, Krieg und Inflation zumindest vorübergehend erschreckende Löcher in die börsennotierten Anlagen Hunderttausender Bürger und Bürgerinnen geschlagen haben, die ihre staatlichen Bezüge durch Wertpapiere aufbessern wollten. Dennoch werden diejenigen, die es sich leisten können, ihre gesetzlichen Altersgelder auch künftig durch individuelle Vorsorge erhöhen, und Zockernaturen setzen ohnehin auf Börsengewinne und Risikoinvestitionen. Wer hingegen lieber auf Nummer Sicher geht und nicht zum Spekulationsprofi werden will, kann derzeit nur hoffen, dass die schwindende gesetzliche Rente durch alternative, staatlich überprüfte Anlagemodelle ergänzt wird. Aktuell, 2023, sehen die Pläne der Bundesregierung vor, dass bei Verlusten der Staat in die Bresche springen würde. Denn natürlich hat der Mann mit dem Millimeterstab recht: Egal wie und wo fürs Alter angespart wird, das Geld dafür legt die aktuell arbeitende Generation aus selbst geleisteter Arbeit zurück.

Binding steht mit seiner Überzeugung nicht allein, dass die Finanzierung künftiger Renten vor allem an der Gehaltsstruktur hängt. Auch der ehemalige Ratsvorsitzende der Evangelischen Kirche in Deutschland, Heinrich Bedford-Strohm, hält es für einen »Skandal, wenn die Löhne nicht mehr hoch genug sind, dass man davon existieren kann«. Wer ein Leben lang arbeite, müsse so bezahlt werden, dass auch die Rente ausreiche. Es gehe darum, fordert der Sozialethiker, die Gerechtigkeits-, die Einkommenslücke in der Gesellschaft zu schließen. Selbstverständlich sollen alle weiterarbeiten können, die das wollen. Aber selbst wenn das jemand nicht will oder kann, müsse es für alle reichen: »Es ist doch unerträglich, dass man am Ende der Lebensarbeitszeit noch Zuschüsse braucht.«

Auch wenn soziale Ungerechtigkeit vermutlich die meisten Bürgerinnen und Bürger eines demokratischen Gemeinwesens empört, bleibt davon oft nur wenig übrig, wenn darüber abgestimmt wird, wie der Wohlstand so verteilt werden sollte, dass er für alle reicht. Die Kinder der Adenauer-Ära machen da keine Ausnahme. Dabei sind es gerade wir, die Rentnerboomer, die vom vermeintlich grenzenlosen Wirtschaftswachstum unverhältnismäßig profitiert haben. Wäre es nicht an der Zeit, von diesem Ertrag aus Glück und Tüchtigkeit etwas zurückzugeben? Und zwar nicht nur, indem wir unseren Kindern möglichst viel vererben, sondern die Solidargemeinschaft stärken? Es geht bei der Finanzierung der Renten nicht um Wohltätigkeit, sondern darum, als Gesellschaft dafür zu sorgen, dass wirklich jede und jeder menschenwürdig wohnen, leben, alt werden kann. Wir Boomer entscheiden, wie jeder weiß, bis auf Weiteres Wahlen, und wir können mit unserem Wahlverhalten politische Forderungen unterstützen, um über eine gerechte Lohnpolitik auch die Renten unserer Kinder und Enkel zu stärken.

Was Politiker Binding und Kirchenmann Bedford-Strohm abgesehen von inhaltlichen Übereinstimmungen teilen, sind Gemeinsinn und ein Wohlwollen nicht nur sich selbst, sondern anderen gegenüber. Es sind Zutaten, die einen sanften Übergang erleichtern vom konkurrenzgeprägten Einzelwettkampf des Berufsalltags in eine Lebensphase, in der wir in naher Zukunft intensiver als je zuvor auf andere angewiesen sein werden. Die Gemeinschaft stärken zu wollen, ist also keine selbstlose Einstellung. Es ist umgekehrt: Nur wenn die Transition für möglichst viele gelingt, profitiert jede und jeder Einzelne davon. Und die Diskussion darüber, welche Voraussetzungen es für einen geglückten Neustart nach dem Erwerbsende braucht, kann aus ihrer argumentativen Erstarrung finden.

Der Mann mit dem Zollstock trat zu den letzten Bundestagswahlen nicht mehr an, weil »ich ja noch was anderes tun wollte«. Er war einundsiebzig, als er nach dreiundzwanzig sehr aktiven und erfüllenden Jahren aus der Politik ausschied: »Mir hat's Spaß gemacht, ich bekam die Bestätigung, dass ich's gut mache. Trotzdem: Warum sollte ich diese Arbeit nicht für Aufgaben, die mir auch am Herzen liegen, aufgeben, solange ich noch fit bin?«, kommentiert er den Zeitpunkt seines selbst gewählten Ausstiegs. Etwas anderes tun heißt für ihn, sowohl mehr Zeit fürs Privatleben zu haben als auch sich weiterhin für die Gemeinschaft nützlich zu machen. Seine Schallplattenkollektion von über 60 000 Singles der Fünfziger- und Sechzigerjahre hat er verkauft, »zu viel Arbeit«, er hält neben seinem Einsatz für die Partei Vorträge über Finanzpolitik und die »Geschwister Unsichtbarkeit und Einsamkeit im Alter« und hat mit seiner Frau eine alte Schule in ein Veranstaltungshaus für Jugendliche umgebaut.

Der vierfache Großvater kann sich »bei aller Liebe« nicht vorstellen, sich auf die Betreuung seiner Enkelkinder zu reduzieren. Aber es sei naiv, zu glauben, es genüge, an den erworbenen Ruf und den Einfluss, den man in der aktiven Erwerbszeit hatte, einfach anzuknüpfen. Der umtriebige Hesse entfaltet auch ohne sein Mandat das, was er »eine gute Dynamik« nennt. Die Frage sei, ob die Dynamik noch eine Wirksamkeit entfalten könne. Wenn er einen Gesetzentwurf gut formulierte, der dann angenommen wurde, war er wirksam. Jetzt muss er das alles indirekt machen, muss den Leuten schreiben, anderen Tipps geben, sich seine Einflussmöglichkeiten suchen. So hat er etwa gemerkt, dass Informationen, die er weitergibt, »von einem Ehemaligen bereitwilliger angenommen werden als von einem Konkurrenten im Parlament«. Immerhin. Ob das der drängenden Debatte um ein gelungenes und gesichertes drittes Lebensdrittel nützt, wagt der Politiker nicht zu beurteilen.

Bedford-Strohm will nach dem Ende seiner Zeit als Landesbischof Ende Oktober 2023 darauf achten, sich nicht wieder so mit Terminen zuzupflastern: »Ich möchte freier entscheiden können, nachdenken können, selbstbestimmter leben können.« Nachdem seine Amtszeit als Ratsvorsitzender der Evangelischen Kirche in Deutschland im Herbst 2021 auslief, habe er »nicht wirklich viel mehr Freizeit, aber weniger Verantwortung«, sagt der Mann, der immer noch Jugendlichkeit ausstrahlt. Die Interviewfrequenz ist gesunken, es sei »befreiend, nicht mehr ständig für ganz Deutschland den richtigen Satz sagen zu müssen«. Er freut sich an seiner neuen kirchlichen Aufgabe: Im September 2022 wurde er für acht Jahre zum Vorsitzenden des Weltkirchenrats in Genf gewählt, eines Zusammenschlusses von 352 Kirchen mit 580 Millionen Mitgliedern aus aller Welt. Da es sich um ein Ehrenamt handelt, ist er zuversichtlich, trotzdem die erhofften Freiräume für die Familie zu bewahren.

Lothar Binding und Heinrich Bedford-Strohm sind sich darüber im Klaren, wie privilegiert sie in ihrem Berufsleben waren – und auch heute, nachdem sie einen Teil ihrer öffentlichen Wirksamkeit abgegeben haben, noch sind. Sicher vergleichen sich die meisten Rentner und Rentnerinnen nicht mit einem Bundestagsabgeordneten oder einem Bischof, aber wenn es darum geht, jenseits der sechzig froh und zufrieden zu bleiben, unterscheiden sich die beiden Prominenten allenfalls dadurch, dass sie besser als die meisten formulieren können, worauf es ankommt. Es sei dabei stets wichtig, sagt Binding, »wie man mit seiner Endlichkeit umgeht, ob man das akzeptieren kann oder nicht. Wer sich nur über Körperlichkeit definiert, sieht vor allem den eigenen Verfall. Darauf muss man sich mental einstellen.« Binding geht mit seiner Frau ins Fitnessstudio, er freut sich darauf, mit ihr ein paar Radtouren mehr zu machen und häufiger zu tanzen. »Man hat bei den Rumba- und Foxtrottfiguren eine hohe Vergessensrate, wenn man nicht genug übt.«

Bedford-Strohm wird nach dem Ende der Aufgabe als Landesbischof mit seiner Frau und radikal verkleinertem Haushalt nach Mecklenburg aufs Land ziehen, sie freuen sich auf ein Tiny House in der Natur und behalten nur noch ein Zimmer in Berlin. Er hat das Gefühl, zum Leben nicht mehr viel zu benötigen. »Laptop, Bücher, Natur, menschliche Beziehungen, meine Frau, meine Kinder, meine Enkel«, sagt Bedford-Strohm. »Ich habe keine besonderen Wünsche. Nichts, wovon ich sage, das muss ich noch unbedingt machen.« Er freut sich, seine langjährigen Erfahrungen aus den Tätigkeiten in Gemeinde, Universität und Kirchenleitung in sein neues Ehrenamt einbringen zu können.

Flexirente, Weiterbeschäftigung und kreative Konzepte

Ziemlich unbeweglich stehen sich die Gruppierungen gegenüber, die für und gegen einen Anspruch auf Weiterbeschäftigung und einen späteren Renteneintritt streiten. Gewerkschaften und Arbeitnehmervertretungen argumentieren als Gegner, physisch und/oder psychisch ausgebrannte Mitarbeiterinnen und Mitarbeiter würden um den ihnen zustehenden, herbeigesehnten Lebensherbst gebracht, wenn sie erst mit siebzig ohne finanzielle Nachteile in den Ruhestand gehen könnten. Arbeitgeber und Arbeitgeberinnen, die den Fachkräftemangel fürchten, wenn die Generation R ihre Arbeitsplätze verlässt, wünschen sich einen späteren Rentenbeginn. Berufstätige, die jenseits des aktuellen Rentenanfangs angestellt bleiben wollen, setzen sich für einen Anspruch auf Weiterbeschäftigung ein.

Wirtschaftsberater im Schlepptau der FDP plädieren ebenfalls für ein höheres Rentenalter, gekoppelt an die Lebenserwartung. Insgesamt ist die politische Debatte unübersichtlicher, als die Gesetzeslage suggeriert.

Im November 2016 beschloss der Bundestag das Flexirentengesetz. Es sollte, so verkündete die Deutsche Rentenversicherung, »den Übergang vom Erwerbsleben in den Ruhestand flexibler gestalten und ein Weiterarbeiten über die reguläre Altersgrenze hinaus interessant machen«. Wer den Verordnungsdschungel aus Beitragssätzen, Teilrenten, Hinzuverdienstrecht, Rentenniveau und flexiblen Ausgleichszahlungen für Rentenabschläge dechiffriert hat und meint, nun könne jede Arbeitnehmerin und jeder Arbeitnehmer jenseits der fünfundfünfzig selbst entscheiden, ob sie oder er bei der alten Firma weiterarbeiten oder den Job aufgeben will, irrt.

So erging es Marlene Kretschma. Die Kölnerin, Jahrgang 1959, lebt für ihren Beruf. Und für ihre Familie. Seit sie denken kann, wollte sie beides: Biologin werden und Kinder ins Leben begleiten. Als Voraussetzung für ihren Plan brachte die Tochter eines Fuhrunternehmers und einer Hausfrau einen Intelligenzquotienten von 132 mit und einen starken Willen. Den hat sie ein Leben lang gut gebrauchen können. Ihre Eltern waren irritiert von den Ambitionen ihrer Ältesten, so wie viele Eltern dieser Generation, insbesondere, wenn sie selbst nicht studiert hatten und das aufwärtsstrebende Kind obendrein ein Mädchen war. »Sie haben es nicht böse gemeint«, sagt Marlene, »sie haben geschuftet, damit meine beiden Schwestern und ich eine gute Aussteuer bekamen, aber Intellekt und Kreativität waren ihnen fremd.« Eine gute Aussteuer bedeutete, rechtzeitig dafür zu sorgen, dass jede Tochter zur Hochzeit ein vollständiges Porzellanservice, ein vollständiges Besteck, möglichst aus Silber, und handbestickte Bett- sowie Tischwäsche erhielt.

Dass Marlene ans Gymnasium kam, hat sie ihrer Lehrerin in der vierten Klasse zu verdanken, die den Intelligenztest initiiert hatte. Abitur machte die Schülerin, die nie viel lernen musste, mit der Durchschnittsnote 1,2. »Ich war stocksauer auf mich«, sagt sie lachend, »dass ich mir die 1,0 im letzten Quartal versaut habe, weil ich verliebt und unkonzentriert war.«

Nach dem Studium landete die Neurobiologin in einem internationalen Institut, wo sie heute eine Forschungsabteilung mit acht Mitarbeitenden leitet. Drei Kinder hat Marlene Kretschma während ihrer Karriere bekommen, fünf Jahre mit ihrer Familie in den USA gelebt, zweimal ist sie schon Großmutter geworden. Zum Ausgleich für die Fokussierung, die sie in ihrem Beruf an manchen Tagen zehn Stunden lang aufbringen muss, klettert Marlene in den bayerischen Voralpen. Und seit ihr jüngster Sohn studiert, nimmt die Frau mit den langen, schmalen Händen Klavierstunden. »Das ging alles nur«, erzählt sie, »weil mein Mann ein aktiver Partner und Vater ist.« Er ist ein paar Jahre jünger als sie und kann als Drehbuchautor von zu Hause arbeiten. Geholfen hat sicher auch, dass die freundliche Marlene nicht so leicht aus der Ruhe zu bringen ist.

»Aber plötzlich, mit Mitte fünfzig, wurde ich nervös«, sagt Kretschma. Ein Kollege verabschiedete sich in den Ruhestand, »und ich sah das Ende meiner Laufbahn vor mir«. Zuerst verschwand der Gedanke nach ein paar Tagen wieder, dann kam er zurück, in kürzeren Abständen. »Ich spürte, dass mir das Angst macht.« Warum sollte sie aussteigen? Die Kinder auf eigenen Wegen, der Mann aktiv und erfolgreich in seinem Beruf, und im Labor warteten so viele aufregende Themen, an denen die Wissenschaftlerin weiterarbeiten wollte. Ganz bewusst startete sie langwierige Projekte in der Hoffnung, mit ihrer Erfahrung auch nach dem Rentenbeginn gebraucht zu werden. Aber in Kantinengesprächen und bei Teamsitzungen wird ihr klar, dass ihr Arbeitgeber – bei aller Wertschätzung – lieber jüngere Nachfolgerinnen einstellen will. »Das hat mich schwer deprimiert.«

Marlene recherchierte ihre Optionen. »Ich dachte, flexibler Renteneintritt muss doch bedeuten, man kann selbst entscheiden, wann man aufhören will.« Tatsächlich aber heißt es nur, dass sich Arbeitgeber und Arbeitnehmerin darauf einigen müssen, den Zeitpunkt vorzuziehen oder nach hinten zu verlegen. Einen Anspruch auf die Verlängerung hat niemand, in dessen Arbeitsvertrag steht, dass die Beschäftigung mit dem gesetzlichen Rentenbeginn endet. Diskutieren will Wirtschaftsminister Robert Habeck von den Grünen, das fixierte Renteneintrittsalter durch ein »Renteneintrittsfenster« zu ersetzen, eine flexible Zeitspanne, in der Beschäftigte, die das wollen, freiwillig länger arbeiten dürfen.

Für Forscherin Kretschma galt das noch nicht. Eine Zeit lang liebäugelte sie damit, vor dem Europäischen Gerichtshof auf Weiterbeschäftigung zu klagen. »Es gibt da diese Gleichbehandlungsrichtlinie der EU, wonach es grundsätzlich untersagt ist, Arbeitnehmerinnen wegen des Alters ungleich zu behandeln.« Würde das auch für entsprechende Klauseln in Arbeitsverträgen gelten, endete das Arbeitsverhältnis nicht mehr automatisch, wenn jemand Regelaltersrente bezieht. Aber erst, wenn ein solches Urteil vorliegt, macht es Sinn, dass Angestellte wie Kretschma Ansprüche geltend machen. Bisher lässt das Bundesarbeitsgericht nicht erkennen, die Altersgrenzenregelungen in Arbeitsverträgen abschaffen zu wollen.

Viele mittelständische Unternehmen lehnen trotz des drohenden Mangels an fachlich qualifiziertem Nachwuchs ein Recht der Älteren auf Weiterbeschäftigung ab. Sie brauchen zwar Spezialisten auf der Höhe des aktuellen Wissensstandes, aber sie wollen auch die Belegschaft verjüngen, reduzieren oder die Gehälter strukturell herabsetzen. Familienunternehmer Offermann merkt in seiner Firma noch nicht, dass die Rentnerboomer eine Lücke reißen. Er sieht die flexible Rente kritisch: »Man verliert zwar ungern gut ausgebildete und loyale Mitarbeiter«, sagt er, »aber wenn man einem genehmigt zu bleiben, wollen andere es ebenfalls, und da sind dann auch diejenigen darunter, die man lieber im Ruhestand sähe.«

Der Einwand ist ebenso nachvollziehbar wie der, dass es einer Firma mit fünfzehn Beschäftigten schwerfällt, aufwendige Ausbildungsprogramme zu finanzieren, um die Belegschaft fortdauernd zu qualifizieren, oder Angestellte auf die Zeit nach ihrem Ausscheiden vorzubereiten, damit sie anderweitig weiterarbeiten können. Die Aufgabe, gesunde und veränderungsbereite ältere ArbeitnehmerInnen zu schulen und in die Lage zu versetzen, anschließend dringende gesellschaftliche Aufgaben zu erfüllen, kann nicht allein bei der Wirtschaft hängen bleiben. Da ist die Politik gefragt, steuerliche Anreize für Unternehmen zu schaffen, sei es, um Ältere zielgerichtet weiterzubilden, sei es gar, um sie einzustellen.

Dass Volkswirtschaften nicht zugrunde gehen und der Wohlfahrtsstaat nicht zusammenbricht, wenn es flexiblere Rentengesetze als in Deutschland gibt, zeigt das Beispiel anderer Staaten. Schwedische Arbeitnehmer und Arbeitnehmerinnen können frei wählen, ob sie mit einundsechzig, vierundsechzig oder siebenundsechzig Feierabend machen. Danach wird ein Gehalt nicht auf die Rente angerechnet, Arbeitgeber zahlen für arbeitende Ruheständler weniger Steuern. Altersarmut existiert – anders als in Deutschland – kaum, jüngere Beitragszahler werden entlastet.

In Dänemark darf der Arbeitsvertrag nicht einfach enden, weil das Rentenalter erreicht ist – was einem Recht auf Weiterbeschäftigung gleicht. Die beiden skandinavischen Länder heben das Rentenalter der steigenden Lebenserwartung entsprechend sukzessive an. Wer länger arbeitet, bekommt mehr Rente. Die konservative japanische Regierung will Arbeitnehmende künftig mit Anreizen dazu bewegen, freiwillig bis siebzig zu arbeiten, ohnehin stehen dort ein Viertel aller Rentner voll im Beruf.

In Deutschland streiten Arbeitgeber, Gewerkschaften, Parteien und Verbände über die Rente mit siebzig, was vor allem daran liegt, dass es immer um Regelungen mit der Gießkanne geht: alle oder keine(r). Das macht wenig Sinn, denn für gesundheitlich angeschlagene oder erschöpfte Berufstätige muss die Option, vorzeitig oder zur Regelzeit auszuscheiden, bestehen bleiben. Aber es müsste doch möglich sein, dass flexibel wirklich flexibel bedeutet. Ohnehin will hierzulande kaum jemand jenseits des staatlichen Zapfenstreichs Fulltime malochen. Im Gegenteil. Um dem demografisch bedingten Personalmangel zu begegnen, müssten mehr ältere Arbeitnehmer überzeugt werden, mit einer qualifizierten, angemessen entlohnten Tätigkeit weiterzumachen – anstatt sie mit Minijobs abzuspeisen.

Abgesehen von staatlichen Regelungen geht es auch darum, das lebenslange Lernen, das seit Jahrzehnten diskutiert wird, so verlockend und selbstverständlich zu machen wie das Lernen zu Beginn des Lebens. Sozialdemokrat Binding sieht das als »Pflicht für Unternehmen, aber ebenso für alle, die möglichst lange bezahlt arbeiten wollen«. Dazu gehöre, das Weiterlernen innerhalb wie jenseits betrieblicher Fortbildung nicht als Zumutung zu begreifen, sondern als Chance – unabhängig vom Alter. Im Betrieb müsse bei Fortbildungsangeboten neben der betrieblichen Verwendung eine Verantwortung für die Bedürfnisse der Gesellschaft treten, durchaus nicht aus reiner Mildtätigkeit. In den USA gehört Corporate Responsibility zu den Imagefaktoren von Unternehmen, die sich als Arbeitgeber attraktiv darstellen wollen. In Deutschland beschränkt sich der Gemeinsinn von Betrieben meist darauf, den örtlichen Sport- und Kulturvereinen Spenden zukommen zu lassen. In Zukunft werden kreativere Konzepte gebraucht und mehr staatlich-privatwirtschaftliche Zusammenarbeit.

Wenn etwa ein privates Krankenhaus anbietet, zusätzliche Pfleger auszubilden, könnte staatliche Förderung dies unterstützen, damit die frisch qualifizierte Fachkraft von der Gemeinde in der Altenversorgung eingesetzt werden kann. Aber bisher gibt es solche Kooperationen nicht, oft stehen bürokratische Hürden im Weg. Ähnlich kleinkariert sieht es in der Kindesbetreuung aus. Vierundzwanzig Erzieherinnen und Pflegerinnen kümmern sich in der städtischen Krippe, die Conny Rosenlehner in München leitet, um über sechzig Kinder. Es sind Betreuerinnen der Jahrgänge 1959 bis 2002, die Chefin schätzt alle Altersklassen. Den jungen dynamischen Frauen – Männer hat sie keine – mache die Lautstärke der lieben Kleinen nichts aus, und sie hocken sich mühelos zum Spielen auf den Boden. Die Älteren bringen eine Ruhe und Geduld mit, die Kinder unbedingt für ihre Entwicklung brauchen, und sie sind erfahren im Umgang mit besorgten Eltern.

Wie überall fehlt es auch in der bayerischen Kinderbetreuung an Personal, was frisch ausgebildeten Pädagogen den Einstieg in den Beruf so anstrengend macht, dass nicht wenige nach zwei, drei Berufsjahren in Teilzeit gehen wollen, womit der Notstand sich weiter verschärft. Etliche Babyboomerinnen würden gern weiterarbeiten, aber nicht mehr so viele Stunden. Leiterin Rosenlehner könnte ihre jungen Erzieherinnen prima in der Kinderpflege gebrauchen, wo sie von den Älteren profitieren könnten, und umgekehrt. »Die Verantwortung wäre ideal verteilt, wenn Babyboomer und Millennials in gemischten Teams arbeiten würden. Allen, inklusive den Kindern, wäre gedient.« Nur dürfen Erzieherinnen nicht auf Pflegestellen Dienst tun. »Dem steht der Fachkraft-Kind-Schlüssel im Weg«, sagt Rosenlehner. Der regelt, wie viele Erzieherinnen und wie viele Pflegerinnen auf wie viele Kinder jede Krippe einsetzen darf. Sicher, es müssten unterschiedliche Qualifikationen und Gehaltsstufen synchronisiert werden, »aber das würde sich wirklich lohnen«, ist die Leiterin sicher. »Mit starren Reglements stehen wir guten Lösungen für alle im Wege.«

Conny Rosenlehner, 1970 in Leipzig geboren, kennt die Vor- und Nachteile von Systemen und Apparaten aus mehreren Perspektiven und hat selbst in ihrer Ausbildungs- und Berufsbiografie krasse Haken geschlagen. Fast vierzig Jahre war sie alt, als sie die Aufgabe einer Managerin für Investor Relations aufgab, um eine Ausbildung als Erzieherin zu absolvieren und dann Kindheitspädagogik zu studieren. »Ich wollte weiterhin kommunikativ arbeiten, nur im Mittelpunkt sollte nicht das Geld stehen, sondern der Mensch.« Dass sie mehrere Gehaltsklassen absteigen würde, machte ihr nichts aus. Ein cooler Job, das ist für die schmale, energische Frau die Stelle, »an der ich nach meinen Wertmaßstäben etwas bewirken kann«. Auch darum liegt ihr so viel daran, alle Lern- und Leistungswilligen unabhängig vom Alter in ihrem Einflussbereich zu integrieren. Wenn die Regeln es erlauben, tut sie das sichtlich mit Erfolg. Kürzlich bewarb sich eine ehemalige Leiterin ihrer Kinderkrippe bei der Nachfolgerin auf einen Teilzeitjob, um als Rentnerin wieder mit den Kindern zu arbeiten. »Wenn sie kommt«, sagt Rosenlehner, und man sieht ihr die Freude darüber an, »dann kennt die Begeisterung der Kinder kaum Grenzen.«

Den Einzelnen und der Gemeinschaft dienen, das klingt idealistisch, dabei ist es vor allem vernünftig. Nahezu unendliche Bildungsaufgaben und damit Arbeitsfelder für Alt und Jung sieht Sozialdemokrat Binding auch durch die Digitalisierung entstehen. Eine Gesellschaft, die sich digital umbaue, könne nicht hinnehmen, »dass Menschen jenseits von sechzig nur noch klarkommen, wenn sie Enkel haben«. Es sind nicht allein Digitalverweigerer im Greisenalter, die verzweifeln, wenn sie online Formulare ausfüllen, Anträge stellen, Überweisungen vornehmen oder das Einwohnermeldeamt erreichen wollen, von komplexeren Anforderungen ganz abgesehen. Dabei können IT-Start-ups, die digitale Fort- und Weiterbildung anbieten, künftig eine besondere Rolle übernehmen.

Viele gute Ideen scheitern an individuellen Widerständen, die aus einem Bildungsverständnis stammen, das gut ins Wirtschaftswunder passte, in einer hochdifferenzierten und spezialisierten alternden Gesellschaft jedoch überwunden werden müsste. Berufstätige, die einmal ein gut bezahltes Ausbildungsniveau erreicht haben, tun sich schwer, noch mal von vorn anzufangen. In seinen Abendveranstaltungen erlebt der Vortragsreisende Binding, wie unkompliziert er Zuhörende mit seinen Vorschlägen und Informationen erreicht. »Aber wenn ich das formal als Schule anbieten würde, käme kein Mensch, weil die Leute es für unter ihrer Würde halten, nochmals die Schulbank zu drücken. Das müssen wir ändern. Wir können Menschen dafür gewinnen, Berufe zu lernen, die sie früher nicht gelernt haben. An solche biografischen Brüche – Weiterentwicklungen – müssen wir uns gewöhnen.« Der Sozialdemokrat, der während des Zivildiensts als Pfleger gearbeitet hat, kann auch mal deutlicher werden. »Mir hat ein Konzernvorstand erklärt, er könne doch 'ner alten Frau nicht den Hintern abwischen. Da habe ich zu ihm gesagt: Doch. Kannste.«

Alles, was Nichtregierungsorganisationen (NGO) abdecken, ob karitativ, sozial, kulturell oder sportlich, ist von fast allen Menschen zu erlernen, was ja nicht bedeutet, dass jede und jeder alles lernen muss. Aber wir sollten so bald wie möglich als Gesellschaft und als Einzelwesen verstehen, dass wir künftig viele Neuanfänge im Leben brauchen und dass uns jeder Neustart Gelegenheit gibt, Erfahrungen in Lebensräumen zu sammeln, die wir bis dahin noch nicht kannten. Um das ausreichend vielen Mitgliedern der Bürgergesellschaft schmackhaft zu machen, brauchen wir politische Rahmenbedingungen, die uns mit Anreizen und sanftem Druck überzeugen, solche Erfahrungen positiv zu bewerten.

Die Kölner Biologin Marlene Kretschma hat einen passenden Ausweg für sich gefunden. Sie hat mit ihren Chefs gesprochen und mit ihren Kolleginnen und Kollegen: Sie ist auch nach dem Renteneintritt in ihren Lieblingsprojekten willkommen, auf freiberuflicher Basis. Ob sich das auf ihr Renommee auswirkt, auf das Gefühl dazuzugehören, ob sie wirklich integriert wird oder sich als Außenseiterin fühlt, wird sie in der Praxis erfahren. »Ich bin dann halt nicht mehr Teamleiterin, sondern eine freie Mitarbeiterin«, sagt die Karrierefrau.

2016 hat die Rentenversicherung angekündigt, fünf Jahre nach Inkrafttreten des Flexirentengesetzes zu prüfen, ob die missverständliche Regelung wirklich mehr älteren Menschen, die das wollen, zu bezahlten Jobs verhilft. Oder ob unerwünschte Frühverrentungsanreize überwiegen. 2026 endet Marlene Kretschmas feste Anstellung, sie will sich dann politisch dafür einsetzen, dass der flexible Renteneintritt zugunsten von Arbeitnehmenden weiter reformiert wird, »auch wenn ich selbst nicht mehr davon profitiere«.

Ehrenamt und bürgerschaftliches Engagement

Eines der am häufigsten vorgebrachten Argumente gegen einen Anspruch auf Weiterbeschäftigung oder Erwerbsarbeit lautet, es warteten doch herrlich bedeutende und bunte Aufgaben auf alle, die sich als Rentner oder Rentnerin betätigen wollen. »Kein Mensch sagt, du sollst jetzt nicht mehr arbeiten«, sagt Bischof Bedford-Strohm. Es mache absolut Sinn, dass man nach einer vollen Berufsbiografie dann auch die Freiheit hat, sein Leben zu gestalten, wie man es möchte. »Du kannst, wenn du aus dem aktiven Arbeitsleben ausgeschieden bist, machen, was du willst.« Der Theologe spielt auf »die grandiosen Möglichkeiten« an, die Ehrenämter und bürgerschaftliche Aufgaben bieten. Tatsächlich gibt es da für jeden und jede etwas, und immer mehr Ex-Berufler machen sich zusätzlich zu denen, die das neben ihrer bezahlten Arbeit leisten, unentgeltlich nützlich.

Immerhin: Sechzehn von einundsiebzig Millionen erwachsene Deutsche betätigen sich mittlerweile ehrenamtlich, traditionell vor allem in Sportvereinen, sozialen Organisationen oder Freiwilligendiensten wie einer der Tafeln in Deutschland. Die Mehrheit dieser Hilfsbereiten ist über fünfzig, knapp ein Fünftel sind siebzig und älter. Männer engagieren sich an der Schwelle zum Rentenalter häufiger als Frauen. Die haben, solange sie erwerbstätig sind, meist gar keine Zeit dafür, neben ihrem Job und der Familienarbeit noch gesellschaftlich relevante und interessante Aufgaben zu übernehmen. Erst langsam fangen weibliche Berufstätige an, in Ehrenämter einzusteigen – etwas später als die Männer.

Studien und Statistiken belegen seit Jahren den Zusammenhang zwischen unbezahlter Sozialarbeit und Wohlbefinden, insbesondere später im Leben, das bestätigen auch die Antworten von 66 000 Teilnehmerinnen und Teilnehmern einer britischen Regierungsumfrage. Agenturen und Online-Communitys werben für bürgerschaftliches Engagement, indem sie erklären, warum sich das Ehrenamt für den Ehrenamtlichen lohnt: »Du findest nicht nur neue Freund:innen«, lockt das Portal GoVolunteer auf seiner Homepage, »sondern hast dabei auch das Gefühl, etwas Wichtiges zu tun.« Das führe sogar dazu, dass »Stress abgebaut und die körperliche wie geistige Gesundheit gefördert wird«. Vor allem aber sei erwiesen, dass freiwillige Arbeit glücklich mache. Der Kalenderspruch meiner Großmutter, den sie ihren Enkeln und Enkelinnen als gewissenhafte Protestantin eintrichterte, wird durch Erfahrung und Wissenschaft bestätigt: »Willst du glücklich sein im Leben, / Trage bei zu andrer Glück; / Denn die Freude, die wir geben, / kehrt ins eig'ne Herz zurück.«

Dennoch: Verglichen mit den USA, wo das »Giving back to the society« eine moralische Verpflichtung ist und eine Notwendigkeit, weil der Staat nur einen Bruchteil aller sozialen Aufgaben übernimmt, dümpelt das Ehrenamt in der Wertschätzung der Deutschen irgendwo zwischen Almosen und Spendenquittung herum. Und das, obwohl nur ein Drittel der Rentnerjobber auf die Einkünfte aus einer Beschäftigung angewiesen ist, die anderen zwei Drittel arbeiten, um länger aktiv am Berufsleben teilzuhaben. Auch etliche der 800 000 Privatiers in Deutschland, die sich leisten könnten, nur von ihrem Vermögen zu leben, ziehen es vor, einem bezahlten Broterwerb nachzugehen, anstatt den Wohltäter zu geben. Haben die alle kein Herz?

Im Dschungel der Sinnsuche haben sich kapitalistisch geprägte Gesellschaften wie die Generation Wirtschaftswunder Arbeit und Gelderwerb zum Götzen gemacht, befeuert von der protestantischen Ethik, wonach seit Martin Luther der Beruf eine von Gott gestellte Aufgabe sein soll. Der Soziologe Max

Weber kannte noch die quasi religiöse »Verpflichtung« des Einzelnen zur Arbeit, aber er sah auch, dass ein derart Getriebener wohl kaum auf dem Weg zur Glückseligkeit sein konnte. »Die protestantische Ethik«, kritisierte der US-amerikanische Soziologe Richard Sennett, unterschlage die Bedeutung »des Konsums als treibende Kraft des Kapitalismus.« Was die klugen Köpfe unisono unterschätzen, ist jedoch die sinnstiftende Kraft der Arbeit, oder genauer: die besondere Befriedigung, die darin liegt, für Arbeit bezahlt zu werden. So beglückend es sein kann, wohltätig zu sein, so wesentlich ist das Ansehen in der Leistungsgesellschaft davon bestimmt, wie nützlich wir uns machen und wie dieser Nutzen von anderen anerkannt wird. Wer arbeitet, wird gebraucht, wer für Arbeit bezahlt wird, wird so sehr gebraucht, dass er oder sie dafür materiell entlohnt wird.

Die Münchner Managerin Bettina Zanger erinnert sich, wie ihr Freunde während ihrer Auseinandersetzung um den Vorruhestand vorschlugen, sie könne dann doch jede Menge Ehrenämter übernehmen, da sei sie laut und deutlich geworden: »Habt ihr 'nen Vogel? Bin ich keine Bezahlung mehr wert? Ich fand das fast unverschämt«, sagt sie. Gerne will sie gesellschaftliche Aufgaben wahrnehmen, »das gehört in die Mitarbeiterentwicklung mit hinein, dass alle dafür ausgebildet werden, notwendige Arbeiten übernehmen zu können«. Zeit und Geld müssten zur Verfügung gestellt werden, damit arbeitswillige und -fähige Kräfte rechtzeitig ausgebildet werden. »Aber nicht als Ersatz für bezahlte Arbeit.« Wer groß geworden ist in einem System, das den Wert einer Tätigkeit in harter Währung bemisst, tut sich schwer damit, auf diese Wertschätzung zu verzichten.

Vielleicht ist es gerade auch das US-amerikanische Beispiel, das einen Schatten auf die unbezahlten Tätigkeiten wirft. Bürgerinnen und Bürger, die in der deutschen Tradition einer sozialen Marktwirtschaft 2020 eine Abgabenquote (Steuern plus Sozialabgaben) von 38,3 Prozent zu leisten hatten, erwarten einfach deutlich mehr von ihrem Wohlfahrtsstaat als Amerikaner, die mit der niedrigsten Abgabenquote aller Industrienationen von 24,3 Prozent gar nicht anders können, als etliche Angelegenheiten, die in Deutschland die öffentliche Hand verantwortet, durch private Initiativen oder mithilfe der Wirtschaft zu regeln.

Es ist schwer zu verstehen, warum es zwei hoch entwickelten kapitalistischen Gesellschaften wie Deutschland und den USA nicht gelingt, ein Steuer- und Sozialleistungssystem zustande zu bringen, in dem das Lebensnotwendige von der Gesundheitsversorgung bis zum Straßenbau staatlich gewährleistet ist und die meisten Bürgerinnen und Bürger trotzdem oder gerade deswegen einsehen, wie viel besser es jedem Einzelnen und allen miteinander geht, wenn sie gewohnheitsmäßig unbezahlt zum Wohlergehen der Gemeinschaft beitragen. Außerdem muss unbezahlte Arbeit von Staat und Gesellschaft so anerkannt sein, dass möglichst viele Menschen daran mitwirken wollen. Und abgesehen davon, dass man es sich leisten können muss, auf Bezahlung für eine Arbeit zu verzichten, darf das Ehrenamt – das US-System vor Augen – nicht benutzt werden, um staatliche Aufgaben zu ersetzen.

Vor mehr als zwanzig Jahren nahm Sozialpolitiker Binding an einer Enquete-Kommission des Bundestags zur »Zukunft des Bürgerschaftlichen Engagements« teil. Der Bericht enthält alles, was es braucht, damit Ehrenämter und Freiwilligendienste in Deutschland so attraktiv und zahlreich wie möglich werden – lange bevor Bundespräsident Frank-Walter Steinmeier gerade wieder einen freiwilligen sozialen Dienst für alle anregte. Die Kommission forderte 2002 unter anderem, dass

- im Deutschen Bundestag ein Ausschuss für bürgerschaftlichen Einsatz verankert wird;
- ein bundesweites Netzwerk für Freiwilligenarbeit eingerichtet wird, unter Führung des Familienministeriums, als Anlaufstelle für Staat, Gesellschaft, Verbände und Institutionen;
- die Debatte über bürgerschaftliches Engagement durch Unternehmen, das in Deutschland noch am Anfang stehe, vom Bund konsequent Impulse erhält;
- der Staat für ehrenamtliche Arbeit wirbt und die Helfer:innen sichtbar auszeichnet;
- der Bund die Voraussetzungen dafür schafft, Freiwilligenarbeit, Erwerbstätigkeit und Familie besser vereinbaren zu können;
- die steuerrechtlichen Anreize für Vereine, Organisationen, Unternehmen verstärkt werden und so viel wie möglich entbürokratisiert wird, damit mehr dringend notwendige gesellschaftliche Aufgaben ehrenhalber angeboten und angenommen werden.

432 Seiten lang sind die Empfehlungen für den »Weg in eine zukunftsfähige Bürgergesellschaft«. Der Wälzer verstaubt vermutlich irgendwo im Archiv auf einem trockenen Platz, in die Gesetzgebung fand er nicht. Darauf zu hoffen, dass nun in kurzer Zeit eine mächtige Bewegung in die Debatte kommt, wäre naiv. Fürs Erste täte es dem Austausch der Argumente gut, wenn alle Beteiligten sich auf ein paar Vorsätze einigen könnten:

- Menschen, die vierzig Jahre lang gearbeitet und in die Rentenversicherung einbezahlt haben, müssen auch nach dem Erwerbsende unbesorgt weiterleben können.
- Die Tatsache, dass Menschen weiterarbeiten wollen, darf von der Politik nicht benutzt werden, um zu rechtfertigen, dass immer weniger Menschen von ihrer Rente leben können.

- Ein Recht auf Weiterbeschäftigung oder Erwerbsarbeit in einem neuen Einsatzgebiet muss geknüpft sein an Weiterbildung, die von Wirtschaft und Staat gemeinsam getragen wird.
- Wer bereit ist, unbezahlte gesellschaftlich relevante Aufgaben zu übernehmen, wird darin unterstützt, sich frühzeitig zu qualifizieren.
- Die Anerkennung gesellschaftlich relevanter Aufgaben muss so ausfallen, dass alle, die es sich leisten können, diese Arbeit gern unentgeltlich übernehmen, und diejenigen, die finanzielle Unterstützung brauchen, diese erhalten.
- Jede Arbeitnehmerin und jeder Arbeitnehmer soll das Recht haben, spätestens mit siebenundsechzig in Rente zu gehen, und den Anspruch darauf, weiterzuarbeiten.

Doch selbst wenn alle strukturellen Voraussetzungen gegeben wären, bliebe ein Faktor übrig, den weder Politik noch Gesellschaft noch Institutionen beherrschen: der einzelne Mensch, das Individuum, wir selbst. Ob die Politik den Turbo einlegt und die Bedingungen für einen sanften Übergang in die Rente optimiert oder nicht: Die Aufgabe, herauszufinden, was wir in unserem Leben noch tun, erreichen und werden wollen, wie wir leben wollen und mit wem, nimmt uns kein Gesetz und kein Anrecht auf Entfaltung der Persönlichkeit ab.

Was kann ich und was brauche ich?

Um das herauszufinden, braucht es den Mut, sich selbst zu erforschen, und es braucht womöglich Geduld, etwas, das tief in der Persönlichkeit verankert ist, zutage zu fördern. Das Beispiel anderer ist kaum geeignet, es einfach nachzuahmen. Aber es kann motivieren, die eigene Innenschau zu beginnen. Mir sind bei der Recherche zwei Frauen begegnet, deren Voraussetzungen und Herangehensweisen, sich nach dem offiziellen Ende des Berufslebens auf den nächsten Streckenabschnitt zu begeben, kaum unterschiedlicher sein könnten. Beiden gemeinsam ist, wie eigenwillig sie ihre ganz persönliche Reise fortsetzen. Und wie anregend sie dadurch wirken.

Nachdem die norddeutsche Spitzenmanagerin Simone Menne mit achtundfünfzig Jahren plötzlich ihren Schreibtisch räumen musste, durchlebte sie bittere Tage, an denen auch mal der Gedanke aufblitzte: »Dann kriegst du jetzt eben ein besseres Handicap im Golf. Aber das«, sagt sie, »ist der Traum eines überarbeiteten Menschen. Wenn das künftig der einzige Inhalt werden soll, geht das nicht gut.« Menne hat Vorstände ausscheiden sehen, die überrascht davon waren, dass ihr Vertrag nicht verlängert wurde. »Plötzlich bist du nichts mehr. Du wirst nicht mehr eingeladen, hast keine Jahresempfänge mehr, niemanden, der dich hofiert.« Sie trieb nicht die Sorge um, die gewohnte Struktur zu verlieren, den Fahrer, der ständig irgendwo auf sie wartete, die Sekretärinnen und Referenten. Sie wusste, wenn ihr etwas fehlen würde, wären es die Menschen hinter den Funktionen, nicht der Apparat. Den los zu sein, war eher eine Entlastung. Ein verhängnisvoller Fehler sei allerdings, sich nicht vorzubereiten auf den Ausstieg. »Wer nimmt sich denn mit achtundfünfzig, sechzig, fünfundsechzig vor«, fragt Menne, »ab jetzt setz ich mich für ein Vierteljahrhundert vor den Fernseher? Das kann's ja wohl nicht sein.«

Eines Nachts wachte die Arbeitslose, die es ein Berufsleben lang gewohnt war, nach vorne zu denken, wie durch einen Weckruf von dem Gedanken auf: »Daraus kann ich jetzt etwas machen.« Ihr nächster Impuls: »Finde erst mal heraus, was du *nicht* mehr machen willst. Und dann: Was bringt dir Spaß? Und wenn du das festgestellt hast, wie kannst du das, was du gelernt hast, da einbringen?« Die Managerin ist vertraut damit, Krisen zu analysieren, doch auch wer nicht so professionell wie Simone Menne reagiert, kann von ihr die Fragetechnik abgucken, die beispielsweise hilft zu ermitteln: Was von dem, was ich in der Vergangenheit hatte, gehört zu mir? Was ist immanent wichtig für mich? »Das ist eine der großen Aufgaben, die alle haben, die tätig sein wollen«, sagt sie. »Dem muss man sich stellen, unabhängig von der Position.«

Drei Monate blieben ihr bis zum letzten Arbeitstag. Um nicht in ein Tief abzurutschen, nahm sie jede Vortragseinladung und jedes Panel, das ihr angeboten wurde, für die Zeit danach an und entdeckte für sich einen freien Aufsichtsratsposten. Ihre Rundumbilanz ergab auf der Habenseite: »Finanziell muss ich mir keine Sorgen machen, da ist genug zum Leben. Persönlich brauche ich nicht unbedingt ständig einen Menschen neben mir. Beruflich muss ich nichts mehr beweisen.« Aber: »Was macht diese Form des unfreiwilligen Abschieds mit meinem Ego? Wie kann ich verhindern, meine Reputation und mein Standing zu verlieren?« Außerdem war ihr klar: »Ich will mich weiterhin intellektuell beschäftigen. Und: Ich brauche eine Bühne. Oder mehrere.«

Menne dachte darüber nach, was sie wohl mit dem »Bühne brauchen« genau meinte. Und kam darauf: »Ich brauche Anerkennung, Menschen, die sagen, schön, dass du da bist, dass du dieses oder jenes tust, und so wie du es machst, hast du etwas bewirkt bei mir.« Das kann für manche Menschen die Familie sein, bei der kinderlosen Karrierefrau war es der Job. »Wenn ich diese Anerkennung nicht mehr gehabt hätte, wenn das auf Dauer entfallen wäre, das hätte mir gefehlt.«

Die Wirtschaftschefin fand ihre Bühnen. Außer mehreren Beiratsämtern leitet sie als Präsidentin die deutsche Sektion des American Chamber of Commerce, ein globales Netzwerk für Wirtschaft und Politik, moderiert den *Stern*-Podcast »Die Boss – Macht ist weiblich« und engagiert sich bei den Grünen für Klimaschutz. Durchschnittlich aktive Rentnerinnen wären mit so einem Tätigkeitsprofil mehr als ausgelastet. Die nimmermüde Führungskraft nimmt aber nicht nur diese Aufgaben wahr, sondern betreibt daneben auch noch eine Galerie.

Nach ihrem unfreiwilligen Vorruhestand wanderte Simone Menne durch ihre Heimatstadt Kiel, sie wollte dorthin zurück, um ihrer Mutter nahe zu sein, aber sie wollte nirgendwo versauern. Sie wollte »etwas mit Kunst machen«, und sie hielt Ausschau nach einer Wohnung. In Wurfweite der Fußgängerzone leuchtet ein modernes orangebraunes Hexenhaus auf, nicht mit Lebkuchen, sondern mit oxidiertem Cortenstahl verkleidet, einem Material aus der Schiffbauindustrie. In den Fensterflächen spiegelt sich der blau-weiße Hafenstadthimmel. Im Internet entdeckte Menne die Anzeige für ein Loft in dem auffälligen Bauwerk. Die Gewerbeeinheit im Erdgeschoss war noch nicht vergeben. »Es war Glück, einer dieser Zufälle«, sagt sie. Einer dieser glücklichen Zufälle, die passieren können, wenn man für Glück und Zufall offen ist.

Aus den Anfängen einer Galerie für junge norddeutsche Künstlerinnen und Künstler ist seit der Eröffnung 2019 ein internationaler Ausstellungs- und Begegnungsraum geworden für Bildhauer, Autorinnen, Filmemacher. »Dinge anders und neu zu machen«, schreibt die Galeristin auf ihrer Homepage, dafür habe sie schon als Managerin gebrannt. Immer sei es ihr darum gegangen, »die deutsche und internationale Wirtschaft offener, digitaler und inklusiver« zu gestalten. In der Kunst sei sie weder vom Fach noch erfahrene Sammlerin. »Ich lasse mich von dem leiten, was mich selbst begeistert und innehalten lässt.« Soll sich die Kunst, die sie ausstellt, auch verkaufen? »Das sollte schon so sein«, sagt sie lachend, »aber ich würde nie etwas ausstellen, was mir nicht gefällt. Man muss geschäftstüchtig in dem Sinne sein, dass man Künstler findet, die sich auch verkaufen lassen.« Die kunstliebende Geschäftsfrau lernt, wie der Kunstmarkt funktioniert, indem sie es einfach macht.

Simone Menne konnte nach dem rauen Abriss ihrer Karriere kurz vor Rentenbeginn auf dem gewohnt hohen Niveau weitergehen, ihre Neugier auf neue Ziele lenken, ganz in Ruhe überlegen, wo sie ihre Energie, ihre Ideen und ihr Geld investieren will. Sie hatte Lust auf etwas völlig Neues, sie knüpfte an Jugendträume an und sie konnte es sich leisten, sich noch einmal anders zu erfinden. Aber das Bedürfnis nach Sinnerfüllung empfinden auch Menschen in weniger wohlständig ausgestatteten Lebenslagen. »Meine Mutter war Sachbearbeiterin«, sagt Menne, »die hat auch immer gesagt, ich kann mir ein Leben ohne Arbeit nicht vorstellen. Ganz viele Menschen empfinden so.« Worauf also aufbauen, wenn die Mittel begrenzt sind?

Valeria Bruno hatte zum Zeitpunkt ihres Arbeitsendes nicht mehr als das, was sie in über siebzig Lebensjahren angetrieben hat: einen unstillbaren Wissensdurst, eine unbändige Lebenslust und ihre Träume, denen sie – allen Widerständen zum Trotz – bis heute entgegenreist. Dieses Rüstzeug war für ein Mädchen in ihrem süditalienischen Dorf Anfang der Fünfzigerjahre alles andere als gewinnbringend. Valerias Temperament und ihre Bildungssehnsucht machten sie zur Außenseiterin in einer streng katholischen Welt, die für Frauen nur einen Lebenskäfig mit drei Kammern vorsah: Kirche, Ehe, Kinder. Gegen diesen Arrest leistete das Mädchen mit den widerspenstigen dunklen Locken Widerstand in der Bibliothek, wo sie schon als Kind Buch um Buch las und anfing, Gedichte zu schreiben. Begabten Jugendlichen gab der Gemeindepfarrer Klavierunterricht. Davon träumte Valeria. »Aber das kam nicht infrage«, sagt sie. »Wenn ich zu Hause Lieder sang, hieß es nur, halt den Mund. Niemand wäre auf die Idee gekommen, ich könnte irgendeine Begabung haben.«

Seit ich Valeria kenne, bin ich sicher, es gibt Menschen, die bildungssüchtig auf die Welt kommen. Ihr Pech war die Umgebung, die diesen Drang verspottete und bestrafte. Notfalls mit körperlicher Züchtigung. Aber es gibt ein Verlangen, das stärker ist als Vaters Schläge. Valeria konnte nicht anders, als weiter aus der Reihe zu tanzen. »Ich hatte einen großen Schmerz in mir. Aber auch eine ungeheure Energie. Da war nichts reflektiert, es war einfach nur ein Hunger nach Leben und eine große Neugier.«

So wie in vielen deutschen Besatzungszonen entfachten US-amerikanische Soldaten nach dem Krieg mit Jazz, Rock 'n' Roll und ihrer lässigen Sprache auch in den mittelalterlichen Kopfsteingassen italienischer Gemeinden einen Spirit der unbegrenzten Möglichkeiten, der Valeria auf immer mit dem Freiheitsvirus infizierte. Nichts war unwahrscheinlicher für eine Tochter aus kleinsten Verhältnissen, als auszubrechen und sich in einen Lebensslalom zu werfen, ohne die geringste Vorstellung, wo das Ziel liegen und wie sie es erreichen könnte. Nichts war unwahrscheinlicher. Aber im Sommer 1965, drei Jahre, bevor sie volljährig wurde, saß die Signorina in einem Zug. »Ich wollte frei sein, bloß weg von dem Ort, in dem ich schlecht behandelt wurde. Das war leichtsinnig. Aber ich konnte arbeiten. Selbstbewusst war ich überhaupt nicht. Aber ich hatte auch nie Angst. Ich war einfach naiv.«

London, Paris, Mailand, Frankfurt und viele Stationen mehr. Über ein halbes Jahrhundert ist seit Valerias Abfahrt aus Kalabrien vergangen. Über ein halbes Jahrhundert, in dem die Frau mit Hauptschulabschluss gelernt hat, vier Sprachen zu sprechen und zu schreiben, als Übersetzerin für internationale Unternehmen zu arbeiten, Gedichte und Texte auf Deutsch zu verfassen, Lieder in Worte und Noten zu setzen und öffentlich aufzuführen. Ein halbes Jahrhundert, in dem sie zwei Ehen eingegangen ist, zwei Kinder alleine großgezogen und zur Universität geschickt hat und vom Lohn einer Büroangestellten ihren kulturbunten Freundeskreis, zu dem auch ich gehören darf, mit feiner Pasta verwöhnt. Männer und Frauen aus sozialen Schichten, die sich sonst selten berühren, lieben Valerias Künstlerseele, ihre verspielte Jugendlichkeit, die sie gegen Alter und Krankheit verteidigt.

»Du übertreibst«, sagt sie trocken. Sie sitzt mir in ihrer Frankfurter Wohnung gegenüber, die vom Stäbchenparkett bis unter die Decke angefüllt ist mit Tausenden Büchern, mit Schallplatten und CDs. Die Bücher hat sie alle gelesen, die CDs zum Teil selbst besungen, sie hat gespart, um Gesangsunterricht zu nehmen und Klavier spielen zu lernen.

Als Valeria einundfünfzig Jahre alt war, hörte sie von einem Literaturprofessor dieses Landes, der schon länger eine Assistentin suchte. Keine war ihm recht. »Ich doch nicht«, sagte Valeria, »ich spreche nicht mal Deutsch als Muttersprache.« Sie stellte sich trotzdem vor. Er engagierte sie sofort. Ihr Deutsch ist poetisch. Es wurden zwanzig für beide Seiten ebenso unterhaltsame wie fruchtbare Jahre daraus, in denen Valeria mit der deutschen Kulturelite korrespondierte und den professoralen Vorgesetzten mit ihrer Italianità beschwingte. »Wir waren beide immer voller Ideen«, erinnert sie sich. »Wenn er mit etwas Neuem kam, habe ich mich sofort vertieft. Hatte ich eine Idee, durfte ich sie ihm vortragen. Ich war seine Assistentin, aber es hat sich so ergeben, dass wir uns ausgetauscht haben. Er hat sich dafür interessiert, was ich von den Dingen halte. War ich anderer Meinung, hat er mich aufgefordert, sie zu äußern.«

Finanziell hat der Homme de Lettres Valeria weniger gut versorgt. Am Ende ihrer Laufbahn verdiente sie rund 2000 Euro, übersetzte nebenbei für Verlage und gab Nachhilfestunden, um ihr Gehalt aufzubessern, für Miete und Lebenshaltungskosten. Mit siebzig musste Valeria aufhören zu arbeiten. »Weil ich krank wurde. Sonst hätte ich weitergearbeitet.« Seither ist sie finanziell auf die Unterstützung von Verwandten angewiesen.

Wäre sie gesund geblieben, wäre ihr wilder Slalom gerade so abenteuerlich weitergegangen, wie er in dem Dorf bei Messina begonnen hat. Valeria hatte auch für ihre Zeit als Rentnerin einen Traum. »Es ist ja nicht alles weg, was man ist, nur weil der Beruf aufhört. Ich habe so viele Welten, so viele Fantasien im Kopf, mit denen ich mich weiterhin beschäftige.« Als Granny Aupair wollte sie nach England oder Frankreich gehen. »Ich wirke ja nicht alt, ich kann kochen, ich kann Haushalt. Ganz ungebunden sein, noch ein bisschen Geld verdienen, das wäre es gewesen.« Kein großer Entwurf. Keine hochfliegenden Pläne. Valeria wollte dort anknüpfen, wo sie als junge Frau durch ihre Familienpflichten unterbrochen wurde: beim Ausleben dessen, was sie als Freiheit empfindet. Ein Schlaganfall hat das stark eingeschränkt. Aber wenn der Körper halbwegs mitmacht, siegt ihre unverwüstliche Kreativität über Schwermut und Antriebslosigkeit.

So wundersam Valerias Geschichte klingen mag, so viel habe ich durch sie gelernt. Neben den sozialen und ökonomischen Voraussetzungen sind es Wesensmerkmale, Eigenschaften und Gemütslagen, die uns beflügeln oder limitieren, ob wir siebzehn oder einundsiebzig sind. Begabung, Temperament, Mut und Zweifel, all das hat Valeria durch eine unwahrscheinliche Lebensreise geführt, eine Fülle, die sie selbst nie so nennen würde. Bis heute sind es dieselben Charakterzüge und Veranlagungen, die ihren Glauben an sich selbst begrenzen, aber es sind auch derselbe Eigensinn und dieselben Ideale, die Valerias Motor allen Widerständen zum Trotz angetrieben haben.

Sie selbst kann sich nicht vorstellen, andere zu inspirieren. Dass niemand zu Hause auf die Idee gekommen wäre, das Mädchen könnte irgendeine Begabung haben, sitzt in ihr fest. Manchmal wird sie ärgerlich, weil sie meint, nicht genug aus sich gemacht zu haben. Manchmal gebe ich ihr recht, um ihren Widerspruch herauszufordern, dann hält sie einen kleinen stolzen Vortrag über den kulturellen Reichtum ihrer sizilianischen Heimat und stimmt eines der seelenvollen Volkslieder an, die sie einstudiert hat. Es wäre schön, wenn sie sich in solchen Augenblicken selber sehen und etwas davon bewahren könnte, um ihre eigene Daseinsfreude innerlich zu festigen. Denn weit mehr als äußerlich etwas darzustellen, geht es doch in dieser Lebensphase vor allem um den eigenen inneren Reichtum.

Raus aus den Abstellkammern oder gar nicht erst rein

Das Beispiel der beiden sehr unterschiedlichen Frauen zeigt, wie intensiv die eigene Haltung, die Persönlichkeit mitbestimmt, ob jemand in späteren Jahren Wunschvorstellungen wieder aufnehmen und verwirklichen kann, die lange von Pflichterfüllung verdrängt waren. Beide, die hervorragend ausgebildete, von den Eltern geförderte Wohlstandstochter, wie die talentierte, vordergründig chancenlose Rebellin, fanden den Mut, sich zu fragen, was sie wirklich erfüllt, und machten sich couragiert auf die Reise zu sich selbst. Ihre Handwerkskoffer sind unterschiedlich gefüllt, was sie eint, ist der unbedingte Wille voranzugehen.

Aber auch etwas anderes zeigen die ungleichen Lebenswege einmal mehr: wie ungerecht die Chancen in der reichsten Gesellschaft Europas verteilt sind. Was mit den Entwicklungsaussichten der Kinder beginnt, sich über Bildung, Ausbildung und Beruf vertieft, reicht bis spät ins Leben, wenn Träume und Projekte endlich verwirklicht werden könnten. Die Geschichten von Simone Menne und Valeria Bruno untermauern eine immer wieder gültige politische Forderung: Je ungünstiger die individuellen Voraussetzungen und die Umstände eines Einzelnen sind, umso ausgleichender müssten die gesellschaftlichen Bedingungen sein, damit alle etwas aus sich machen können.

Nichts gegen Seniorencafés, Tanzkränzchen, Spielenachmittage, Computer-Stammtische und Geriatrie-Yoga, aber die traditionellen Angebote von Städten und Gemeinden verfehlen die Bedürfnisse und Kapazitäten der allermeisten jungen Alten, womit gesunde, arbeitsfähige und arbeitswillige Fünfundfünfzigplus-Jährige gemeint sind. Der Philosoph und Soziologe Otfried Höffe beschäftigt sich in seinem Buch *Die hohe Kunst des Alterns* auch mit der Kohorte, die nun mit einem Riesenboom aus dem Erwerbsleben ausscheidet. Um diese Jahrgänge weder intellektuell noch sozial oder emotional zu unterfordern, dürften sie nicht »in abgetrennte Lebensräume, in Reservate für ›Stadtindianer vom Stamm der Senioren‹« abgeschoben werden. »Sozial gesehen«, urteilt Höffe so lapidar wie ernüchternd, »sind diese Reservate nämlich bloße Abstellkammern, obwohl sie in wohlhabenden Gesellschaften geräumig und gut möbliert ausfallen«.

Es ist kurios. Da gibt es Arbeit, die dringend getan werden muss. Da sind Arbeitgeber, die zusätzlich zu ihren jungen Bewerbern erfahrene Arbeitnehmerinnen suchen. Es steht eine qualifizierte, stetig wachsende Belegschaft bereit, die nur zu gern anheuern oder weitermachen würde. Warum kommen Arbeit und Arbeitswillige dennoch nicht zusammen? Warum kümmern Erfahrung und Tatkraft vor sich hin, verkümmern Talent und Wissen, steigt das Risiko für Depression und Krankheit? Und an beiden Enden der Alterspyramide wächst der Frust, nicht den eigenen Fähigkeiten und Bedürfnissen entsprechend eingesetzt zu werden.

»Ich hätte große Lust, noch ein sinnvolles Projekt zu begleiten«, sagt Florian Dering, ein knorrig-einfühlsamer Universalexperte, wie ihn nur das Bayerische hervorbringt. Bis zu seiner Pensionierung war er der Sammlungsdirektor am Münchner Stadtmuseum, hat die Abteilung für Schaustellerei aufgebaut und war für die Geschichte des Oktoberfests zuständig. Der Volkskundler, ein Mannsbild mit glatt rasiertem Kopf, der über »Fahr-, Belustigungs- und Geschicklichkeitsgeschäfte« promoviert hat, erfand vor Jahren die »Oide Wiesn« mit, eine historische Miniaturausgabe des weltgrößten Volksfests, mit Schiffschaukel, Losverkauf und Riesenrad von 1919. Beim Bier und in der Vergangenheit der Maßkrüge, Schießbudenfiguren oder Karussellgondeln kennt er sich ebenso aus wie in der Geschichte des Nationalsozialismus, über dessen Wirken und Wüten in München er eine Ausstellung mitkuratiert hat. Budenzauberer wie Dering brauchen coole Spiel-Wiesn, keine Beschäftigungstherapie. »Aber ich wüsste gar nicht, wohin ich mich wenden sollte«, sagt der etwas verloren wirkende Tatendurstige.

Wie die meisten, mit denen ich gesprochen habe, weiß auch der vitale Münchner nichts von den offiziellen Anlaufstellen, die es für unternehmungslustige und arbeitsfreudige Greyhounds gibt, etwa die eigenständigen Stellenmärkte, die von der Bundesagentur für Arbeit deutschlandweit neckisch unter »Rent a Rentner« und »Silverworks« angeboten werden. »Menschen ab 50«, so steht es da tatsächlich, könnten »ihre Arbeitskraft, ihre Expertise, ihre Erfahrung und Wissen anbieten«, einer »sozialen Gemeinschaft von Jung und Alt« beitreten, wo alle »zusammenarbeiten, um den sozialen Austausch lebendig zu halten«. Silverworks will außerdem »Fachkräfte 50plus und pensionierte Talente« mit »altersfreundlichen Arbeit- und Auftraggebern« bekannt machen. Alles scheint da zu sein, sogar das explizite Ziel, die Generationen zusammenzuspannen. Woran also fehlt es, damit Volk und Volkswirtschaft in der Seniorenklasse zueinanderfinden?

Weit davon entfernt, Ratschläge erteilen zu können, scheint es mir an den drei K's zu fehlen, die so oft Mangelware sind, wenn sonst alles da ist: Kommunikation, Koordination, Kooperation. Etwas deutlicher gesagt: In der Kommunikation sollte es selbstverständlich werden, dass wir über die Freiheit von Rentnern und Vorruheständlerinnen, zwischen Ehrenamt, Erwerbsarbeit und Müßiggang zu wählen, so offen und vorurteilsfrei reden wie über die Vorliebe für Fußball oder Geranien:

- Aktiv betriebene Kampagnen sollten Vorbilder dafür liefern, mit denen Politik und Wirtschaft um die Wiedereingliederung beziehungsweise die fortlaufende Integration potenzieller Rentnerinnen und Pensionäre werben.
- Die Initiativen, Anlaufstellen, Aktionen von Staat, Unternehmen und Gesellschaft werden koordiniert und so bekannt gemacht, dass sie die Zielgruppe erreichen, ob es Diskussionsangebote, Fördermaßnahmen oder Stellenausschreibungen ohne Altersdiskriminierung sind.
- Institutionen, in denen die Kooperation von älteren und jüngeren Mitarbeiterinnen und Mitarbeitern gelingt, berichten von solchen Beispielen und sorgen für mediale Verbreitung.

Es gibt heute schon viele gelungene Beispiele. Weil mir das Miteinander und Voneinander-Profitieren der Generationen bereits in jungen Jahren ein Anliegen war und immer noch ist, setze ich auf die appellative Kraft des Wünschenswerten: In

Deutschland leben knapp fünfundzwanzig Millionen Zwanzig- bis Vierzigjährige, fast achtundzwanzig Millionen Vierzig- bis Sechzigjährige und gut fünfundzwanzig Millionen über Fünfundsechzigjährige. Was könnte sich für ein beträchtliches Bruttosozialprodukt und was für eine lebendige, lebenswerte Gesellschaft entwickeln, wenn die Gesunden und Tatendurstigen sich unabhängig vom Alter suchen und zusammentun, wenn wir unsere Talente, unseren Sachverstand, unsere Netzwerke und unsere Energien bündeln und für gemeinsame Vorhaben einsetzen!

—

Ein Beispiel aus der Kultur- und Bildungsarbeit. An der Münchner Ludwig-Maximilians-Universität hat Dozentin Laura Olivi im Rahmen der Fakultät Theaterwissenschaft 2021 ein einzigartiges intergenerationelles Projekt verwirklicht. »Genau genommen«, sagt die ehemalige Dramaturgin der Münchner Kammerspiele und des Residenztheaters verschmitzt, »war das allerdings gar nicht so geplant.« Geplant hatte sie, die Studierenden mit Theater- und Opernprofis zu einer »Autor:innenwerkstatt« zusammenzubringen, damit junge, aktuelle Texte und Libretti entstehen. Die vielfach ausgezeichneten Dramatiker:innen Thomas Köck, Falk Richter und Sivan Ben Yishai sowie Kammerspiel-Dramaturg Tobias Schuster unterstützten das Experiment. Doch dann ließ die italienische Impresaria im Vorruhestandsalter die Veranstaltung bewusst aus dem Ruder laufen, weil sie sah, wie sehr alle voneinander profitieren, wenn sie Gelegenheit bekommen, ihre Werke zu zeigen – und ihnen weitere Bühnenschaffende dazugesellt werden. Studierende der Münchner Hochschule für Musik und Theater, der Bayerischen Theaterakademie sowie der Otto Falckenberg Schule, begleitet von ihren Professoren und der Bayerischen Staatsoper, komponieren, spielen und singen mittlerweile die musikalischen Sprachwerke zu einer unkonventionellen »Playlist« ein.

Szenische kleine Kunstwerke kommen so zur Uraufführung, darunter einige Miniopern. Im ersten Jahr ging es um Götter und Göttinnen von der Antike bis zur Gegenwart, um Aphrodite, Dionysos und Zeus, Elvis Presley, Cher und Kurt Cobain, die Platz machen sollen für den Nachwuchs, beispielsweise für Pop-Prinzessin Billie Eilish. »Mindestens die Hälfte der Arbeiten tragen eine Verheißung auf Kommendes in sich«, urteilte der Kritiker der *Süddeutschen Zeitung*.

Gemeinsam mit den jugendlichen Künstlern und Künstlerinnen trat in einem der Workshops der Schauspieler Walter Hess auf, Jahrgang 1939, der sein sechzigjähriges Bühnenjubiläum feierte und von sich sagt: »Es ist ein Glück, dass ich im Theater als alter Mensch akzeptiert werde.« Das sei auch in seiner Kunst alles andere als selbstverständlich, am Schauspiel Zürich wäre der gebürtige Schweizer mit dreiundsechzig aus seinem festen Engagement entlassen worden. Er sei sich seines Alters wohl bewusst, sagt Hess, aber »man hört ja als Schauspieler nicht unaufgefordert mit fünfundsechzig auf, ich bin ja genauso mit sechsundsechzig noch Schauspieler«.

Schon als junger Mann hat Hess eine Zeit lang abseits vom Stadttheater in einem Kollektiv gespielt, er ist neugierig auf Themen, Formate und Akteure, die ihn überraschen. Sein Beruf helfe ihm, politische Fragen auf spielerische Art zu bearbeiten. »Das ist dann nicht nur Zeitgenossenschaft, ich bin aktiv beteiligt«, sagt der Mittachtziger. In den ersten drei Jahrzehnten seiner Laufbahn hat der Theaterschauspieler nebenbei zehn Filme gedreht. In den zwanzig Jahren danach, mit über sechzig, waren es doppelt so viele, und er wurde festes Mitglied der Münchner Kammerspiele – ein Karriereschub in einem Alter, in dem andere sich zur Ruhe setzen.

Auch im deutschen Film und Theater stehen Rentnerjahrgänge selten ganz oben auf der Besetzungsliste, allemal jenseits »altersgerechter« Rollenangebote. Dass jemand wie Hess eingeladen wird, mit den Elevinnen zu spielen, hat auch mit seiner Einstellung zu Beruf und Leben zu tun. »Da mich der erweiterte Bereich von Schauspiel mit Musik sehr interessiert, habe ich sofort zugesagt. Ich wusste nicht genau, in was ich da gerate.« Irgendwann erfuhr er, dass er in drei Stücken mitspielen soll, dann gab es zwei Proben und drei Vorstellungen, das war's. Die Frage, warum er sich das antue, kommt einem im Gespräch mit dem schelmischen, lebhaften Mann gar nicht in den Sinn. Er tut sich nichts an, er liebt, was er macht. »Ich wollte wissen, was heute für Texte und Musik entstehen.«

Der Wunsch, mit Älteren in der Produktion zusammenzuarbeiten, ging von den Studierenden aus. Es macht einen Unterschied, ob ein alter oder junger Schauspieler einen Menschen mit Demenz verkörpert, der das Horst-Wessel-Lied anstimmt, wie in einer der Szenen. Walter Hess habe »wohl immer Lust auf eher experimentelle Formate«, sagt Malina Sascha Hoffmann, Malina Sascha will geschlechtsneutral angesprochen und zitiert werden. D: Regiestudent:in der Falckenberg Schule hat die meisten der Kurzdramen und Opern inszeniert und sieht »auf jeden Fall Unterschiede«, ob Gleichaltrige oder Mitwirkende mehrerer Generationen gemeinsam einen Dramenstoff erarbeiten.

So sei es bei Referenzen aus dem Internet oder aus der Popkultur prinzipiell einfacher, den Jüngeren eine Regieidee zu vermitteln. »Der Hinweis: Probiert es mal wie in einem YouTube-Video, reicht für die meisten Älteren als Erklärung nicht aus.« Selbst wenn die Anregung verständlich rüberkomme, stecke eine zeitgenössische Ästhetik natürlicher in einem Körper, der damit aufgewachsen ist, als in einem, der sich das antrainieren muss. Sich darauf einzulassen und nicht auf einem Vorschlag von außen zu bestehen, könne eine Szene umso berührender machen.

Hoffmann zieht künstlerischen Gewinn aus der verschiedenartigen Dynamik von mal homogenen, mal altersgemischten Ensembles. »Ältere Schauspieler:innen spüren, wenn es gar nicht so viel braucht. Sie bringen eine andere Ruhe mit«, sagt Hoffmann. Walter Hess, viermal so alt wie ein Millennial, dosiere sein Spiel genau, »dadurch stärkt er den Text und man hört besser, worum es eigentlich geht«. Jüngere wollten sich gern viel zum Text bewegen, den Worten Aktion hinzufügen. Damit die Kooperation aus Alt und Jung gelinge, erklärt Hoffmann, brauche es »von allen Seiten Respekt«. Gleichzeitig dürfe es nicht in eine Übervorsicht kippen, hilfreich sei »eine humorvolle Ebene«. Die Erfahreneren sollten nicht zu dominant sein, den Jüngeren vertrauen, dass sie ihren Teil schon beitragen. Sich gegenseitig ernst zu nehmen, sei notwendig für alle Beteiligten.

Die Erfolgsempfehlungen der Künstler und Künstlerinnen – Offenheit für Neues, gegenseitiger Respekt, Geduld miteinander und vor allem Humor – lassen sich auf alle gesellschaftlichen und beruflichen Handlungsfelder übertragen. Und gelten ebenso im Privaten. Außer diesen Grundtugenden werden treibende Kräfte benötigt, Personen an Schlüsselstellen, die ihre Erfahrung und ihren Einfluss nutzen, damit Projekte wie die Münchner Koproduktion in Unternehmen, Institutionen und in voller gesellschaftlicher Breite zustande kommen. Initiatorin und Betreuerin Laura Olivi ist so eine Mentorin, es wird in nächster Zukunft viele Olivis brauchen, damit Generationen zueinanderfinden, einander schätzen lernen und voneinander profitieren.

Die Dramaturgin hat selbst ein Berufsabenteuer hinter sich, das sie aus dem unfreiwilligen Off zurück in die berufliche

Wirksamkeit katapultierte. Dabei diente ihr vor allem ihr Temperament, dessen bedächtiger Teil mit Adjektiven wie lebhaft, zielstrebig, impulsiv treffend beschrieben wäre. Ihre schrankenlose, persönliche und professionelle Neugier auf alles, was hinter Fassaden liegt, führte die 1958 geborene Norditalienerin fünf Jahre vor der Maueröffnung in die DDR, wo sie zeitweise lebte, studierte und am Deutschen Theater in Ostberlin arbeitete. Über Brecht hat sie an der Universität Bologna promoviert. Mit dieser multikulturellen Rundumausbildung war die Grenzüberschreitende im deutschsprachigen Theaterbetrieb Ende der Achtzigerjahre an führenden Häusern sehr willkommen. Drei Jahre vor der Pensionierung verließ die unkündbare Olivi ihr geliebtes Bühnen-Biotop, über die Gründe wurde Stillschweigen vereinbart, aber es war ein unvorhergesehener Einschnitt: »Ich dachte manchmal, ich komme nicht wieder auf die Beine.«

Doch ihr Selbstbehauptungswille und eine unerschöpfliche Kreativität gewannen die Oberhand. »Ich konnte mir nicht leisten aufzuhören. Und vor allem wollte ich noch nicht.« Olivi strotzt keineswegs vor Selbstvertrauen, im Gegenteil, der Zweifel gehört zu der intensiven Frau wie ihre feine Antenne für alle Facetten menschlicher Empfindungen. In der Krise besann sie sich auf das, was sie konnte, und puzzelte sich aus Erfahrung, Wissensdurst und Leidenschaften ein Jobprofil für die Dozentenstelle an der Uni. Die neue Aufgabe sollte sie nicht nur in Lohn und Brot halten, sondern ihr die Tatkraft und Anerkennung zurückgeben, auf die sie sich ein Berufsleben lang hatte verlassen können. Beides ist gelungen. Laura Olivi »bringt der Universität das Leben bei«, begeisterte sich die *Süddeutsche Zeitung* über die neu konzipierte Schreibwerkstatt. »Derer gibt es viele, aber keine ist so wie diese. Man kann nur hoffen, dass die Opernhäuser auf ihre Libretto-Werkstatt aufmerksam werden.«

Mit einer gut ausgebrüteten Idee, professioneller Sicherheit und dem Willen, sich nicht unterkriegen zu lassen, ist es der Theaterberufenen kurz vor dem Regelrentenanfang gelungen, das Bayerische Kultusministerium von ihrem Konzept zu überzeugen und an der Uni eine Stelle zu schaffen, die es bis dahin nicht gab. Die Aussicht, demnächst selbstbestimmt in die Rente aufzubrechen, jagt ihr keinen Schrecken mehr ein. Drei Jahre nach dem Fall ins Bodenlose sagt sie: »Ich könnte beruflich nicht glücklicher sein.«

Walter Hess, der fast zwanzig Jahre ältere Kollege, ist zu beschäftigt, um sich Fragen nach dem Ruhestand zu stellen. Aufbruch ist für ihn Alltag. Jüngst erarbeitete er gemeinsam mit zehn Jugendlichen zwischen zehn und achtzehn einen Abend, an dem es um das digitale und das analoge Dasein ging. Wie lange er weitermacht, wird davon abhängen, ob er noch Texte auswendig lernen kann. Vielleicht kommt irgendwann der Moment, wenn er nicht mehr mag oder er nicht mehr gefragt ist. »Vielleicht«, sinniert Hess, »wird man doch mal müde.« Aber er hat keinen Plan. »Ich lebe von Moment zu Moment.«

Es gibt offenkundig nicht nur *eine* Strategie dafür, Freizeit und Arbeit, Freundschaften, Familie und Auszeiten für sich selbst so aufzuteilen, dass ein inneres Gleichgewicht entsteht. Für alle, die von einem auf den anderen Tag ohne die Struktur dastehen, die eine Arbeit dem Alltag von Montag bis Freitag verleiht, lohnt es sich, eine Weile zu beobachten, welche Aufgaben, Verabredungen und Tätigkeiten stattdessen die große neue Freiheit zerstückeln, bis für Ruhemomente wieder keine Zeit mehr bleibt. Es muss einen Grund geben, warum Rentner und Rentnerinnen, kaum sind sie aus der Tretmühle ausgestiegen, einmütig vermelden: »Keine Zeit!« Meistens schwingt etwas wie Stolz mit, wie die Genugtuung, mitteilen zu können, unvermindert gefragt zu sein. Zu handeln. Dazuzugehören. Glaubt ja nicht, ich hänge rum, ich wäre untätig und also überflüssig. Es schwingt die Rechtfertigung einer Leistungsträgerspezies mit, die gewohnt ist, ihre Existenzberechtigung durch Arbeit nachzuweisen. Dabei wäre das nun nicht mehr nötig.

Die Empfehlung, sich von neuen Aufgaben nicht auffressen zu lassen, mag wie ein Widerspruch dazu klingen, ein Recht auf Weiterbeschäftigung für alle einzufordern. Aber das ist es nicht. Es gehört zur Wahlfreiheit dazu, immer mal wieder zu überprüfen, ob die aktuelle Lebensweise zu dem generellen Ziel passt, sich wohlzufühlen oder sich zumindest diesem Zustand zu nähern. Habe ich keine Zeit, weil ich sie schlecht einteile? Macht mich das atemlos? Oder genieße ich das Gefühl, unterwegs zu sein? Genieße ich es, weil es mir wirklich entspricht und guttut? Oder weil es mir schwerfällt, mich auf die veränderten Umstände einzulassen und Phasen der Ruhe genauso einzuplanen wie Beschäftigungen? Sind die Personen und Termine, die ich besuche, es mir wert, ihnen Zeit zu schenken? Gäbe es Sinnvolleres, Befriedigenderes zu tun? Oder bräuchte ich mehr Zeit für mich?

Die individuelle Balance zu finden zwischen Tätigkeit und Entspannung, Aufgaben und Auszeiten, Kraft verschenken und Kraft tanken, darin liegt die Kunst, aktiv in Rente zu gehen. Aktiv in diesem Sinne heißt nicht nur, berufs-tätig zu sein, aktiv ist auch in der Bedeutung von bewusst gemeint, gezielt alternative Lebensentwürfe daraufhin zu untersuchen, ob sie zu einem passen könnten oder nicht. Unzufriedenheit und das Gefühl, sich abhandenzukommen oder jedenfalls nicht zu sich zu finden, kann ebenso aus einem Zuviel an Abwechslung, Betriebsamkeit und Geselligkeit entstehen wie aus einem Zuwenig.

Zu identifizieren, was hinter einem latenten Unbehagen steckt, setzt voraus, alle Lebensumstände gründlich auf den Prüfstand zu stellen: Wohne ich, wie ich will? Will ich in Zukunft so wohnen wie jetzt? Habe ich die richtige Gesellschaft? Sind meine Beziehungen so erfüllend, wie sie zahlreich sind? Brauche ich wenige oder möglichst viele Menschen, um mich eingebunden zu fühlen? Wenn ich sage, wenige, dann, weil ich wirklich am liebsten allein bin oder weil ich mir nicht vorstellen kann, wo ich jetzt, im fortgeschrittenen Alter, Anschluss finden soll? Fühle ich mich einsam und habe ich Ideen, wie ich das ändern kann?

AUFBRUCH
TEIL II

Leben! Nur wie?

Für die meisten Menschen ist ihre Wohnung mehr als eine Unterkunft, es ist eine Daseinsform. Oft eine, die wir als Kinder gelernt und unbewusst ins eigene Leben übernommen haben. Es prägt sich ein, ob wir im ausgebauten Dachgeschoss groß geworden sind oder im Kleinfamilienhaus, in den eigenen vier und meistens deutlich mehr Wänden oder in dem, was sprechend Mietskaserne heißt; im tickenden, für manche enervierenden Rhythmus einer Millionenstadt oder in einer dörflichen, ländlichen Gemeinde, wo es kaum etwas gibt, um sich von der Ruhe zu erholen; in Fahrradentfernung von Kinos, Ärztinnen und Freunden oder angewiesen auf öffentliche oder private Transportmittel, um den nächsten Bahnhof zu erreichen. Wer gern an die Kindheit zurückdenkt, das zeigen Studien, macht es sich als Erwachsener in Erinnerungen gemütlich, die dann vielleicht nicht mehr Ikea, sondern Hygge heißen. Und selbst wer früh der elterlichen Nahbetreuung entflohen ist, findet sich womöglich mit wachsendem Abstand in einer Lebensweise wieder, die der früheren unbeabsichtigt ähnelt.

Die meisten Deutschen der Nachkriegsgeneration haben ihren Lebensraum beständig erweitert, durchschnittlich aktuell auf knapp achtundvierzig Quadratmeter pro Person. Babyboomer, die gründlich vom Wohlstandswachstum profitiert haben, verbleiben im Alter nicht selten in der angestammten Fünfzimmerwohnung oder leben allein im eigenen Haus, was ihnen kaum jemand verübeln kann, denn dort, wo viele gerne wohnen, kostet es inzwischen mehr, sich zu verkleinern. Schön, wenn das liebgewordene Modell bis ans Lebensende gut zur Person passt.

Häufig aber ist das nicht der Fall. Sei es, weil die Rente nicht mehr für den ehemaligen Familienwohnsitz reicht, sei es, weil es plötzlich schmerzhaft wird, den dritten Stock ohne Fahrstuhl zu erklimmen, sei es, weil einem die früher von Kinderlachen erfüllten Altbauräume allein wie ein Gefängnis erscheinen. Lange unterschätzen oder verdrängen wir, wie rasch und ohne unser Zutun sich die Bedingungen ändern können, unter denen wir gewohnt sind, uns zu Hause zu fühlen. Kaum jemand will sich mit Mitte fünfzig, Anfang sechzig damit auseinandersetzen, eines Tages vielleicht zu einer anderen als der erprobten Wohn- und Lebensform gezwungen zu sein. Dabei wäre gerade jetzt ein guter Zeitpunkt dafür, denn günstiger werden die Voraussetzungen nicht.

Die Modelle von A wie Alten-WG über M wie Mehrgenerationenwohnen bis W wie Wohnbaugenossenschaft werden seit Jahrzehnten beworben. Unverzagt idealisieren Politik, Kirchen oder Pflegedienste, wie bereitwillig jüngere Menschen mit älteren gemeinsam wohnen, arbeiten, leben wollen. Und wie beglückt sich noch fitte Ältere etwa darauf festlegen, regelmäßig eine junge Familie zu unterstützen und notfalls auf die nächste Bildungsreise zu verzichten. Das Internet ist voll von sozialen und kommerziellen Offerten, wie man erfolgreich eine Baugenossenschaft gründet, ein Wohnprojekt plant und verwirklicht und Solidargemeinschaften bildet, die allen Beteiligten zugutekommen. »Es geht nicht nur um Pflicht und Sorge, sondern auch um Spaß und Voneinanderlernen«, versichern private Investoren und Familien-Websites, die ihre frohe Botschaft mit Bildern von freudestrahlenden Mamas, Papas, Wahlgroßvätern und Wahlenkelinnen ausschmücken.

Doch der angebliche Trend ist weit mehr sozialromantische

Behauptung als Realität. In den gerade mal rund 540 vom Bund geförderten Mehrgenerationenhäusern, die viele fälschlich für Wohneinheiten halten, lesen, kochen und spielen ab und an Alte und Junge miteinander, oft bleiben die Älteren jedoch unter sich. Altersgemischte Wohngemeinschaften gibt es bundesweit geschätzt 2000 bis 3000, nur 0,5 Prozent aller Haushalte in Deutschland leben mit drei oder mehr Altersstufen unter einem Dach. Und selbst ausschließlich grau melierte Jahrgänge, die sich bemühen, zusammenzuziehen, scheitern an bürokratischen Hürden oder schlicht daran, dass attraktive Bauplätze und geeignete Gebäude fehlen. Die werden für soziale Wohnprojekte allenfalls in Randlagen, aber kaum je in der Innenstadt angeboten, weil Kommunen – wie beispielsweise München, bekannt als teuerste Stadt Deutschlands – die Grundstücke nicht nach sozialen, sondern nach gut kapitalistischen Grundsätzen immer dem meistbietenden Investor zuschlagen.

Längst weiß die Politik, wie dringlich in überteuerten Ballungsgebieten bezahlbare und lebenswerte Wohnungen gebraucht werden, für die alternde Bevölkerung ebenso wie für junge Familien und durchschnittlich verdienende Berufstätige. Es fehle, heißt es am Ende der umfangreichen Bilanz eines Modellprogramms »Gemeinschaftlich wohnen, selbstbestimmt leben« des Bundesfamilienministeriums, »vielerorts noch an Ansprechpersonen sowie Unterstützerinnen und Unterstützern in der lokalen Politik und Verwaltung«. Vor allem fehlt es am politischen Willen, die Innenstädte mit wohnenden Menschen zu beleben, obwohl nach Corona Büroraum leer steht und Läden verwaisen. Es sind kommerzielle Bauträger oder Pflegeanbieter, die mit mal mehr, mal weniger geeigneten Investorenprojekten auf die Nachfrage reagieren. Überall kursieren städtebauliche und sozialpolitische Konzepte, die Städte und Gemeinden vereinzelt umsetzen. Systematisch werden bisher nirgendwo in Deutschland Anstalten gemacht, solche Angebote so attraktiv zu entwerfen, dass Menschen aller sozialen Schichten und Altersgruppen sich angesprochen fühlen und Lust auf ein Gemeinschaftswohnen bekommen, das sie sich leisten können.

Sicher spielt dabei auch eine Rolle, wie ungern viele Menschen ihre Lebensweise verändern, nicht nur die älteren. Teile der Generation Babyboomer sind außerdem wenig geneigt, sich im Alter erneut auf jenes Abenteuer einzulassen, das in ihrer Jugend als Kommune oder Wohngemeinschaft mit der legendären K I in Westberlin 1967 einen Gegenentwurf zur bürgerlichen Kleinfamilie markierte – jedoch schon 1969 endete. Unter jungen Leuten immerhin ist die WG zur Standardwohnform geworden und vermutlich deshalb beständiger als ihre Vorläufer, weil sie weniger darauf beruht, politische Ideale zu verwirklichen, als vielmehr aus einem kleinen Geldbeutel ein nettes Zusammenleben herauszuholen.

Doch auch die Wohn- und Hausgemeinschaftsskeptiker unter den Rentnerboomerinnen und -boomern können davon profitieren, sich mit noch unerprobten Daseinsformen ernsthaft zu beschäftigen – bevor es andere für sie tun. Sicherlich, es wird mit den Jahren, den zunehmenden Spleens und Eigenheiten nicht einfacher, sich auf eine Koexistenz mit mehreren Unbekannten einzulassen. Und doch spricht gerade die galoppierende Schrulligkeit dafür, über Wohn- und Lebenskonzepte nachzudenken und die Chance zu ergreifen, sie in eigener Regie und bei voller Zurechnungsfähigkeit zu gestalten. Zu warten, bis nur noch ein fremdbestimmter Ruhesitz übrig bleibt, egal wie liebevoll Töchter und Söhne ihn auswählen, ist wohl das Letzte, das sich Menschen wünschen, solange sie noch wünschen können.

Wer sich schwer damit tut, die in westlichen Kulturkreisen gepriesene Individualität gegen ein kreatives Miteinander abzuwägen, kann sich mal fragen, wie groß die Wahrscheinlichkeit ist, noch später und noch älter in einem Pflegeheim oder einer Seniorenresidenz, in der sich niemand seine Nachbarn aussuchen kann, zufällig auf Fremde zu treffen, die zu Freundinnen werden – oder einem auch nur sympathisch sind. Wobei es nicht zwangsläufig langjährige Freunde sind, die im Alter einen funktionierenden Melting Pot ergeben. Vielmehr bedarf es einer nüchternen Analyse von Temperamenten, gemeinsamen Interessen, finanziellen und gesundheitlichen Voraussetzungen, um eine tragfähige Wahlgemeinschaft zu fundieren. Und selbst dann, so schildern Bewohner langjähriger Projekte, begleiten Konflikte, die aus Neid und unterschiedlichen Vermögensverhältnissen entstehen, gemeinsame Wohnvorhaben.

Der wunderbare Schweizer Kinderarzt und Menschenforscher Remo Largo hat seine späten Bücher der Frage gewidmet, wie wir genug Geborgenheit und Zuwendung finden, ohne die Kleinfamilie unserer Kinder in winzigen Wohnungen mit Homeoffice und Homeschooling zu überfordern. »Ich bin überzeugt«, sagte er mir in seinem letzten Interview, bevor er 2020 starb, »dass man seine Individualität nur in der Gemeinschaft mit vertrauten Menschen leben kann. Nur wer sich untereinander kennt, kann dem Wesen und den Bedürfnissen anderer gerecht werden.« Natürlich sei so ein Leben mit anderen auch Einschränkungen unterworfen. Aber Konfliktfähigkeit gehöre zum Menschsein dazu. »Letztendlich ist die Frage, wie es uns besser geht: im Zusammenleben, aber auch in der Auseinandersetzung mit vertrauten Menschen – oder in der Einsamkeit.«

Um aufrichtig mit mir und allen anderen an der Schwelle zum Aufbruch zu sein: Es mag sie geben, die harmoniegesättigten Sonntagsfamilien, die ein Leben lang gar nicht genug voneinander kriegen können. Aber persönlich kenne ich keine erwachsenen Kinder, die freiwillig mit ihren Eltern zusammenziehen. Umgekehrt wollen die meisten älteren Eltern, solange sie das können, sich nicht unter die Fuchtel ihrer gestressten Kinder begeben, sondern selbstbestimmt leben, eigenmächtig entscheiden, wofür sie ihr Geld ausgeben, wollen den Kindern keine Rechenschaft schuldig sein. Und ihnen nicht zur Last fallen. Dementsprechend war es bisher nur für wenige Menschen im Übergang zur Rentenzeit ein Thema, etwa darauf zu hoffen, es könne im Alter so etwas wie eine häusliche Familienzusammenführung geben. Abgesehen davon, dass die Lebensmittelpunkte oft zu weit auseinanderliegen, schreckt die eigene Mehrgenerationen-Verwandtschaft davor zurück, unter ein Dach zu ziehen, weil gut abgelagerte Konflikte aufbrechen könnten.

Doch mittlerweile steigt der Druck der Demografie, horrende Lebens- und Pflegekosten weichen bisherige Pläne auf, sodass auch die gute alte Großfamilie eine unerwartete Renaissance erfährt. Ausgerechnet in den USA, dem Land der unbegrenzten Mobilität, die entscheidend dazu beigetragen hat, Familien weiträumig in Kleinstgruppen zu zerstreuen, um der Arbeit hinterherzuwandern, zeigt ein abgewandelter Trend zum Tiny House, wie viel innerfamiliäre Wiedervereinigung möglich ist, wenn es die Ersparnisse, die Grundstücke und das Baurecht erlauben.

»Unseren größten Erfolg haben wir zurzeit mit unseren Home Care Suites«, sagt Bauunternehmer Henry Moseley. Der Geschäftsmann, selbst im Rentenalter, bietet in der Gegend von Tampa, Florida, energieeffiziente Fertigbungalows an, die in die Gärten von Einfamilienhäusern passen. Das Geld für die Granny-Cottages, die Großeltern-Häuschen, die zwischen 55 000 und 110 000 US-Dollar kosten, wird ins eigene Familiengrundstück investiert, anstatt in eine teure, anonyme Betreuungseinrichtung. Die Älteren leben in pflegeleichten Minihäusern unabhängig weiter, die Jungen können schnell mal vorbeischauen, professionelle Unterstützung von der Putzhilfe bis zum Krankendienstleister wird nach Bedarf bestellt. »Family first«, wirbt der Seniorchef, der überzeugt ist, dass dieses Format sich überall dort durchsetzen wird, wo der Gesetzgeber mitmacht und der Platz dafür ausreicht. Nicht zu vergessen, dass alle Familienangehörigen bereit sein müssen, wirklich sehr viel Rücksicht aufeinander zu nehmen.

Jahrhundertelang war es in bäuerlichen Familien auch in Europa üblich, den Alten ein Altenteil oder Austragshäusl zu errichten, sobald sie den Hof an die Erben übergeben hatten. Mit der Industrialisierung der Landwirtschaft verschwand diese Tradition. Heutzutage wäre das Modell aus Florida im eng besiedelten Deutschland nur in ländlichen Regionen mit viel Platz umsetzbar. Und doch zeigt das US-Beispiel, wie wichtig es für familiäre Formen des Zusammenlebens ist, dass Politikerinnen die Bedingungen schaffen, Unternehmer ihre Fantasie spielen lassen und sich der Mensch an der Pforte zum nächsten Lebensabschnitt für unkonventionelle Konzepte öffnet. Das kann die selbstbewirtschaftete bäuerliche Dorfgemeinschaft in Brandenburg sein, in die ein befreundetes Berliner Paar zog; das kann ein gemeinsam eingerichtetes Haus für Leute mit einer ähnlichen Berufsbiografie sein, wie die Künstler- und Schauspielerinnen-Wohnheime zwischen Flensburg und Sonthofen, oder ein städtisches Altbausanierungsprojekt, das urban veranlagte Leute gern in öffentlich-privater Trägerschaft verwirklichen würden – wenn so etwas irgendwo im Angebot wäre.

Die Pandemie hat auch hierzulande die Fantasie angekurbelt und auf manchen Einfamiliengrundstücken Gartenhäuser entstehen lassen, um das Homeoffice ungestört vom Familienleben zu ermöglichen – vielleicht auch für die Großeltern, die sich verkleinern wollen, eine Alternative.

Für jede und jeden Einzelnen geht es darum, herauszufinden, wie viel soziales Miteinander sie oder er braucht, um froh und geborgen zu leben. Das wird umso eher möglich, wie die Gesellschaft es als ihre Aufgabe ansieht, unterschiedliche Wohn- und Lebensformen für alle sicherzustellen, auch für diejenigen, die ihre offizielle Lebensarbeitszeit erfüllt haben. Und die Politik zu beauftragen, dafür die Voraussetzungen zu schaffen. Die Voraussetzungen dafür, es weitgehend unabhängig vom Geldbeutel attraktiver, bezahlbarer und müheloser zu machen, so zu leben, dass niemand sozial isoliert, krank und unglücklich alt werden muss.

Allein? Zu zweit? Oder anders?

Es ist erwiesen: Einsame Menschen entwickeln eher einen zu hohen Blutdruck und werden damit anfällig für Herz-Kreislauf-Erkrankungen wie auch für Depressionen, Angst- und Zwangsstörungen. Studien zeigen, wie soziale Isolation psychische Erkrankungen und Demenz begünstigt. »Wer jetzt allein ist, wird es lange bleiben.« Rainer Maria Rilkes ahnungsvoller Ruf aus seinem Gedicht »Herbsttag« bringt auf den Punkt, was die britische Autorin Noreena Hertz in ihrem Buch *Zeitalter der Einsamkeit* untersucht. Zwar haben Pandemie und Lockdowns das individuelle Leiden an Einsamkeit weltweit verstärkt, das größere Problem aber sei, dass die »ich-bezogene Gesellschaft, in der Menschen meinen, an sich selbst denken zu müssen, weil es kein anderer tut, unweigerlich eine einsame Gesellschaft« werde. Hertz identifiziert den Neoliberalismus mit seinem strukturellen Gegeneinander als politische Ursache für die neue Volkskrankheit, deren Auswüchse mal persönliche, mal wirtschaftliche, mal politische oder gesundheitliche Konsequenzen habe.

»Get paid to be a friend«, wirbt die Website »Rent a friend«, die für »bis zu 50 Dollar pro Stunde« Freunde gegen Geld vermietet. In Japan lassen sich ältere Leute bei Ladendiebstählen erwischen, weil sie im Gefängnis wenigstens Gesellschaft haben. Dass Großbritannien ein »Ministerium für Einsamkeit« eingerichtet hat, erscheint da nur folgerichtig. Unbestritten ist, dass Arbeitslose jeden Alters verstärkt von Einsamkeit bedroht sind. Umso mehr gilt das, wenn mit dem Rentenbeginn der Kollegenkreis entfällt und kein neuer zu erwarten ist. Besonders gefährdet sind Alleinlebende. Und für Paare wird es bedrohlich, wenn erst die Aufgabe wegfällt und dann Partner oder Partnerin sterben. Aber was ist das eigentlich: Einsamkeit? Und was lässt sich dagegen tun?

Seit drei Wochen bin ich zu Besuch in einer Gegend der USA, in der sich der Unterschied zwischen Alleinsein und Einsamkeit gut erfahren lässt. Der nächste Supermarkt, Ärzte, Apotheken und was der Mensch sonst so im täglichen Leben braucht, liegen mindestens eineinviertel Pkw-Stunden entfernt. Gleich nach dem kleinen Hüpfer, mit dem das Auto die hölzerne Brücke am Ortseingang von Grafton im US-Bundesstaat Vermont überquert, macht sich das Gefühl breit, in eine Postkarte einzusteigen. Weiß getüncht mit roten Fensterläden grüßt rechts die »Old Fire Station«, dann reihen sich die Häuser mit den Veranden entlang der Main Street bis zur White Church aneinander, hier und da wippt ein verlassener Schaukelstuhl.

Der Ort Grafton ist kein Museum, aber in einem Wettbewerb um das neuenglischste Dorf in Neuengland hätten die 650 Einwohner eine faire Chance auf den Preis. Von der traditionellen Landwirtschaft ist nur noch die Käserei übrig. Am Rand des Saxtons River, dessen Plätschern hier oft das lauteste Geräusch abgibt, leuchten die Holz- und Backsteinhäuser im Indian Summer mit den rotbunten Wäldern um die Wette. Wie überall in den Vereinigten Staaten gibt es eine Town Hall, ein U.S. Post Office und den »General Store«, an dessen Pinnwand handgeschriebene Zettel Take-away-Menüs und Barbecue annoncieren.

Die ehemalige Farm, auf der meine Freundin Liisa seit dem Tod ihres Mannes allein lebt, liegt knapp fünf Kilometer außerhalb der »Stadt«, wie Grafton von den Einwohnern genannt wird.

1990 war ich zum ersten Mal hier. Damals summten Haus und Garten von Freunden und Gästen aus aller Welt, die der frühpensionierte Amerikaner Don und seine in Finnland geborene Frau regelmäßig versammelten. Die Türen standen rundherum offen, irgendwas war immer im Kühlschrank, bei gegrillten Hotdogs wurde endlos über die Welt und das Leben diskutiert und reichlich Wein oder Bier getrunken. Der Harvard-Absolvent betreute nach seiner aktiven Zeit als Unternehmensberater ausländische Studierende, um ihnen während des Aufenthalts in den USA ein Familiengefühl zu geben. Als er 2006 nach dreijähriger Krankheit starb, verlor nicht nur seine Frau einen rundum strahlenden Menschen, der alle in seiner Nähe mit Herzlichkeit und Zuneigung wärmte.

Liisa hätte nach seinem Tod auch ins zweieinhalb Autostunden entfernte Boston ziehen können, aber sie ist dageblieben, wo sich Bär und Biber gute Nacht sagen. Die ersten beiden Jahre waren »einfach schrecklich«, sie schüttelt sich leise. Solange Don lebte, setzte im Frühling immer »die große gemeinsame Freude ein, wir gingen mit einem Becher Kaffee durch den Garten und überlegten, was wir dieses Jahr pflanzen wollen«. Liisa zweifelte, ob sie sich je wieder damit beschäftigen würde, lange konnte sie das nicht, »alles sah vernachlässigt und traurig aus«.

Zum Jahresende reiste die Witwe nach Europa, um die Feiertage mit Familie und Freunden neu und anders zu erleben. Wenn sie doch einmal allein im Restaurant saß, fiel ihr auf: »Kein Schwein spricht mich an. An den Nebentischen immer dieselben Paare, aber sie starren nur herüber und fragen sich vermutlich, was macht die Frau hier ohne Begleitung.« So jedenfalls fühlte es sich an. Manchmal hat sich die damals Sechzigjährige eine Karaffe Wein aufs Hotelzimmer bestellt. »Ich wollte mir beweisen, dass ich das, was gemeinsam schön gewesen war, auch ohne Ehemann genießen konnte.«

Trotz der Momente, in denen Liisa sich »sehr verletzlich« fühlte, hat ihr die Reise viel gegeben. Auf dem Rückflug stellten sich zwei Gefühle ein: »Ich habe Freunde. Sie mögen mich, ich bin willkommen. Und: Jetzt fliege ich zurück nach Vermont. Da ist mein Zuhause.« Bald darauf lernte sie eine Gärtnerin kennen, gemeinsam mit ihr gewann Liisa an ihren Bäumen, Blumen und Pflanzen wieder Freude. Auch Gäste lud die Hausherrin wieder ein, aber anders, als es mit ihrem Mann gewesen war. »Die Politik der offenen Tür hat mir nie wirklich gelegen.« Menschen sind ihr willkommen, »nur nicht ständig, überall und unangekündigt«. Die Farm hat heute »eine andere Atmosphäre«, wie Liisa sagt, »meine Atmosphäre. Ich habe gelernt, dass ich das nun so gestalten darf, wie ich mich damit wohlfühle.«

Ihr Vergnügen an kulturellen Erlebnissen und ihr Bedürfnis, auch mit jüngeren Leuten zusammen zu sein, erfüllt sich die Frau, indem sie ein junges Streichorchester fördert. Einmal im Sommer geben die Musiker und Musikerinnen auf ihrem Grundstück ein Konzert – für die Gäste aus dem Dorf und von weither das Highlight des Jahres. »Für mich eine neue Art der Familie«, sagt Liisa.

Solange sie ihren kranken Mann pflegte, war sie oft unsicher, wie sie das alles alleine schaffen soll, die Farm, die Finanzen, das Leben. Aber dann wurde der ehemaligen Managerin mit einem

Master in Business Administration klar: »Ich muss die neue Aufgabe als Job betrachten. Ich muss mir Leute suchen, die mir helfen können. Ich muss mich lernend voranbewegen, nicht so tun, als wüsste ich, wie es weitergeht.« Hin und wieder hat sie mit einem Therapeuten gesprochen und nach »Sinn und Orientierung im Leben« gesucht, gerade dann, wenn die Arbeit und die vertraute Beziehung das nicht mehr liefern. Heute sagt Liisa, sie habe in der Zeit allein viel über sich gelernt.

Einsam? »Nein«, sagt sie. »Ich bin gern allein und gern in Gesellschaft, und beides ist hier möglich.« Wie viele in diesem Land hilft sie in der Gemeinde, ist im Frauenclub, unterstützt die US-Demokraten und verfolgt an ihrem Laptop die Lage in Europa. Mittlerweile hat sie wieder einen Gefährten, der mit seiner Hündin ein paar Kilometer den Berg hinauf lebt. Die beiden machen keine Anstalten, zusammenzuziehen. »Wir sind sehr ausgeprägte Charaktere«, sagt Liisa, »wir genießen das, was uns verbindet, und was uns unterscheidet, muss auf diese Weise nicht zur Belastung werden.« Sollen sich die Leute im Dorf ruhig fragen, warum Liisa und ihr Partner nicht zusammenwohnen. »Wenn man sich darüber jetzt nicht hinwegsetzen kann«, sagt sie, »wann dann?«

Wichtig ist ihr »Community«, die hat sie sich wie ein Puzzle zusammengefügt, aus Freunden, Familie, Partner, Menschen, die ihr helfen, und Menschen, denen sie hilft. Beim Konzert des von ihr geförderten Orchesters steht sie in einem weißen Kleid mit bunten Blumen auf der Bühne und dankt allen, die musiziert und applaudiert haben. Dabei ist sie es, die alles hier ermöglicht, alles ist von ihr geprägt, entspricht ihrem Temperament. Und die Stimmung ist so heiter und gelöst wie die Gastgeberin.

—

Liisas Weg ist so nur möglich gewesen, weil es ihr finanziell gut geht. Aber ihre Art und Weise, nach dem Verlust ihres Ehemanns mit sechzig neu zu sich zu finden, der Einsamkeit entgegenzuwirken, ohne dem Alleinsein auszuweichen, kann für andere ermutigend sein. Es war alles da, die Trauer, die Verzweiflung, die Unsicherheit, wie es weitergehen könnte. Liisa hat sich die Zeit gegeben, die sie brauchte, um wieder handeln zu können. Und dann hat sie gehandelt. Hat räumlichen Abstand eingelegt zu ihrem Verlust, ohne ihn zu leugnen. Hat sich mit anderen ausgetauscht, hat positive und negative Gefühle zugelassen, sich eingestanden, wenn sie sich mal selbst leidtat, und sich auferlegt, »die Aufgabe« anzunehmen, ihr Leben neu zu gestalten. Diese Aufgabe trifft jede und jeden, die und der sich bewusst auf die Reise zum letzten Lebensdrittel aufmachen, unabhängig davon, wie viel auf dem Sparbuch liegt.

Ein paar Tage nach Liisas Fest lerne ich Adrienne kennen. Sie ist mir in all den Jahren in Grafton nie begegnet, was kaum erstaunlich ist, denn vermutlich war sie gerade unterwegs. Adrienne betont, dass es ihr finanziell nicht schlecht geht, sie hat nach ihrem Collegeabschluss in Kunstgeschichte für die U.S. Air Force und für Software-Unternehmen gearbeitet, so konnte sie sich für die Zeit nach der aktiven Berufstätigkeit etwas zurücklegen. Aber Adrienne musste sich entscheiden, wie sie ihr Geld einteilt, damit es bis ans Lebensende reicht. Sie kann nicht in den Tag hineinleben. Und doch ist es genau das, was sie nun tut.

»Ich war immer eine Reisende«, sagt die Frau, die als Kind italienischer Einwanderer regelmäßig in Italien war, von wo ihre Großeltern vor Mussolini in die USA geflohen waren. Im Urlaub ist sie gewandert, mit Rucksack und Zelt. Zweimal war sie verheiratet, das erste Mal so unglücklich, dass sie beim Militär anheuerte, um ins Ausland zu verschwinden, drei Jahre ging sie für die Air Force nach Deutschland. Die Vierundsechzigjährige hat keine Kinder, aber eine vierbeinige Begleiterin, Hündin Tori. Als Adrienne Ende fünfzig war, nahm sie ein Vorruhestandsangebot an. »Ich hatte keine Lust auf einen neuen Job. Ich wollte noch ein anderes Leben ausprobieren. Und ich war jung genug, es wieder aufzugeben, falls es mir nicht gefiel.«

Das andere Leben findet auf der Straße statt. Ein Jahr vor dem letzten Arbeitstag hat Adrienne ihre Wohnung gegen ein feines Wohnmobil eingetauscht, einen Van, den sie sich zum Überlandfahren und Dauerleben hat umbauen lassen. In Grafton pachtete sie ein Minigrundstück mit Elektroanschluss und einer Auffahrt, in der sie ihr rollendes Haus abstellt, um dort den Sommer zu verbringen. Sobald die zinnoberroten und goldgelben Blätter im Green-Mountain-Staat ihre Farbe verlieren, setzt sich Adrienne hinters Steuer ihres knapp fünfzehn Quadratmeter großen Eigenheims. »Es ist recht geräumig«, sagt sie nicht ohne Stolz.

Das Fernziel steht bei der Abreise fest, irgendwann will sie bei dem Trailerpark in Arizona ankommen, wo sie einen Stellplatz auf Lebenszeit gemietet hat. Falls ihr die Fahrerei einmal zu beschwerlich wird, kann ihr rollendes Tiny House dort zur Ruhe kommen. Adrienne könnte die etwa 4000 Kilometer bis dahin in rund vierzig Stunden schaffen, aber sie nimmt sich so viel Zeit, wie sie für unverhoffte Begegnungen braucht. Durch acht US-Bundesstaaten schlängelt sich die berühmte Route 66, mal stoppt sie den Van in einer alten Wildweststadt, oder sie steuert einen Ort an, den sie mit ihren Camp-Freundinnen online vereinbart hat, um dort ein Filmfest zu organisieren und zu erleben.

Fahren, anhalten, um die Landschaft zu genießen, weiterfahren, ohne genau zu wissen, wohin, aussteigen, weil ein Mensch, ein Duft, ein Lied oder eine Eingebung dazu verleiten, und wieder fahren, ganz im eigenen Rhythmus. Es gibt viele Freiheiten bei so einem Leben auf Tour. Die Freiheit, jederzeit aufzubrechen, dem warmen Wetter entgegenzureisen, Äußerlichkeiten, Statussymbole, Konventionen hinter sich zu lassen, sich unerfreulichen Nachbarn zu entziehen und die aufzusuchen, mit denen man gerne teilt, ob es die nächste Mahlzeit am Lagerfeuer oder die Antwort darauf ist, was wichtig ist im Leben.

Dennoch gibt es keinen Grund, das Dasein auf Rädern zu romantisieren. »Das ist alles andere als ein leichter Lifestyle für ältere Menschen«, sagt Adrienne. Als eine fahrende Freundin an der Schulter operiert werden musste, haben die anderen für sie gesammelt. Man muss gut sein im Umgang mit Notlagen, bei einem platten Reifen oder einem Maschinenschaden mitten auf einem Wüsten-Highway, »wenn du stundenlang auf den Straßenservice wartest«.

Die Community besteht überwiegend aus Frauen, »sie leben länger und sie beziehen weniger Rente als die Männer«, erklärt Adrienne. Die meisten sind nicht freiwillig on the road, es fehlt ihnen an Geld für eine Wohnung, genug zu essen und die medizinische Versorgung. Etliche sind verwitwet, viele haben Kinder, manchmal parken die reisenden Großmütter für ein paar Wochen auf dem Grundstück ihrer Familie, bevor sie weiterfahren. Selbst diejenigen, die wie Adrienne Ersparnisse haben, müssen mit 10 000 bis 20 000 US-Dollar im Jahr über die Runden kommen, wovon ein Gutteil für Benzin draufgeht. Mehr als zwei Mahlzeiten pro Tag sind da nicht drin.

Manchmal schlägt das Glücksgefühl, unabhängig zu sein, in Einsamkeit um. Die Frau, die von sich sagt, gut allein sein zu können, wie die meisten Tourer, macht einen klaren Unterschied: »Allein sein bedeutet, du bist mit dir, und das ist okay. Einsam heißt, du sehnst dich nach Gemeinschaft, aber es ist nichts und niemand da. Das ist gefährlich.« Janis Joplins bittere

Zeile kommt in den Sinn, »Freedom's just another word for nothing left to lose« – die fragwürdige Freiheit, nichts mehr zu verlieren zu haben. So traurig sieht Adrienne ihre Existenz nicht. »Wir sind täglich über Facebook verbunden«, sagt sie. »Wenn sich eine mal nicht meldet, suchen wir sie, schicken E-Mails oder texten. Wir sind füreinander da.« Die ersten drei Jahre sind ihr schwergefallen. Normale Reisen haben einen Anfang und ein Ende, und plötzlich war da kein Ende mehr, weil es keine feste Bleibe mehr gab. »Dieses Gefühl, ich muss nirgendwohin, das war schwer auszuhalten«, bilanziert Adrienne. »Heute ist es das Beste.«

Auf dem Trailerpark in Arizona wartet eine kleine Gemeinde auf die Fahrensleute, rund 600 kommen regelmäßig zusammen. Es ist eine Kooperative mit Regeln und Aufgaben für alle, die dazugehören wollen, in der Küche, im Clubhaus, in der Wäscherei. Am Schwarzen Brett werden die Ereignisse der nächsten Tage angekündigt, wann Karten gespielt wird oder an welchem Abend die Band der örtlichen Schule auftritt.

Männer? Nun ja, »das Kapitel Ehe ist abgeschlossen«, sagt Adrienne und lacht. Was sie vermisst? »Manchmal eine Badewanne«, dann gönnt sie sich eine Nacht im Hotel, im Wagen gibt es nur eine Dusche. Im Grunde sei ihr Alltag gar nicht so viel anders als früher, sie sitze gern mit Freunden zusammen, trinke Wein und rede. Und etwas gefällt ihr besonders: In der Gemeinschaft der Nomaden seien Abschiede nicht für immer, »wir geben uns stattdessen ein Versprechen: ›See you down the road‹«.

Ein automobiles Nomadenleben wie das von Adrienne stieße in Europa auf Hindernisse, wenn bei jeder Grenzüberquerung eine andere Sprache gesprochen und andere Gesetze eingehalten werden müssen. Außerdem braucht es ein unerschrockenes Naturell, um den festen Wohnsitz gegen eine Hütte auf vier Rädern einzutauschen. Und schließlich bietet es sich auf unserem dicht besiedelten Kontinent womöglich eher an, die Lust am Unterwegssein mit einem Interrail-Pass in der jeweiligen Altersklasse auszuleben, der Umwelt zuliebe und um die eigenen Nerven von Dauerstaus und gestressten Rasern zu verschonen.

Doch so individuell und unübertragbar die Wege sein mögen, die Liisa und Adrienne spät im Leben eingeschlagen haben, so deutlich zeigen die beiden Modelle, worauf es jetzt ankommt: loszulassen, was nicht festzuhalten ist, und die Chance zu ergreifen, unter den veränderten Umständen etwas zu gestalten, was zur jeweiligen Persönlichkeit passt und ihr guttut. Durch hartnäckige, liebevolle Selbstbefragung festzustellen, ob beispielsweise die frühere Künstlerseele noch da ist, die jahrzehntelang der Familienverdienerin weichen musste; oder ob der heimliche Schrauber gerne endlich losschrauben würde, wenn ihm der Dienst als Abteilungsleiter nicht mehr die Stunden stiehlt. Und sich Gleichgesinnte suchen, die eine Neigung, eine Aufgabe oder eine Leidenschaft teilen.

Liisa und Adrienne haben den Haufen Leben, der sich angesammelt hat, gelüftet, liegen gebliebene Träume, Pläne, Projekte hervorgezogen und ausprobiert, um sie jetzt, mit mehr Zeit und Erfahrung, zu verwirklichen. Sie haben sich nicht unter Zeitdruck gesetzt in dem Bewusstsein, nun aber auch keine Zeit mehr zu verschwenden. Es war nicht geplant, dass die beiden erst in ihre späten Abenteuer starteten, nachdem sie langjährige Partnerschaften hinter sich hatten. Aber es ist ebenso kein Zufall, wenn Studien und Statistiken zeigen, wie überwiegend Frauen sich in fortgeschrittenen Jahren noch mal auf die Fährte nach neuen Erfahrungen und Begegnungen machen. Weit weniger weibliche Alleinstehende suchen in dieser Lebensphase dringend nach einem neuen Partner als Männer nach einer Partnerin. Damit ist nicht gesagt, dass Frauen resignieren und Männern nicht allein sein können. Vielmehr sind Liebe, Begehren und Partnerschaft zu diesem Lebenszeitpunkt mindestens so ersehnt und vielschichtig wie zu allen vorherigen – nur dass manches nun unter veränderten Vorzeichen abläuft.

Fortsetzung Liebe, Begehren und Partnerschaft

Auch wenn eindeutig erwiesen ist, dass Einsamkeit der Gesundheit abträglich ist, so erklärt doch der Umstand, ob der Mensch ledig, verheiratet, geschieden oder verwitwet ist, wenig darüber, wie froh, zufrieden oder unglücklich jemand sich fühlt. Die Liebe und ihre Spielarten ergeben zusammen jenen Glücksfaktor, den wir am wenigsten beeinflussen können – allen persönlichen Bemühungen und digitalen Kontaktbörsen zum Trotz. Jenen Glücksfaktor, der wesentlich dazu beiträgt, wie lange wir geistig und körperlich gesund bleiben, wie offen wir für Veränderung sind, wie mutig oder verzagt wir uns dem Abenteuer Älterwerden stellen können. Aber den jeweiligen Familienstand zu ändern, egal um welchen Beziehungsstatus es sich handelt, wird jenseits der Fortpflanzungsfrist mehr als in jeder anderen Lebensphase zum Wettlauf um ein liebenswertes Gegenüber – und um so etwas wie Seelenfrieden und körperliche Harmonie.

Bei all dem geht es auch um Sex, denn Studien und Umfragen zeigen, wie beständig Menschen sich nach sexueller Nähe sehnen. »Reif für die Liebe«, betitelte die *Zeit* ein Dossier über Lust und Leidenschaft älterer Menschen. Darin berichtet Klaus, wie er seine späte Liebe Johanna morgens wach streichelt, »sie hat einen sehr empfindlichen Busen, das ist sehr spannend«. Mit zunehmendem Alter suchen Partner und Partnerinnen seltener kühne Stellungsspiele als vielmehr Innigkeit. Die überbordende, stets verfügbare, unermüdliche Sexualität der Jugend erwarten oberhalb von sechzig nur wenige. Aber warum sich nicht überraschen lassen?

Als ich Lotte-Luise Bergner Anfang 2022 in Wiesbaden besuchte, hatten ein schwer kontrollierbarer Diabetes und eine unaufhaltsame Makuladegeneration ihre vormals resolute Vitalität weitgehend auf den Fernseher in ihrem Schlafzimmer reduziert. Lotte-Luise hat vierzig Jahre eine Buchhandlung in Oldenburg geleitet, ihre Arbeit, lesen, diskutieren und politisieren war ihre Leidenschaft – und wäre es heute noch, wenn die vernebelte Netzhaut nicht wäre. Die gelernte Bibliothekarin ist Anfang siebzig, sie ist ein bisschen füllig geworden, seit sie sich aus Angst zu stürzen kaum noch nach draußen bewegt. Die alleinstehende Frau mit dem trockenen Witz lässt sich nicht unterkriegen, an guten Tagen macht sie sich lustig über ihre beiden Krücken und den Gehwagen, den sie bisher verweigert. Nur waren die guten Tage nach zwei Jahren Pandemie so selten geworden, dass sie eines trüben Wochenendes mit ihrer Digitallupe in ihrem Adressbuch herumleuchtete und unter dem Namen »Uwe« auf einen fast verblassten Eintrag stieß.

Uwe war ein Stammkunde gewesen, der auffällig oft im Laden erschien, um sich länglich über Neuerscheinungen beraten zu lassen. Manchmal hatte Lotte-Luise das Gefühl, es ginge ihm nicht nur um Sachbuch und Belletristik. Aber Uwe war verheiratet, und sie hatte keine Lust auf eine Affäre. Doch nun tippte sie auf ihrem taktilen Handy die alte Nummer ein und erkannte die Stimme, die sich meldete – hocherfreut. Uwes Frau war vor fünfzehn Jahren gestorben, er hatte hier ein Techtel, da ein Mechtel, aber keine feste Beziehung mehr. Ein paar Wochen telefonierten die beiden, dann kam Uwe zu Besuch. Er wird in der Tür wieder umdrehen, wenn er mich in meinem Zustand sieht, dachte Lotte-Luise. Er blieb. Fuhr nach ein paar Tagen zurück in sein Dorf – und kommt seither regelmäßig.

Zwischen den Besuchen liest Uwe seiner neuen alten Freundin am Telefon die Zeitung vor. Sie reden über Krieg in Europa und die bedrohte Demokratie, über Buchpreisträger und die Lebenszeit, die sie fern voneinander verbracht haben. Wenn sie sich sehen, gehen sie miteinander spazieren, sie hängt sich bei ihm ein, dann braucht sie keinen Stock, und im Kino erzählt er ihr, was sie nicht sehen kann. Abends im Bett schaltet Uwe eine Infrarotlampe an, »in dem Schummerlicht sehen wir fast wie früher aus«, sagt sie und muss ein bisschen kichern. »Wir kuscheln, wir küssen, manchmal auch etwas mehr.« Im Sommer sind die beiden zwei Wochen an die Nordsee gereist. »Wir sind sehr nett zueinander«, sagt Lotte-Luise fast ein wenig verwundert. »Er möchte, dass ich wieder nach Oldenburg ziehe, dann wären wir nur eine halbe Stunde voneinander entfernt.« Sie überlegt noch, der Umzug, die Veränderung, aber sie hat Freunde da oben, in Wiesbaden hält sie nichts außer der Gewohnheit. In Oldenburg hält Uwe sie im Arm.

Erotische Bedürfnisse

Egal wie bunt oder einfarbig das jeweilige Liebeswünschen aussieht, ob es Zärtlichkeit, Körperlichkeit, Erotik oder der gute alte Geschlechtsverkehr ist: dass Menschen bis in höchste Alter erotische Bedürfnisse haben, ist inzwischen hinreichend belegt. In den USA fanden Gerontologen heraus, dass »eine abnehmende Orgasmusfähigkeit mit steigendem Alter nicht nachgewiesen werden« kann. Ingeborg, eine der Frauen, die in der *Zeit* interviewt wurden, hatte ihren ersten Orgasmus mit einundachtzig, mit einem drei Jahre jüngeren Liebhaber. 30 Prozent der älteren Erwachsenen, so die US-Studie, haben häufiger Sex und denken öfter daran als viele jüngere. Was nur leider nicht bedeutet, dass auch alle bekommen, was sie sich wünschen. Ob mit oder ohne Partnerschaft. Und darüber wird ungern gesprochen.

So individuell die Sehnsüchte bei jeder Frau und jedem Mann liegen, so viel verraten die Statistiken über die Voraussetzungen dafür, ob sie und er in Liebesdingen auf ihre Kosten kommen – oder eher nicht. Die Hälfte ihrer Klientinnen und Klienten sei über sechzig, berichtet Sexualtherapeutin Ann-Marlene Henning in der *Zeit*. Jenseits der siebzig seien es überwiegend Frauen, und sie zitiert eine Witwe: »Ich habe vier Kinder, aber noch nie einen Orgasmus gehabt. Ich will jetzt wissen: Was ist das mit dem Sex, den alle so toll finden?« Wieweit der Liebesakt im Alter gelingt, ist auch vom Geschlecht abhängig. Schlicht gesagt: Als Mann ist es theoretisch einfacher, Sex zu haben, was daran liegt, dass Frauen älter als Männer werden, im Alter also in der Überzahl sind. Zudem finden Liebesspiele aller Art in dieser Lebensphase vorzugsweise in festen Beziehungen statt, meistens in der Ehe. Ein Sechstel der Männer sind mit sechzig verwitwet oder geschieden und damit tendenziell alleinstehend, aber ein Viertel der Frauen. Während sich dieser Wert mit den Jahren bei den Männern kaum verändert, sind jenseits der siebzig mehr als ein Drittel, ab fünfundsiebzig dann fast die Hälfte aller Frauen ohne (Ehe-)Partner.

Unabhängig von diesen nüchternen Zahlen ist die Lage verwickelt, was schon das Wörtchen *theoretisch* im Fall des männlichen Sexuallebens andeutet. Zum einen führen, abgesehen vom Alter, ein allgegenwärtiger Leistungsdruck und die Vorbilder einer pornografisierten Gesellschaft dazu, dass nahezu jeder zweite Mann ab fünfzig über Erektionsprobleme klagt. Zum anderen trauen sich selbstbewusste Frauen häufiger, Nein zu sagen, wenn sie keine Lust haben. Und es soll vorkommen, dass zwischen beiden Phänomenen ein Zusammenhang besteht – was nur in sehr leise geführten Hintergrundgesprächen zugegeben wird. »Es ist anstrengend«, sagt im Vertrauen eine Anwältin, die ihren Ehemann aufrichtig liebt. »Er braucht immer länger, und ich muss so tun, als ob alles wie früher wäre.« Währenddessen fragen sich Männer, die erwägen, ein potenzsteigerndes Mittel einzunehmen, ob sie ihre Frau einweihen, überraschen oder die ungewohnte Standhaftigkeit lieber gleich mit einer Affäre ausprobieren sollten. »Meine Frau denkt vielleicht, ich brauche biochemische Unterstützung, weil ich sie nicht mehr begehrenswert finde«, lautet ein Standardargument. Und welcher Mann der Bauart »Ich kann immer«, die made in Germany offenbar in Serie ging, gibt schon gerne zu, erst mal eine kleine Blaue einwerfen zu müssen.

Die Kommunikation darüber, wer was im Bett gern hätte und was nicht, ist in der Generation Rentnerboomer unter Paaren oft längst nicht so entwickelt, wie die Aufbruchstimmung der sexuell befreiten Sechzigerjahre versprach. Das könnte damit zu tun haben, dass bei dem jahrhundertelang tabuisierten Thema das Ideal der Aufklärung und die Wirklichkeit – wie bei so vielen Aufklärungsthemen – ziemlich auseinanderklaffte. Allen Ernstes befand der Bundesgerichtshof noch 1966, die Frau genüge »ihren ehelichen Pflichten nicht schon damit, dass sie die Beiwohnung teilnahmslos geschehen« lasse. Vielmehr fordere »die Ehe von ihr doch eine Gewährung in ehelicher Zuneigung und Opferbereitschaft« und verbiete es, »Gleichgültigkeit oder Widerwillen zur Schau zu tragen«.

Ein paar Millionen Scheidungen und einige Frauenbewegungen später hat sich zwar einiges getan, angefangen mit der rasanten, überwiegend von männlichen Bedürfnissen geprägten, feingerippten Lustfeindlichkeit der Sexualität der Fünfziger über die Achtundsechziger-Devise »Wer zweimal mit der derselben pennt, gehört zum Establishment« bis zur genderbefreiten Polyamorie unserer Tage. Allerdings ist unsere Gesellschaft insgesamt noch weit davon entfernt, all jenen die gleichen Ansprüche auf ein munteres Geschlechtsleben zuzugestehen, die qua Alter, Gewichtsklasse oder ungewöhnlicher Körperform für den Wettstreit der straffen Leiber nicht infrage kommen. »Für viele alte Menschen selbst ist Sex kein Tabu«, sagt Therapeutin Henning, »aber der Rest der Gesellschaft macht ein Tabu daraus.«

Warum sollte sie mit den Jahren verglühen, die Sehnsucht nach Schmetterlingen und orgiastischen Vereinigungen, nach Liebesnächten ohne Sinn und Verstand, nach dem gewohnten Steh- und Gleitvermögen, nach arthrosefreien Leibesübungen? Wie andererseits umgehen mit den wachsenden Verlustängsten? Sei es die Sorge, nicht mehr juvenil, also attraktiv und begehrenswert zu sein, sei es die Furcht, beim Sex zu versagen oder Schmerzen zu erleiden, sei es die Unruhe, dass die Begierde sich in Nichts auflösen könnte oder kein Gegenüber mehr findet?

Abgesehen davon, dass die Empfehlung: »Use it or loose it« so schlicht wie zutreffend ist; abgesehen davon, dass nichts dagegenspricht, entwöhnte Organe mit geeigneten Mitteln wieder in Schwung zu bringen; abgesehen davon sei mir ein Wort zum Begehren gestattet. Solange wir jung sind, ist es einfach da, oft genug schon ohne ein begehrenswertes Gegenüber. Doch nun will es geweckt werden. Dabei schieben sich gemeine Erscheinungen zwischen uns und das erotische Verlangen. Haut verliert ihre Spannung und Feuchtigkeit, Muskeln erschlaffen, Haare fallen aus oder wachsen an Stellen, wo sie nicht hingehören, Zähne verfärben sich, wir kennen das. Das ändert selbstverständlich nichts am Wert des Menschen, aber beim Begehren geht es um eine quasi vegetative Reaktion, nichts, das dem Willen unterläge. Ob ich jemanden gern anschauen, anfassen, küssen oder gar erotisch erobern will, folgt keiner bewussten Entscheidung. Der/die andere löst ein Verlangen aus – oder nicht. Dann können wir ihn oder sie immer noch gernhaben, miteinander lachen, weinen, disputieren, essen gehen. Nur begehren tun wir nicht. Tröstlich immerhin ist, dass wir diese zwischenmenschliche Gemeinheit doch ein wenig beeinflussen können – und müssen, gerade jetzt, wenn kein öffentlicher Auftritt in einem Büro oder einem Zoom-Meeting ein minimal vorzeigbares Erscheinungsbild erfordert.

Und zwar durch Selbstfürsorge. Ob wir uns pflegen, wie sorgfältig wir uns kleiden, uns um Attraktivität und Ästhetik bemühen, macht einen Unterschied. Eine Person, die sich diese Aufmerksamkeit nicht wert ist, verliert ihre Anziehungskraft. Das hat nichts mit Markenklamotten und sündteurer Kosmetik zu tun. Es ist einfach unsexy, wenn jemand sich nicht um sich kümmert – ein Thema, das in der Boomer-Generation erfahrungsgemäß besonders häufig alleinstehende Männer trifft. Frauen wurden ein Leben lang darauf konditioniert, auf sich zu achten, während die meisten Männer überzeugt sind, es genüge ihr viriles In-der-Welt-Stehen. Im Tierreich scheinen männliche Exemplare zu wissen, dass das nicht stimmt, und plustern sich entsprechend auf. Jede und jeder soll sich präsentieren, wie sie/er will, sollte sich aber im Klaren sein: Für Freundschaft und seelische Liebe ist Sex-Appeal egal. Nur für den Sex halt nicht.

Abgesehen davon scheinen mir bei aller Optimierung des Selbst und der Körper ein paar wesentliche Tugenden auf der Strecke geblieben zu sein, Fähigkeiten, die Menschen gerade dann brauchen, wenn mit der Arbeitskraft auch die Hormone peu à peu in den Ruhestand gehen: Wir brauchen Geduld. Wir brauchen Humor. Und einen liebevoll-nachsichtigen Blick auf uns selbst und unsere Intimpartnerinnen und -partner, mit all unseren (Alters-)Erscheinungen, Sehnsüchten und Ängsten, ohne deshalb zu vergessen, was unsere Bedürfnisse sind.

Altersmilde Gelassenheit?

Vermutlich helfen bestimmte Charaktereigenschaften, beim Thema Sex eine altersmilde Gelassenheit zu entwickeln. Aber auch auf dem Weg des Nachdenkens können reifere Jahrgänge ihre innere Haltung beeinflussen. Der Augsburger Friedrich Engelhard verbindet beides miteinander. Schon sein Leben lang schaut der Freizeitgärtner mehr wie ein Ethnologe denn wie ein Richter auf seine Mitmenschen, ihn erstaunt eher, was er sieht, als dass es ihm einfiele zu urteilen. Dabei nimmt er besonders deutlich wahr, was unter der Oberfläche liegt, Stimmungen, Schwankungen, Irritationen. Engelhard lässt die Menschen sein, wie sie sind, seine sanfte Ironie taucht vieles in ein mildes Licht. Was jetzt mit siebzig auch ihm selbst zugutekommt. »Ich finde durchaus, dass Sexualität jenseits der fünfundsechzig ihren Platz haben sollte, aber ich habe mir vorgenommen, nicht zu viel darüber zu grübeln, mir vorzubehalten, dass alles jederzeit möglich ist, vielleicht nicht gerade jetzt, ad hoc, weil ich gerade jetzt vielleicht keine Frau kenne, die ich begehren würde, aber ich bin offen dafür.«

Offen, damit meint er, dass er seine Umgebung ebenso wahrnimmt wie sich selbst. Kürzlich begegnete ihm im Supermarkt an der Kasse eine Frau, die ihm nicht nur wegen ihrer Inkognito-Sonnenbrille auffiel. »Sie war stilvoll angezogen, eine weibliche Figur, nach äußerlichen Kriterien wäre sie, wie soll ich sagen, eine Kandidatin gewesen – wenn ich sie kennenlernen würde und sich das im Gespräch bestätigte.« Aber er sei nicht der Typ, »der auf dem Parkplatz ihre Stoßstange anfährt, um mit ihr in Kontakt zu kommen. Das hätte ich vor zwanzig Jahren auch nicht getan. Ich denke dann nur: Die merkst du dir, wenn du sie wiedersiehst, vielleicht fällt dir dann was ein.« Engelhard hat kein Rezept dafür, wie sich etwas ereignen soll, wer ihm zuhört, lernt keine Anmachtricks und kein Erfolgsgeheimnis. »Es ist auch eine Frage des Charakters, ob du ein Leben lang ein Macher warst, ein zupackender Mensch, oder eher ein Traumwandler, der seiner Intuition vertraut, für den halte ich mich. Dazu muss die Sexualität ja auch passen.«

Der Schwabe hat nach dem Romanistik- und Geschichtsstudium im Staatsdienst gearbeitet. Bis sich auf seinem Gemüt eine dicke Staubschicht ansammelte, die seine Berufung zum Lebenskünstler zu ersticken drohte. Seither betreibt er in seiner Heimatstadt ein kleines Taxigewerbe, das ihm noch genügend Zeit lässt für Literatur und klassische Musik. Und für seinen Garten. Das Hegen und Pflegen liegen wie das Zuhören in Engelhards Natur. Ob er Fahrgäste kutschiert oder Gemüse erntet, er tut es lustbetont. Zwei mittlerweile erwachsene Kinder von zwei Müttern begleitet er liebevoll, ohne verheiratet gewesen zu sein. Es scheint fast, als mache es keinen so großen Unterschied, welcher Art von Lebewesen er sich widmet – wenn er sich widmet, denn er ist auch gern mit sich allein.

Genussvoll faulenzen, zufrieden sein, Kontemplation, in diesen Fächern könnte der Augsburger Unterricht geben. Abends nach der Arbeit geht er in seinen Garten, legt sich auf die Liege und lässt das Grün auf sich wirken. »Irgendwann rupfe ich eine halbe Stunde Unkraut heraus, verspüre eine leichte Erschöpfung, rauche eine Zigarre und frage mich, ob ich mir nebenan beim Syrer schon ein Belohnungsbier verdient habe.« Meistens verneint er die Frage. Doch sobald sich das Gefühl einstellt, sein Soll erfüllt zu haben, ist alles im Lot. »Ich schaue dann in verschiedene Richtungen. Wie ein orientalischer Mönch. Das genügt mir.«

Bei aller inneren Ruhe ist Engelhard überzeugt: »Das Verlangen hört nicht auf. Und das geht über Zärtlichkeit hinaus.

Nicht nur Nähe und Streicheln und in den Arm nehmen, es ist auch der Reiz, das Spiel, das Ausloten, was entsteht, wie es entsteht. Begehren ist etwas anderes als die Zärtlichkeit, die man aus Zuneigung zu jemandem empfindet.« In der Achtzigerjahre-Fernsehserie *Der große Bellheim* geraten vier ältere Herren auf einer Party, beflügelt von ein paar Glas Wein, über eine attraktive Frau ins Schwärmen, bis einer auf sie zugehen will. »Und was machst du, wenn sie Ja sagt?«, bremst ihn einer der Freunde gerade noch rechtzeitig. Eine Situation, die Friedrich Engelhard keine Sorgen bereitet. »Wie das dann ausgeht, ist sowieso ein großes Geheimnis. Natürlich weiß ich nicht, ob ich eine Frau heute auf Dauer befriedigen kann, die vielleicht viel leidenschaftlicher ist als ich. Vielleicht müsste ich dann die Segel streichen, ich bin kein Zuchthengst, schon gar nicht in diesem Alter.« Aber er hätte auch keine Angst zu versagen. »Wenn die Nähe da ist zu dem anderen Menschen, wenn du in die Sexualität des anderen vordringst und wenn man sich Zeit lässt, sich nicht selber unter Druck setzt, ist das auch mit achtzig noch möglich.«

Ihn in Liebesdingen einen Experten zu nennen, würde ihn vermutlich belustigen. Er ist ein Genießer. Vielleicht ist das seine Botschaft, ohne dass er es so nennen würde. »Il faut cultiver notre jardin«, zitiert Engelhard den letzten Satz aus Voltaires *Candide*, wir müssen unseren Garten bestellen. Der Fuhrunternehmer lächelt verschmitzt. »Das kann man auf den Planeten oder auf sein eigenes kleines Leben und die Liebe beziehen.«

Wer so abgeklärt noch nicht auf sein eigenes kleines Leben schauen kann, meldet sich vielleicht auf einem der Datingportale an, die, befeuert von allerlei Unsicherheiten einer älter werdenden Klientel, ihren schwunghaften Partnerschaftshandel mit wachsendem kommerziellem Erfolg in der Alterskohorte über sechzig betreiben. Eine Heerschar versilberter Liebesboten lädt ein zum »Senior Match«, und tatsächlich ist es mittlerweile wahrscheinlicher, auf einem der elektronischen Kontakthöfe jemanden kennenzulernen als bei Familienfesten oder beim Abendessen mit Freunden, egal ob es darum geht, zu wandern, zu lesen, zu reisen, erotische Abenteuer zu suchen oder den Rest des Lebens miteinander zu teilen.

Aber darüber, wie verlässlich Algorithmen die sprichwörtliche Chemie ersetzen, die es braucht, damit zwei sich dauerhaft riechen, schmecken, lieben können, sagt es nichts aus, wenn sich alle elf Minuten jemand online verliebt. »Ich wäre ja schon froh gewesen«, erinnert sich Annalena Bürger, »mich ab und an mit einem Menschen des anderen Geschlechts auszutauschen, der nicht mein Ex, mein Bruder oder der Mann einer Freundin ist.« Aber online zu flirten, für sich zu werben oder die Eigenanzeigen anderer richtig zu lesen, will gelernt sein. Und bedarf einer Frustrationstoleranz, die sich von analogen Begegnungen unterscheidet.

Es bleibt ein Unterschied, ob zwei sich zufällig kennenlernen und verabreden oder gezielt über ein Verkupplungsportal anklicken. Die unwiderstehliche Leichtigkeit des Zufalls ist kaum zu ersetzen, die ihre Anziehungskraft entwickelt, weil wir so gern ans Schicksal glauben, wenn es um die Liebe geht. Erfreulicherweise sind inzwischen viele Beispiele bekannt, die das Gegenteil beweisen, aber es gibt durchaus Menschen, die sich algorithmisch einfach nicht verlieben können. Annalena hat nicht mitgezählt, wie viele Christians, Wolfgangs und Heinrichs sie in den fünf Jahren als Premiummitglied zweier Partnerbörsen getroffen und verworfen hat. »Ich brauche Zeit, um mich an einen Menschen zu gewöhnen«, sagt die verwitwete Gartenarchitektin. »Ich verliebe mich nicht so Knall auf Fall.« Und

Annalena hat festgestellt, dass E-Dater selten einen entspannten Zeithorizont mitbringen.

Meine eigenen Erfahrungen mit dem digitalen Liebeswerben gründen auf Zufall und Faulheit. Zufall, weil ich nach einer Recherche zum Online-Dating auf einer der Plattformen hängen blieb, Faulheit, weil ich a) keine Lust auf zielgerichtetes Balzen im Analogformat verspüre, b) keinc Zeit dafür habe und c) mich daran gewöhnte, dass ungezählte Herren geduldig im Posteingang auf mich warten, ohne dass ich mich auftakeln oder sonst wie »bella figura« machen muss. Außerdem, hier kommt ein boshafter Charakterzug zum Vorschein, trug das Studium einschlägiger Annoncen gerade in trüberen Stunden wahlweise zu meiner Verblüffung oder zur Erheiterung bei. So zeugt es doch von einem stabilen Selbstbewusstsein männlicher Beziehungsträumer, wenn nicht selten Fünfundsechzigjährige, »vom Leben enttäuschte« Stirnglatzenträger mit »ein paar Kilos zu viel« eine »unkomplizierte weiblich gebaute Frau bis vierzig« suchen, mit der sie »eine Familie gründen« können – Adoption kommt ja in dem Alter nicht mehr infrage. Auch der »bekennende Choleriker«, der eine »warmherzige, verständnisvolle Frau mit Temperament« zum »geistigen und körperlichen Austausch auf Augenhöhe« sucht, ist vermutlich fündig geworden.

Es wird wohl an mir liegen, dass ich in den zehn Jahren, in denen mein Mann und ich freundschaftlich und familiär humorvoll verbunden, in zwei Haushalten ein äußerst angenehmes Mit- und Ohneeinander praktizieren, weder durch die digitalen Kontaktbörsen auf den einen anderen gekommen bin noch mithilfe der Ergebnisse wissenschaftlicher Forschung. Seit Jahrzehnten, wenn nicht Jahrhunderten suchten und suchen Evolutionsbiologen, Hirnforscher, Philosophen, Soziologen, Psychologen, heutzutage ergänzt um Eheberater, Paartherapeuten, Partnerschafts-Coachs, nach der Gleichung, wie genau

Hirn, Hormone, soziale Vorbilder oder persönliche Erfahrungen zusammenwirken müssen, damit zwei Liebe Suchende zueinanderfinden. Eine Wahrheit immerhin haben sie enthüllt: Es wird mit den Jahren der Beteiligten nicht einfacher.

Wer jung ist, tauscht vielleicht schnell aus, neuer Klick, neues Glück. Wer jedoch ungern allein alt werden will, besonders dann, wenn auch der Beruf als soziale Beziehungsschmiede entfällt, muss sich Fragen stellen, die zur Menschwerdung gehören und noch immer nicht beim Prosecco zu beantworten sind: Wer bin ich, und was suche ich? Die Partneragenturen suggerieren, der Richtige oder die Richtige sei bei den meisten Übereinstimmungen zu finden, eine Theorie, der erfahrene Paartherapeuten widersprechen. Wer sich selbst entwickeln und nicht bald schon langweilen will, wünscht sich ein Gegenüber, das sowohl als auch verspricht, sowohl seelenverwandt als auch ausreichend anders, damit die Neugier aufeinander erhalten bleibt, wenn sonst nicht mehr viel passiert. Beide Volksweisheiten stimmen also: Gleich und gleich gesellt sich gern und Gegensätze ziehen sich an. »Das Gegensätzliche von Gleichen« ziehe sich an, formulierte weise der Schweizer Psychiater Jürg Willi. Oder in den Worten des Philosophen Martin Buber: »Ich werde am Du.«

Annalena Bürger hat ihr spätes Glück schließlich bei einer Gartenschau getroffen, über die heftig diskutierte Frage, wie viele Arten die Gattung Hydrangea produziert – vulgo Hortensie – kamen sich die Naturfreunde derart nah, dass sie zwei Pflanzperioden später zusammenzogen. Ihre Chancen, daraus eine dauerhaft beglückende Beziehung zu schmieden, stehen gut. Wer ähnliche Bedürfnisse hat, sich gegenseitig anzuregen vermag, sich gemeinsam freuen und Differenzen auch mal austragen kann, sagen Forscher, bleibt meist länger zusammen. »Wir freuen uns aneinander, an den fünf Kindern, die wir zusammengezählt haben. Und wir hoffen, dass wir eine Zukunft miteinander teilen«, sagt Annalena. Gemeinsam bringt es das verliebte Paar auf 135 Jahre, noch fünfzehn bis zwanzig weitere wünschen sie sich.

Ein gelungenes Ganzes

Es soll das subjektive Unglück derer, die unerfüllt auf Partnersuche unterwegs sind, keinesfalls geringgeschätzt werden. Womöglich setzen latent Paarungswillige darauf, dass insbesondere der Ehe bescheinigt wird, die Lebenserwartung zu verlängern. Vielleicht liegt es auch in der Natur des Menschen, Einsamkeit vorzugsweise durch Zweisamkeit beheben zu wollen. Die Evolution als Gemeinschaftswesen ist nicht spurlos am Herdentier Mensch vorbeigegangen. Schon Adam wurde ja gleich zu Beginn der biblischen Geschichte von ganz oben belehrt, es sei nicht gut, dass der Mensch allein sei. Wenn das Selbstgespräch auf Dauer den sozialen Austausch ersetzt, kann einem/einer schon mal die eigene Stimme zu laut werden. Und nach dem dritten Wochenende mit dem befreundeten Paar, mit dem man sich seit Jahren zusammentut, um nicht zum Schrat zu werden, können selbst begabte Einzelgängerinnen ins Grübeln kommen, wenn einen hinter der eigenen Haustür wieder nur die Begrüßung von »Alexa« erwartet.

Dennoch tragen auch die gesellschaftliche Konvention und die Werbebotschaften der Partnerbörsen dazu bei, dass wir uns nur mit einer vermeintlich besseren Hälfte als gelungenes Ganzes empfinden. Ein Viertel Deutschlands, darunter fast 50 Prozent über Fünfzigjährige, lebt angeblich im bemitleidenswerten Zustand permanenter Unvollständigkeit und bedarf dringend der Beratung und Beziehungsfürsorge. »Fühl dich komplett«, wirbt aufmunternd eine Münchner Singleplattform, als wäre der Mensch an sich ein lückenhaftes Wesen. »Mit diesen Tipps«, versichern die Kuppelexperten der Agentur Elite, für »kultivierte, niveauvolle« Singles, »kommen Sie mit sich ins Reine«, wenn schon nicht unter die Haube.

Zum Glück fühlen sich nicht alle einsam, die alleine leben. Kaum jemand spricht davon, dass die gut acht Millionen Fünfzigplus-Singles laut Umfragen mit ihrem Leben bemerkenswert zufrieden sind. An der Schwelle zu dem Lebensabschnitt, in dem wir unausweichlich uns nahestehende Menschen verlieren werden, tut es gut zu wissen, welche Kompetenzen der allein lebende Homo sapiens auszubilden vermag, die ihm oder ihr die paarweise aufgestellte Normgesellschaft kaum zugetraut hätte: Einzelpersonen halten häufiger Kontakt mit Eltern, Geschwistern, Nachbarn und Freunden, fanden US-amerikanische Soziologinnen heraus. Sie sind hilfsbereiter und können Unterstützung besser annehmen als Verheiratete. Obwohl das erst mal wenig tröstet, wenn der Partner oder die Partnerin nicht mehr da sind, sind das zumindest recht gute Voraussetzungen, um irgendwann wieder zurechtzukommen.

Doch solange Paare zusammen und halbwegs gesund sind, scheint es fast unmöglich, sie für Wohn- und Lebensprojekte größer als zwei zu gewinnen. Beispiele wie der frühere Bremer Bürgermeister Henning Scherf, der schon vor drei Jahrzehnten mit seiner Luise in eine Hausgemeinschaft Gleichgesinnter zog, oder der Münchner Ex-Oberbürgermeister Hans-Jochen Vogel, der bis zu seinem Tod 2020 mit seiner Frau in einem betreuten Wohnstift lebte, sind weithin bekannt, weil sie so selten sind. »Ich bin überrascht, dass wir in all den Jahren überhaupt keinen Frust hatten, und finde unser Projekt bis heute ziemlich gelungen«, sagt Scherf. »Wir kümmern uns rührend umeinander und wissen ziemlich genau, wem es gut geht und wem nicht.«

Viel wäre schon gewonnen, wenn ältere Semester weniger zwanghaft nach der einen Glücksbringerin oder dem Gespann zu zweit suchten als nach Lebensmodellen, die einen davon unabhängig machen, die mit und ohne Partner vor Vereinsamung schützen. Das gilt sowohl für Alleinstehende als auch für Langzeit-Liebespaare, die vor der letzten gemeinsamen Ruhe im Doppelgrab damit rechnen müssen, eine unvorhersehbare Strecke ohne die vertrauteste Person zubringen zu müssen.

Oft wird übersehen, dass mehr als zwei Drittel aller Ehen in Deutschland ihr Versprechen einlösen, zu halten, bis dass der Tod sie scheidet. Und es soll nicht unterschlagen werden, wie nachdrücklich Alleinstehende jenseits der siebzig in Richtung Paarsamkeit drängen. Vermutlich träumen die meisten Menschen in jedem Alter weiter vom Sechser im Beziehungslotto. Von der Liebe ohne Verfallsdatum. Einem Glücksgefühl, das sich mit den Jahren vertieft. Einem Begehren, das sich bei abnehmender Potenz durch pure Zuneigung in ein beglückendes, nimmermüdes erotisches Verschmelzen verwandelt. Mehr als zwei Drittel – das sagt nichts darüber aus, wie gut es diesen Ehepaaren geht. Aber die, denen es gut geht, sagen viel darüber aus, wie so ein lebenslanges Miteinander gelingen kann. Es lohnt sich, ihnen zuzuhören, bevor das Vieraugengespräch künftig weite Teile der Unterhaltung einnimmt.

Annelies und Michael Mücke sind ein solches Langzeit-Liebespaar. Mehr als ein halbes Jahrhundert ist vergangen, seit die beiden im Fasching 1966 im Münchner »Tanzinstitut für Gesellschaftstanz« zum ersten Mal Foxtrott und Cha-Cha-Cha tanzten. Fünfzehn Faschingsbälle besuchten sie in jenem Winter gemeinsam. Er ließ sie einfach nicht mehr los. Im Sommer 2020 haben die beiden Goldene Hochzeit gefeiert.

Fünf Jahrzehnte, wenn man die Zeit des »Miteinandergehens«, wie das damals hieß, noch dazuzählt, sind das, fast 20 000 gemeinsame Tage, mehr als dreimal so lange, wie die deutsche Durchschnittsehe hält. Drei Kinder haben Annelies und Michael großgezogen, acht Enkel und Enkelinnen sind es mittlerweile. Viele Jahre, netter Nachwuchs, das gibt es öfter. Und wer schaut schon dahinter, warum eine lange Ehe lange andauert. Was dieses Paar jedoch von anderen unterscheidet, ist nicht in Zahlen oder Durchhalteparolen wie »es miteinander aushalten« zu beschreiben. Es liegt, so kitschig es sich anhören mag, noch immer in der Luft.

Wer die Mückes in ihrem holzverkleideten Haus in Feldkirchen-Westerham, einem Dorf vierzig Kilometer südöstlich von München, besucht, spürt das nach wenigen Minuten. So wie es Paare gibt, deren nonverbale Spannungen für Dritte physisch spürbar sind, strahlen Annelies und Michael aus, dass eine immer noch sehr lebendige Anziehungskraft sie zusammenhält. Da ist nicht Nichts. Da ist sichtbare Zuneigung. Wie sie ihm zuhört, aufmerksam, offensichtlich immer noch interessiert zu erfahren, was er sagt. Wie er ihr nachschaut, wenn sie durchs Zimmer geht, als sei er immer noch froh und ein bisschen stolz, dass sie da ist.

Wie schafft man das? Ist das Schicksal? Passen da einfach zwei kongenial zueinander? Haben die beiden zufällig gefunden, was so viele vergebens suchen? Oder gibt es doch ein Rezept fürs dauerhafte Glücklichsein? Und wenn schon kein Rezept, dann wenigstens ein paar Erfolgsgeheimnisse?

Annelies und Michael lernten sich in der Zeitenwende der Sechzigerjahre kennen, mit Rebellion gegen die Eltern der Generation »Drittes Reich«, mit freier Liebe, Antibabypille und Studentenunruhen – doch dieser Umbruch ging an den beiden jungen Münchnern weitgehend vorbei. Bewegt waren diese zwei eher innerlich. Er begriff, dass seine »tiefe Beziehung« zum Klavierspiel nicht ausreichen würde, um Musiker zu werden, und studierte Chemie, sie Pädagogik. Allein von zu Hause auszuziehen, wäre für die jungen Leute gar nicht infrage gekommen; abends saß das Pärchen, von den Eltern geduldet, in Annelies' Mädchenzimmer. »Wir waren so brav«, sagt sie, »das kann man sich heute nicht mehr vorstellen.« Wenn sie genug Geld für Eintrittskarten gespart hatten, gingen sie ins Theater oder ins Konzert, hin und wieder tanzen. »Und es war unser Glück«, sagt Michael Mücke, »dass wir beide Kirchgänger waren, da konnte man sich auch treffen. Viereinhalb Jahre ging das so, im letzten Studienjahr – sie war zweiundzwanzig, er dreiundzwanzig –, wurde geheiratet, kirchlich und in Weiß. Erst nach der Hochzeit sind sie zusammengezogen, ein Zimmer, Küche, Bad für 100 Mark, in München.« Sie lächelt, wenn sie an die »schicke dänische Couch zum Ausziehen« denkt, die sie sich geleistet haben.

Es ist eine von vielen Liebes- und Ehegeschichten aus den Sechziger-, Siebzigerjahren. Die Achtundsechziger-Bewegung, der antiautoritäre Geist, der die spießige Kleinfamilie hinter sich lassen und zu neuen, freieren Lebensgemeinschaften aufbrechen wollte, spielte sich an einigen Unis ab. Die weitaus meisten der nach dem Krieg Aufgewachsenen strebten wohl vor allem nach ähnlichen Idealen wie Michael und Annelies Mücke: »Wir wollten ein selbstbestimmtes Leben leben.« Was bedeutete: eine eigene Wohnung, eigenes Geld, eine eigene Familie. Bei den Mückes ging es nicht mal vorrangig darum, sich von den Eltern zu befreien, im Gegenteil. Noch heute schwingt Bewunderung mit, wenn Annelies berichtet, dass ihre Mutter vierzehn Jahre alt war, als sie den Vater kennenlernte, und dass sie bis zum Tod gut zusammenlebten. Seine Eltern haben Eiserne Hochzeit (fünfundsechzig Jahre) gefeiert, Motto: »Wenn ma zamm is, bleibt ma zamm.«

Ganz gute Voraussetzungen, gewiss. Auch wenn positive Vorbilder keine Garantie für das eigene Glück sind, wirkt der familiäre Anschauungsunterricht einer durch dick und dünn stabil gebliebenen Partnerschaft doch nach, das zeigen die Statistiken. Das junge Paar musste gleich zu Beginn der Ehe die wohl schwerste Prüfung gemeinsam bestehen, den Tod ihres ersten Kindes. »Wenn ich ihn da nicht gehabt hätte«, sagt Annelies Mücke und wirft ihrem Mann einen ihrer wärmenden Blicke zu, »dann hätte ich mich wohl reinfallen lassen in die Trauer.« Für ihn stand fest: »Das probieren wir gleich noch mal.« Drei gesunde Kinder kamen zwischen 1974 und 1981 zur Welt. Annelies wollte ganz für ihre beiden Töchter und den Sohn da sein, Michael schlug nach der Promotion in Chemie beruflich einen Haken zurück zu seinen geisteswissenschaftlichen Leidenschaften. Er arbeitete an den Bayerischen Staatlichen Bibliotheken und unterrichtete.

Solche Lebensläufe – sie mit drei Kindern zu Hause, er zwölf Stunden täglich aufgesogen von seinem Traumjob – können zwei Menschen voneinander entfernen, wie die jahrzehntelang sprunghaft gestiegenen Scheidungszahlen der Babyboomer zeigen. Annelies und Michael Mücke ließen es nicht so weit kommen. Die Eheleute blieben dabei, viel miteinander zu reden, und fanden heraus, was sie, abgesehen von den Kindern, vereint: die Begeisterung für Bücher, fürs Lesen. Der Wunsch, sich gesellschaftlich zu engagieren, verband das Paar auch über die Berufs- und Familienarbeit hinaus. Mehr als vierzig Jahre lang haben die Mückes Gemeindebibliotheken aufgebaut, mehr als ein Vierteljahrhundert Lesungen, Konzerte, Vorträge organisiert. Die Anerkennung im Ehrenamt war der Lehrerin, die auf ihren Beruf verzichtet hatte, wichtig. Da sie selbst kein Geld verdiente, überzeugte sie ihren Mann, dass sie ein eigenes Konto braucht, über das sie unabhängig verfügen kann.

Einen Aufbruch zu ganz neuen Lebensformen gibt es für Ehepaar Mücke zu Beginn des Rentenalters nicht. Sie sind als Großeltern gefragt und hatten sich durch die öffentliche Arbeit Bekanntenkreise aufgebaut, die bis heute halten. Seitdem die Kinder ausgezogen sind und wenn es die Gesundheit erlaubt, verreisen Annelies und Michael, nach Irland, Griechenland, Ägypten, Namibia, Sri Lanka. »Er schiebt, ich bremse«, sagt sie. »Wenn ich mich zu sehr zurückziehe, holt er mich raus, dafür bin ich dankbar.«

Wichtig ist beiden, sich gegenseitig Raum zu lassen. Schon als junger Mann begann Michael zu meditieren, besuchte später Zen-Seminare und machte eine Ausbildung zum Yogalehrer. »Da war er vier Wochen weg«, erinnert sich Annelies, und es ist ihrem Ton anzuhören, dass ihr das nicht leichtgefallen ist, allein mit den Kindern zu Hause. Aber sie wusste: »Ich muss ihn ziehen lassen.« Annelies sang jahrzehntelang im Chor, bis sie nach einer OP ihre Stimme verlor, das hat ihr zugesetzt. Jetzt verbringt sie viel Zeit an ihrer Nähmaschine, sie liebt es, mit Stoffen zu spielen. Vieles verbindet diese beiden Menschen, und was sie nicht verbindet, trennt sie nicht. Michael hat auf dem »Nachtkastl« immer das Neue Testament und etwas von Laotse liegen. Annelies hat »noch nie eine Buchempfehlung von ihm angenommen«, sagt sie lächelnd, sie bevorzugt historische Romane. »Man muss nicht alles teilen.«

Aus zweien wird nicht eins. Die absolute Verschmelzung, die es als romantisches Ideal bis in die Tinder-Zeit geschafft hat, erweist sich nicht als alltagstauglich, weil dann zu viel erwartet wird. Das zu erkennen und stattdessen zu versuchen, sich gegenseitig mit Bedürfnissen und Eigenheiten anzunehmen, gehört sicher zu den Zutaten für eine lange, gute Beziehung. Es zu leben wird umso anspruchsvoller in einem Lebensalter, in dem die Lust auf Kompromisse schwindet, in dem Partner und Partnerin rechthaberischer werden oder sich gar erst kennenlernen, nachdem aus anpassungsbereiten Paarungswilligen starrköpfige Eigenbrötler geworden sind.

Was das Ehepaar Mücke zusammenhält, ist nicht aus Ratgebern abgeschrieben und nicht in Stein gemeißelt. Es sind schlichte, jahrzehntelang gelebte Regeln, die sie für sich selbst gefunden und immer wieder erneuert haben. »Ehrlich miteinander sein«, sagt Annelies. »Net außigrasn«, sagt Michael, nicht fremdgehen also, das war für diese beiden klar, »sonst wäre das Vertrauen zerstört.« Aus dem jungen Liebespaar, das den Winter 1966 durchgetanzt hat, ist ein altes Liebespaar geworden, das immer noch schwingt und schwoft, im Tanzklub, in der Volkshochschule und im Volkstanzkreis. Bis dass der Tod euch scheidet, »das kann man sich als junger Mensch nicht vorstellen«, sagt Michael Mücke. Wenn er Glück habe, schlafe er irgendwann zu Hause ein, »und sie ist da«.

Kinder und Großeltern – Noch eine Liebesgeschichte

Bis dahin allerdings sind die beiden in ihrer Großfamilie gefragt, auf Zuruf, nicht an festen Tagen: »Wir haben auch noch ein Leben«, haben sie von Anfang an den Kindern gesagt. Sie fühlen sich mehr für das Außergewöhnliche als für den Alltag zuständig, Großmutter Annelies näht mit Enkeln und Enkelinnen, Großvater Michael veranstaltet Abenteuerspaziergänge im Wald. Beide nehmen den Nachwuchs gern mit ins Theater und ins Konzert. Große Freude kam auf, als die Kinder mit den Alten in die Ferien fahren wollten, »dafür haben wir einen Indien-Urlaub aufgegeben, das Gemeinsame in der Familie ist uns wichtiger«, sagt Annelies.

Mit ihrem Engagement entsprechen die Mückes ziemlich genau dem bundesdeutschen Großmutter-Großvater-Durchschnitt, von denen mehr als die Hälfte mehrmals im Monat den Nach-Nachwuchs betreuen. Immer noch sind es überwiegend die Frauen, die ihre berufstätigen Töchter oder Schwiegertöchter entlasten, und die liegen wiederum trotz aller Gleichstellungsinitiativen weit vorne, wenn es darum geht, die Kleinsten zu beschulen oder zu bespielen. Immerhin: Aktive Familienmänner wie Michael Mücke oder Kirchen-Großvater Bedford-Strohm ziehen in der Enkel-Fürsorge nach.

Solange die Familie seines Sohnes in München lebte, hat sich der Theologe alle paar Wochen »einen Opa-Tag« genommen. »Die Opa-Zeit habe ich mir im Kalender notiert, neben den beruflichen Terminen. So waren sie blockiert.« Der Dreiundsechzigjährige, der mehrere Bücher über Glück und Glückseligkeit geschrieben hat, lächelt sich versonnen zurück zu dem Tag, an dem sein Enkel das erste Mal bei den Großeltern übernachtete. »Meine Frau war gar nicht da«, erinnert sich Bedford-Strohm. »Der Enkelsohn war zwei und noch ein Wickelkind, aber das hab ich alles noch drauf von meinen drei Söhnen. Ich brauch da niemanden. Er kam um fünf, wir sind ein Eis essen gegangen und haben bis kurz vor Mitternacht gespielt. Ich habe ihn in den Schlaf gelesen und gesungen, er hat bis sieben oder acht durchgeschlafen, viel länger, als ich zu hoffen gewagt hatte. Dann haben wir gefrühstückt und weitergespielt, und als die Eltern kamen, wollte er bei mir bleiben.«

Großeltern werden gebraucht, obwohl mittlerweile neun von zehn Vorschulkindern in Deutschland eine Kita oder einen Kindergarten besuchen. Liebevolle Omas und Opas stabilisieren junge Familien, sagt Familien- und Bildungsexpertin C. Katharina Spieß, die ein Forschungsprojekt zur Rolle der Großeltern geleitet hat. Dass Kinder davon profitieren, wenn sich Großeltern um sie kümmern, ist seit Langem bekannt. Emotional und sozial entwickeln sie sich messbar belastbarer als Enkel, die auf die Zuwendung der Alten verzichten müssen. Aber die familiäre Liebesgeschichte funktioniert auch andersherum. Dem Bayerischen Landesbischof ebenso wie Oma und Opa Mücke ist anzumerken, wie gut ihnen der Kontakt mit den jüngsten Familienmitgliedern tut. Womit sie internationale Studien bestätigen: Großeltern, die für ihre Enkel da sind, leben deutlich länger. Die Freude sollte nur nicht in Arbeit ausarten, auch das zeigen Untersuchungen: Wer sich übernimmt, schadet der Gesundheit.

Statistisch könnte sich die zahlenstarke Boomergeneration locker aller Enkel annehmen, die mit Großmutter und Großvater lesen, malen, Unsinn machen wollen, während die Eltern arbeiten oder mal zu zweit ausgehen. Ein Problem jedoch sehen die Forschenden: Je mehr Rentner und Rentnerinnen auch jenseits der Pensionierung Geld verdienen müssen, desto seltener können die Jungen mit den Alten rechnen. Zwischen 50 und 60 Prozent der Eltern, die sich mehr Hilfe von den Großeltern wünschen, geben deren Erwerbstätigkeit als Grund an, warum die keine Zeit haben. Diese Zahl wird steigen – ein Grund mehr für die Sozial- und Familienpolitik, sich den Bedürfnissen und der Aufgabenverteilung zwischen Alt und Jung konsequent anzunehmen.

Wie bei allen anderen renten- und familienpolitischen Baustellen geht es also – abgesehen von der Zuwendung – ums Geld und um Arbeit, die getan werden muss. Hunderttausende Eltern warten in Deutschland auf Krippenplätze. Wenn Großmütter und Großväter ausreichend Rente erhielten, um ihre Lebenshaltungskosten zu decken, könnten diejenigen, die das wollen, die unbezahlte Arbeit in der Familie übernehmen. Sobald Großeltern sich nicht leisten können, Zeit mit ihren Enkelinnen und

Enkeln zu verbringen, bleiben junge Familien auf höheren Betreuungskosten für die Kinder sitzen oder ein Elternteil muss zu Hause bleiben. Damit Wirtschaft und Staat funktionieren, braucht es ausreichend Nachwuchs. In Deutschland kamen zuletzt wieder weniger Kinder zur Welt. Großeltern gibt es bis auf Weiteres mehr als genug. Nun müssen nur noch die Voraussetzungen dafür geschaffen werden, dass die Generationen sich gegenseitig unterstützen können – und nebenbei den Zusammenhalt in Familie und Gesellschaft stärken. »Wenn die Enkel ankommen«, sagt Annelies Mücke, »bleibt alles andere liegen.«

Plädoyer für den Zufall

Aufbruch zur Lebenszufriedenheit, das bedeutet im Vorruhestands- und auch im regulären Renteneintrittsalter, statistisch noch eine beruhigend lange Zeitspanne vor sich zu haben. Niemand muss am Anfang dieser Phase eine genaue Vorstellung davon haben, woraus irgendwann das beglückende Gefühl innerer und äußerer Ausgeglichenheit entsteht. Vermutlich sieht der Einstieg in diese nächste Etappe zunächst ähnlich aus wie die Übergänge in frühere Lebensteilstrecken, weil Temperament und Charakter ja nicht plötzlich in einem ganz neuen Takt schwingen. So fühle ich mich selbst fast immer wohler mit einem Plan als umstellt von Planlosigkeit. Andere schütteln erst mal alles ab, was mit Terminen und Zielen zu tun haben könnte. In jedem Fall wird vielen nach anfänglicher Euphorie über freie Tage und fehlenden Druck unweigerlich dämmern, dass die hinter uns liegende Strecke länger ist als die, die vor uns liegt – und mit jedem Tag kürzer wird. Das zu wissen, treibt den Motor für dieses Lebensdrittel oder -viertel an und verstärkt den Wunsch, es möge sich bald die Wahrnehmung einstellen, ein gutes Leben gelebt zu haben. Auch für den ungünstigen Fall, dass es eher früher als später enden sollte.

Realist Kurt Tucholsky warnte davor, sich ganz und gar darauf zu verlassen, alles werde schon irgendwie weitergehen wie bisher: »Erfahrung heißt gar nichts. Man kann eine Sache auch 35 Jahre falsch machen.« Aber auch darin liegt Hoffnung, schließlich ist es weder zu spät dafür, endlich etwas richtig anzupacken, noch dafür, »eine Sache« endgültig bleiben zu lassen. Vier Optionen, aktiv in Rente zu gehen oder jedenfalls in die Zeit nach der Erwerbstätigkeit aufzubrechen, waren mir anfänglich eingefallen:

- Auf dem Gelernten und Erarbeiteten etwas aufbauen.
- Anknüpfen an liegen gebliebene Ideen oder Träume.
- Etwas lernen oder kennenlernen, das neue Perspektiven eröffnet.
- Etwas völlig Verrücktes, Gewagtes, Entlegenes ausprobieren, solange das noch geht.

Doch womöglich vermissen kontemplative Naturen bei dieser Aufzählung eine Wahlmöglichkeit: einfach nichts von all dem zu tun. Die Dinge auf sich zukommen zu lassen. Sich nicht unter Druck zu setzen. Und dabei offen zu bleiben für Unvorhersehbares. Vielleicht war es das, wozu der große Satiriker mit seinem Bonmot wider die Erfahrungsgläubigkeit ermutigen wollte.

Aber diese Alternative klingt simpler, als ihre Verwirklichung ist, gerade dann, wenn sich ein Aus-und-vorbei-Gefühl breitmacht. Dabei ist gleichgültig, ob das entsteht, weil der Job, der einem so viel gab, nun endet, weil die Knie leider nicht mehr Fußball spielen oder bergsteigen wollen oder weil der Partner/die Partnerin – wenn jetzt nicht, wann dann? – plötzlich die

Scheidung einreicht. Müßiggängerinnen, die ohnehin lieber abwarten, als durchzustarten, schauen dem Schicksal geduldig dabei zu, wie es sich ereignet, und sind für glückliche Fügungen bereit. Aber selbst die Masterplaner unter den Neupensionisten und -pensionistinnen, die Passivität als nervenaufreibend empfinden, können davon profitieren, dem Zufall eine Chance zu geben.

Emilia Brunnhagen und Georgine Kellermann, zwei unvergleichliche Frauen, haben verblüffende Erfahrungen damit gemacht, sich auf die Fährnisse des Unerwartbaren einzulassen. Und Günther Ludwig, der heitere Hesse vom Ludwigshof, fügt den beiden seine wieder andere Variante hinzu. Alle drei verbindet, dass sie sich eingelassen haben.

Aus und vorbei, dachte Emilia Brunnhagen, als sie nach drei Jahren Leukämie ihren Mann beerdigt hatte. Wer schon einmal in Liebesnot geraten ist, kann sich unter einem Aus-und-vorbei-Gefühl etwas vorstellen. Wer schon einmal jenseits von fünfundfünfzig in Liebesnot geraten ist, kann sich kaum vorstellen, wo da der Notausgang liegen könnte. Emilia war sechzig Jahre alt, ihren Beruf als Behördenleiterin hatte sie vorzeitig aufgeben müssen, um für den kranken Mann da sein zu können. Der Sohn lebte mit seiner Familie am anderen Ende der Republik. Als die Witwe wieder halbwegs zu sich kam, fuhr sie mit einer Freundin nach Tirol, mit einer anderen ans Mittelmeer. Sie besuchte Konzerte, las dicke Bücher über Naturwissenschaftliches. Wenn sie ausging, zog sie, um sich aufzuheitern, ihre gemusterten Lieblingskleider an und schminkte die Lippen wie früher johannisbeerrot. Es fehlte nicht an Aufmerksamkeit für die Frau, die an Filmstar Kim Basinger erinnert. »Aber der Schmerz machte mich taub, ich konnte mir nicht vorstellen, dass das je noch mal anders werden könnte.«

Ein Dreivierteljahr nach dem Tod ihres Mannes bremste Chlodwig Rein sein Hollandrad gerade noch rechtzeitig, sonst wären die beiden zusammengestoßen. Der Mann mit Einstecktüchlein und türkisfarbenen Schnürsenkeln entschuldigte sich ausführlich bei einem Cappuccino im Café um die Ecke und brachte Emilia mit seiner dandyhaften Ungeschicklichkeit zum Lachen. Er verliebte sich hingebungsvoll, sie konnte eine Weile nicht recht glauben, was da geschah. Zumal sich herausstellte, dass Chlodwig siebzehn Jahre jünger ist als Emilia. Aber der handküssende Bildhauer ließ nicht locker, er stellte klar: »Ich bin kein Mann für zwischendurch.« Sechs Monate später ging er vor ihr in die Knie und bat sie, ihn zu heiraten, seit elf Jahren sind die beiden unzertrennlich. »Das ist wohl in jeder Hinsicht das Unwahrscheinlichste, was passieren konnte«, sagt Emilia, »mein Beitrag zu diesem kleinen Wunder ist, dass ich es geschehen ließ.« Vermutlich hätte sich der glückstiftende Moment in Luft aufgelöst, hätte die vernunftbegabte Betriebswirtin nicht für einen Augenblick ihre Vernunft zum Teufel geschickt.

Ähnlich spontan ließ Georgine Kellermann kurz vor ihrem zweiundsechzigsten Geburtstag den Dingen ihren folgenreichen Lauf. Die Fernsehjournalistin fuhr im September 2019 die Rolltreppe im Düsseldorfer Hauptbahnhof hinauf, als sie auf dem Bahnsteig eine Kollegin stehen sah. Kellermann trug Ballerinas zu dreiviertellangen Caprihosen, war dezent geschminkt und hatte sich die Fingernägel lackiert. Ein paar Sekunden trennten sie von der Kollegin, noch hätte sie eine andere Richtung einschlagen können. »Doch dann ging ich einfach auf sie zu.« Die Kollegin stutzte: »Herr Kellermann, sind Sie das?« Ich sagte: »Ja.« Und sie: »Sind Sie verkleidet?« Da habe ich gesagt: »Nein, ich bin eine Frau.« Die Kollegin brauchte ein, zwei Wimpernschläge, um zu verstehen, dann sagte sie: »Cool.« Heute kommt Georgine die Situation wie ein zweiter Geburtstag vor.

Sechsunddreißig Jahre lang arbeitete Kellermann zu dem Zeitpunkt für die ARD, hatte aus Bonn, Paris und Washington berichtet, gerade die Leitung des Essener WDR-Studios angetreten und war nun auf dem Weg in den Urlaub nach San Francisco. Sechsunddreißig Jahre war sie für die Mitarbeiterinnen und Mitarbeiter Georg Kellermann gewesen, streifte morgens in der Tiefgarage ihre Pumps ab und schlüpfte in Männerslipper. Im Anzug mit Krawatte filmten die Kameras den Kollegen Georg vor dem Weißen Haus oder dem Élysée-Palast, er machte Karriere als Korrespondent und Büroleiter.

Privat lebte die hoch aufgeschossene Person schon jahrzehntelang als Frau. Ihrer Familie hatte sie in den Achtzigerjahren gesagt, dass sie sich im falschen Körper fühle. »Meine Mutter hat mich immer geliebt. Sie hat mich nicht als Tochter gesehen, aber mich auch nie fallen lassen, weil ich im Kleid oder Rock lebte.« Beruflich wagte sie nicht, sich öffentlich als Transgender-Frau zu offenbaren. »Ich fürchtete, nicht mehr tun zu können, was ich so liebe, wenn ich mich dem Publikum so zeige, wie ich mich fühle.« Doch dann legte sie auf dem Bahnsteig, ohne nachzudenken, »den Schalter um«. Im Zug zum Flughafen änderte sie ihre Social-Media-Profile und erschien am ersten Arbeitstag nach den Ferien in Rock und Bluse.

Redaktion und Publikum reagierten überwältigend positiv. Dem Twitter-Account #GeorgineKellerm folgen nach ihrem Weiblichkeitsbekenntnis mehr als 42 000 Follower, vorher waren es 150. Feministinnen um Teresa Bücker und Sophie Passmann gratulierten Kellermann zu ihrem Coming-out, ebenso wie etliche Politikerinnen der Grünen und die katholische FDP-Vorständin Marie-Agnes Strack-Zimmermann. Vorwürfe aus dem Lager transfeindlicher Radikalfeministinnen (TERF) um Alice Schwarzer, Frauen wie Kellermann hätten als Männer Karriere gemacht, um dann als Transfrauen davon zu profitieren, entgegnet die unbeirrt freundliche Journalistin: »Mit einer Ausgrenzungserfahrung ist es vielleicht leichter, tolerant zu sein.« Von sich auf andere schließen kann sie dabei eher nicht. »Man sieht mir die Differenz zwischen Verpackung und Inhalt an«, sagt sie, was manche Transgender-Menschen ihr übelnehmen. Auch deshalb dachte sie: Das schaffst du nie. Aber nun gehen beim Dreh auf der Straße »ganz normale Leute« auf sie zu und sagen: »Mensch, Frau Kellermann, wie schön, Sie mal live zu sehen.« Und sie ist überglücklich.

Ursprünglich wollte die queere Frau 2020 vorzeitig in Rente gehen und die Kollegen und Kolleginnen auf ihrer Abschiedsfeier in einem schicken schwarzen Kostüm erstmals als Frau überraschen. Dann wäre sie jetzt schon drei Jahre im Ruhestand. Die Sympathiewelle und die Wärme, die ihr entgegenschlugen, wären Teil ihres Übergangs in die neue Lebensphase gewesen. Aber vielleicht hätte sie als Privatière das Transgender-Thema längst nicht so prominent einem mehr oder minder informierten Publikum näherbringen können. Und sie selbst hätte weniger intensiv erfahren, wie wohlwollend Zuschauer und Zuschauerinnen sie unterstützen. Seit ihr Leben als Frau im Beruf so richtig losging, hat sie sich gesagt: »Jetzt bleibe ich bis zur letzten Sekunde.« Freut sie sich dennoch aufs Ausscheiden? »Ja, ich werde andere Dinge tun. Und nein, ich war noch nie so glücklich in meinem Job wie jetzt.«

Es warten viele andere Dinge auf Georgine Kellermann. Wenn ihr Buch im Frühjahr 2024 erscheint, wird sie auf Lesereise gehen, sie verspürt große Lust, weiter als Mentorin für junge Medienmacherinnen zu arbeiten und Themen um Transgender und Diversität voranzubringen. Die feministische Babyboomerin fragt sich, warum Begriffe wie »woke« in Misskredit geraten: »Was soll daran schlecht sein, ein guter Mensch sein zu wollen?« Für solche Debatten würde sie einstehen wollen. »Aber ich bin auch sehr gern allein.« Kellermann ist anzumerken, wie erwartungsvoll sie in die Zukunft schaut. »Ich wollte immer alt werden. Aber jetzt ist da mehr. Ich will mein neues Dasein so lange wie möglich erleben. Noch mal als Georgine ins Pariser Palais Trocadéro gehen, als Frau nach Monte Carlo reisen.« Und sie will ein paar Dinge geraderücken. »Manchmal habe ich eine Scheißlaune gehabt, weil mir das Versteckspiel zu viel wurde. Das will ich jetzt als Frau wiedergutmachen.«

IT-Profi Günther Ludwig, der selbst überrascht war, wie schwer ihm der Arbeitsabschied von der Firma fiel, fühlt sich mittlerweile auf dem renovierten Werkstatthof seiner Eltern rundum wohl. Was auch damit zusammenhängt, dass von den vielen Menschen, die auf der Flucht vor Krieg, Gewalt und wirtschaftlicher Not in Deutschland landen, einige auch in seinem Dorf bei Frankfurt um Hilfe und Unterkunft baten. Auf dem Ludwigshof war eine Wohnung frei, der Hausherr hat 2020 dort eine junge Familie aus Eritrea einquartiert. Gelegentlich hilft er den berufstätigen Eltern, die sich sozial und sprachlich sehr gut eingelebt haben, beim Ausfüllen der amtlichen Formulare und kann seitdem nur staunen, »wie aberwitzig die deutsche Bürokratie organisiert ist«.

Weil der sozial begabte Hesse sich intuitiv zuwendet, wenn jemand auf seiner Schwelle steht, wird ihm so schnell nicht langweilig. Die Frage, wann er denn mal Zeit habe, beantwortet Ludwig mit einer WhatsApp: »Morgen Abend eine Lesung, kurz darauf will ein ehemaliger Kollege aus dem Iran einige Lieder mit Gitarrenbegleitung vortragen. Nächste Woche eine Modenschau und eine Hochzeit am Freitag darauf, danach erscheint die SPD-Fraktion zu einer Sitzung. Die Bude ist voll, hoffentlich klappt alles ...«

Durch die Veranstaltungen haben sich mit der Zeit zusätzliche Kundenkontakte ergeben, ein neuer Bekannten- und

Freundeskreis ist entstanden. »Die anfängliche Unsicherheit in diesem für mich völlig unbekannten Metier ist inzwischen einer gewissen Routine gewichen«, sagt Ludwig nicht ohne Stolz. »Es ist ein schönes Gefühl, wenn man einem jungen Paar vor der Hochzeitsfeier sagen kann, dass noch nie was schiefgelaufen ist und sie ganz beruhigt sein können. All dies hätte ich mir vor vier Jahren nicht vorstellen können.«

Wenn den gelernten Kosmopoliten ab und an das Fernweh packt, setzt er sich in seinen Minicamper und braust los. Sobald mal Ruhe einkehrt, ist Günther Ludwig froh, gemütlich auf seinem Sofa zu lesen. Oder er malt. »Damit hab ich schon 1972 angefangen. Vielleicht sollte ich jetzt noch eine kleine Künstlerkarriere anhängen«, sagt er lächelnd. Zuzutrauen wär's ihm.

Zufälle wie Emilia Brunnhagens filmreife Beinah-Karambolage mit ihrem künftigen Ehemann, Georgine Kellermanns spontanes Bekenntnis zum wahren Ich und die multikulturelle Taverne auf dem hessischen Land sind so wenig erwart- wie planbar und im Ergebnis hoch erfreulich. Aber auch wenn ins eigene Leben – wie in meinem Falle – nur eine kaum verkraftbare Mieterhöhung einbricht, lohnt es sich womöglich, Tür und Ohr offen zu halten. Anstatt auszuziehen, habe ich eine liebenswerte Mitbewohnerin gewonnen, die ohne die fiese Indexmiete nie mit mir ihre vegetarische Pfanne und meinen Chianti Riserva geteilt hätte. Derart sozial gewärmt lässt es sich vergnügt verkraften, im Winter in grob gestrickten Pullovern bei 20 Grad Gasspar-Temperatur oder sommers auf dem Balkon die Weltläufte aus zwei Positionen zu debattieren, die sich hierzulande viel zu selten gegenübersitzen: aus der Perspektive einer Mittsechziger- und einer Mittzwanzigerin.

Wie das geht? Ganz einfach. Neugierig sein. Dem Leben zugewandt bleiben. Jenem Leben, das wir gestalten, um ihm Erlebnisse und Erfahrungen abzugewinnen. Und dem Leben, das uns überrumpelt mit (Selbst-)Erfahrungen, die wir weder bestellt noch gewollt oder erwartet haben. Kaum zu glauben, was ich in wenigen Monaten von WG-Genossin Lisa alles gelernt habe: Dass ich die Wegwerf-Alufolie jetzt durch wiederverwertbares Honigpapier ersetze und dass der vegane Geflügelsalat wirklich köstlich schmeckt. Wie heftig junge Menschen von Zukunftssorgen bedrückt sind und was sie dem entgegenzusetzen versuchen. Und wie wohl es tut, nach Hause zu kommen und ein paar Turnschuhe im Flur stehen zu sehen, die nicht die eigenen sind.

Lisa findet es »extrem gut, dass ich nicht allein, aber ungebunden bin«. In Haushaltsdinge musste sie beim Einzug nichts investieren; wenn sich ihre Lebensumstände ändern, könnte sie umstandslos ihre Sachen packen. »Ich finde es toll, unsere unterschiedlichen Erfahrungen auszutauschen«, sagt sie, »deine abgeklärte Weltsicht wirkt auf mich extrem beruhigend, wir Jungen sehen eher, was alles in Gefahr ist und nicht mehr geht.« Sie will nicht in ihrer Bubble versinken und ich nicht in meiner. »Und umweltfreundlich ist so ein Lebensstil auch noch«, sagt Lisa und lacht.

AUSBLICK

Spaß und Spurensuche – Das kann gut werden

Es war zu erwarten, dass es die Formel für die individuelle Lebenszufriedenheit nicht gibt. Und doch eint Menschen aller Einkommensschichten, Kulturen, Nationen und Religionen das Ziel, das Gelebte und Erreichte möge irgendwann Sinn ergeben und innere Zufriedenheit auslösen. Ob nach einer überstandenen Krankheit, zu Beginn oder am Ende eines neuen Lebensabschnitts wie beim Aufbruch in den Ruhestand oder in der Begegnung mit dem Tod, sei es der eines nahestehenden Menschen oder der eigene: Die Frage danach, was unbedingt dazugehört, um eine positive Lebensbilanz zu ziehen, läuft auf eher vage Antworten hinaus wie die, möglichst wenig zu bedauern, möglichst viel richtig gemacht und nicht zu viel verpasst zu haben.

Seit der Antike, seit Platons Höhlengleichnis, disputieren Philosophen, wie das, was sie Lebenszufriedenheit nennen, der jeweiligen Zeit gemäß auf den Punkt zu bringen und vor allem zu erreichen wäre. Solange sich die Daseinsbedingungen der Menschen massiv unterscheiden und andauernd verändern, ist kein Ende dieser urmenschlichen Erkenntnissuche abzusehen.

Mit Glück oder Glückseligkeit ist das, was altgriechisch Eudaimonia heißt, unvollkommen übersetzt, eher so etwas wie Lebensfülle war damit angestrebt. Das Wort »Daimon« steckt darin, womit die Dämonen, die Götter gemeint sind, die von oben ins Schicksal eingreifen. Solange die Menschen an diese Abhängigkeit glaubten, mochte ihr Leben erfüllt oder unerfreulich verlaufen, die Verantwortung dafür trugen sie jedenfalls nur sehr bedingt selbst.

Doch schon im 5. Jahrhundert vor Christus erklärte der griechische Philosoph Heraklit, für den Menschen sei sein Ethos »sein Dämon«, also eine dem Menschen selbst innewohnende Instanz, sein Charakter, der seine Haltung prägt. Fortan galt, dass der Einzelne sein Schicksal verwaltet und gestaltet. Und als Wohnsitz eines gelungenen Lebens wurde die Seele ausgemacht – mehr als 2000 Jahre vor Sigmund Freud.

Weil es Zeit und Mühe brauche, einen dauerhaft ausgeglichenen Gemütszustand herzustellen, berichtet Seneca in seinen Abhandlungen, klage »die Mehrzahl der Sterblichen«, dass ihnen »mitten unten den Zubereitungen für das Leben das Leben ausgehe«. Doch der römische Stoiker lässt den Menschen diese Larmoyanz nicht durchgehen, es mangele keineswegs an Zeit, würde sie »nur durchaus gut angewendet«. Davon, was gar nicht gut ist, hat der strenge Philosoph eine klare Vorstellung, das könne »unersättlicher Geiz« oder »emsige Geschäftigkeit in unnötigen Arbeiten« sein, der Hang zu alkoholhaltigen Getränken oder eine sträfliche Trägheit. Nur der Tugendhafte, postulierte wiederum Platon, könne den seligen Zustand einer sittlich bestimmten Glückseligkeit erlangen, und tugendhaft sei nur, wer seine Begierden zügele. Allerdings räumt der weise Grieche indirekt ein, vermöge der gemeine Mensch diesem Ideal der Sittenstrenge nur schwer zu genügen: »Wohlleben, Zügellosigkeit, Freiheit … das ist die Tugend und Glückseligkeit«, legt Platon seinem Gesprächspartner Kallikles in den Mund, alles andere seien »widernatürliche Satzungen, menschlicher Aberwitz« und tauge nichts.

Aktiv zur Ruhe kommen

Was also nun? Besinnung oder Besinnungslosigkeit? Ausschweifung oder Kontemplation? Ablenkung und Wellnessurlaub von den Fährnissen einer schwankenden Gegenwart und Zukunft? Oder Hinwendung und Auseinandersetzung in der Hoffnung, zwischen Kriegen, Klima-Endzeit, KI-Herrschaft, Weltwirtschafts-, Weltgesundheits-, Menschenrechts- und Demokratiekrisen noch irgendetwas Sinnvolles bewirken zu können? Und durch einen wachsenden inneren, emotionalen Wohlstand sowie ein glückstiftendes soziales Miteinander Zufriedenheit zu finden.

Auf dem Startblock in den Ruhestand wachsen derlei ethische Richtungsentscheidungen allmählich ins Dringliche, wobei die durchschnittlich bevorstehende Frist von zwanzig bis dreißig Jahren uns hoffen lässt, noch genügend Lebenszeit gestalten zu können, um die ersehnte Lebensfülle bei vollem Bewusstsein zu erreichen. Der Einwand, derlei Hirngespinste beschäftigten ohnehin nur jene, die sonst keine Sorgen haben, greift soziologisch zu kurz. Sowohl unter objektiv guten wie unter objektiv schlechten Lebensbedingungen, fand die Sozialforschung heraus, kann das subjektive Wohlbefinden des Menschen gut oder schlecht ausfallen. Grundbedürfnisse wie Kleidung, Nahrung, Wohnung und soziale Beziehungen müssen zwar erfüllt sein, damit ein würdiges Leben entstehen kann. Darüber hinaus jedoch zeigen Studien und Umfragen, prägen individuelle Ereignisse und persönliche Eigenschaften die Lebensqualität in hohem Maß.

Wer herabsteigt aus der Höhe philosophisch-ethischer Vollkommenheit in die bescheidenen Grenzen seiner oder ihrer irdischen Existenz, wird zugeben, dass ein rundes Vierteljahrhundert Restleben reichen sollte, um beide Dimensionen – die individuelle Glückssuche und die gemeinschaftliche Sinnstiftung – auszuprobieren. Nach aller Erfahrung tut es besonders gut, beides zu verbinden, solange Geist und Körper das hergeben. Auf Großartigkeit kommt es dabei nicht an.

In seinem Roman *Ein ganzes Leben* erzählt der österreichische Schriftsteller Robert Seethaler die poetische Geschichte des Seilbahnarbeiters Andreas Egger, der Mitte des vergangenen Jahrhunderts in der alpenländischen Einöde, fernab von jeder Ablenkung oder Erbauung, fast achtzig karge Jahre verbringt. Nach den Maßstäben der Komfort- und Leistungsgesellschaft fristet der früh verwaiste, ungebildete und lieblos aufgewachsene Hilfsknecht ein trost- und inhaltloses Dasein. Doch als er an einem eisigen Februarmorgen zu Hause an seinem Holztisch sitzend einen »hellen Schmerz« in der Brust spürt und ahnt, es könne zu Ende gehen, fällt seine Bilanz ganz anders aus.

»Soweit er wusste«, schreibt Seethaler, hatte Egger »keine nennenswerte Schuld auf sich geladen, und er war den Verlockungen der Welt, der Sauferei, der Hurerei und der Völlerei, nie verfallen. Er hatte ein Haus gebaut, hatte in unzähligen Betten, in Ställen, auf Laderampen und ein paar Nächte sogar in einer russischen Holzkiste geschlafen. Er hatte geliebt. Und er hatte eine Ahnung davon bekommen, wohin die Liebe führen konnte. Er hatte gesehen, wie ein paar Männer auf dem Mond herumspazierten. Er war nie in die Verlegenheit gekommen, an Gott zu glauben, und der Tod machte ihm keine Angst. Er konnte sich nicht erinnern, wo er hergekommen war, und letztendlich wusste er nicht, wohin er gehen würde. Doch auf die Zeit dazwischen, auf sein Leben, konnte er ohne Bedauern zurückblicken, mit einem abgerissenen Lachen und einem einzigen, großen Staunen.«

Die Idee, aktiv in Rente zu gehen, ist nicht daran geknüpft, sich in Betriebsamkeit zu stürzen und bloß nicht zur Ruhe zu kommen. Mit aktiv in Rente gehen ist gemeint, Herz und Verstand zu befragen, welche Art von Aktivität am besten zu mir passt. Sich zu überlegen, was und wer, welche Lebensart, welche Wohnform, welche Alltagsgeschwindigkeit, welches Maß an Tätig- oder Untätigsein, an Spaß und Spurensuche jeweils guttut. Wer es beispielsweise ernst damit meint, die eigenen körperlichen und geistigen, die sozialen und emotionalen Fähigkeiten zu erhalten oder sogar zu stärken, kann sich an der wohl kürzesten Zusammenfassung einer nicht ganz neuen Empfehlung orientieren, die sowohl durch Erfahrung wie durch Forschung bestätigt ist, den vier L's des Philosophen Otfried Höffe: Laufen, Lernen, Lieben, Lachen. Gemeint sind damit körperliche Bewegung, geistige Tätigkeit, soziale Beziehungen und ein freudvolles Gefühlsleben.

Dass dergleichen Einsichten nicht so trivial sind, wie sie auf den ersten Blick scheinen, zeigt sich immer dann, wenn jemand sich ernsthaft auf die Suche nach seinen oder ihren individuellen Antworten macht und auch den unbequemeren Fragen nicht ausweicht, um den eigenen Wünschen und Bedürfnissen so nah wie möglich zu kommen. Sicher, in einer disparaten Welt wie der gegenwärtigen klingt es leicht egoistisch, sich um sich selbst zu kümmern. Aber es muss immer wieder gesagt werden: Selbstfürsorge ist kein Luxus. Es ist eine der Voraussetzungen, um für andere da sein zu können.

Die Gesellschaft, in der wir Babyboomer alt werden, wird wohl kaum zu unseren Lebzeiten dem ungebremsten, materiell geboosterten Individualismus abschwören. Zu sehr sind wir angewiesen auf den Lieferservice eines Konsums, der uns über manchen inneren Leerstand hinwegtröstet. Ich selbst muss zugeben, wenn ich die Wahl hatte zwischen Lesen und Leben, habe ich mich meistens gegen das gute Buch und für die Party entschieden. Aber wer sich traut, die Frage zuzulassen, ob Zeitvertreib noch glücklich machen kann, wenn die Zeit knapp wird, entdeckt womöglich, wie kurz der Weg ist von den Glücksempfehlungen der Antike zur angesagten Selbstversorgung unserer Gegenwart.

Die Kunst des Wünschens

Die meisten Erwachsenen haben die Erfahrung gemacht, dass besonders sehnsüchtige Wünsche dazu neigen, nicht in Erfüllung zu gehen. Wir lernen früh, möglichst realistisch zu wünschen, Träume in vorauseilender Bescheidenheit auf Machbarkeit zu überprüfen und so herunterzustutzen, dass Erfüllbares dabei herauskommt.

Sich lieber gar nicht erst um das Praktikum im Ausland bewerben, sondern den Job annehmen, der einem jetzt sicher ist; dann eben nicht den leicht heruntergekommenen idyllischen Altbau in Seenähe renovieren, sondern gleich das Reihenmittelhaus am Stadtrand abstottern; den Kerl, der dem Idealbild von einem Traumtypen verdammt nahekommt, auf keinen Fall ansprechen, wenn im Datingportal noch ein »zuverlässiger Durchschnittsmann mit Potenzial« zu haben ist. Der Vorteil dieser Defensivstrategie liegt darin, im versteckten Glück eine Chance zu entdecken, die im Sich-zufrieden-Geben schlummern kann. Der Nachteil besteht darin, dass man nie erfährt, ob einem ein größeres Glück entgangen ist. Außerdem kann sich die pragmatische Lösung als untauglich erweisen, was auf Dauer die Zufriedenheit belastet, besonders dann, wenn einem die Zeit für eine insgesamt erfreuliche Lebensbilanz davonläuft.

Spätestens am Tor zur »dritten Lebenshälfte«, wie *Brigitte Wir* ihr Magazin für Frauen ab sechzig neckisch nennt, empfiehlt sich, das eigene *Wünsch dir was* investigativ zu überprüfen: Was genau soll eine Idee, ein Plan, ein Neubeginn zur individuellen Lebenszufriedenheit beitragen? Will ich für Geld weiterarbeiten, weil ich es dringend benötige? Oder weil ich Angst vor einem Bedeutungsverlust habe, wenn ich unbezahlte Dienste leiste? Träume ich von einer Reise, weil ich mir davon einen Erkenntnisgewinn verspreche? Oder weil ich sonst nichts mit mir anzufangen weiß? Will ich meine Wohnung um jeden Preis behalten, weil ich dort mit meinen Nachbarinnen regelmäßig koche und ein Schwätzchen halte? Oder weil ich es als Niederlage empfände, mich mit weniger Quadratmetern zu bescheiden?

Manche Antworten ziehen Fragen nach sich, die schon lange anstehen, bearbeitet zu werden. Warum habe ich Angst vor einem Bedeutungsverlust? Worin liegt der? Woher rührt die Sorge? Wovor laufe ich davon, wenn ich dauernd auf Achse bin? Ist mein soziales Leben an nur einen Ort gebunden? Könnte anderswo vielleicht ein anderes, nicht weniger beglückendes entstehen?

Weil das Infragestellen eigener Bedürfnisse den Ruf hat, einen Verlust an Lebensqualität zu beschönigen, findet es oft nicht statt. Aber wie wäre es, die Sache umzudrehen? Oder weniger die Sache als vielmehr die eigene Haltung? Nicht davon auszugehen, dass man sich unfreiwillig, irgendwie von außen gedrängt zu reduzieren hat, sondern im Gegenteil endlich einmal vollkommen unbescheiden zu formulieren, was denn tatsächlich alles zur ganz großen Zufriedenheit dazugehören würde?

Während ich am Buch schreibe, sitze ich in einem italienischen Strandbad. Es ist Juli, noch rekeln sich auf den bunten Liegen vor allem Großeltern mit ihren Enkeln, die berufstätigen Eltern treten ihren Urlaub erst im August an. Am Nebentisch spielen Jugendliche Uno, der Geräuschpegel liegt auf Schulhofniveau. Kellnerinnen tragen Pasta und Salate auf und ab, rothäutige Touristen bestellen mittags Prosecco im Kühler. Die Signora am Nebentisch beklagt sich über die stampfenden Rhythmen der Reggae-Musik, der Discjockey, der sein Amt seit locker fünfzig Jahren ausübt, testet die Anlage für die abendliche Tanzparty. »Und da kannst du arbeiten?«, fragen mich Freunde. Ich kann nicht nur, ich genieße es. Das WLAN ist stabil, hinter Palmen rauscht blaugrün das Meer, der Kopf im Schatten, die Füße im warmen Sand. So viel besser als Küchentisch oder Großraumbüro.

Das Treiben macht mir gute Laune. Die Ragazzi an der Bar reichen mir morgens zum altersunabhängigen »Ciao bella« ein Tramezzino formaggio und einen Cappuccino, die mütterliche Chefin fragt immer mal besorgt, ob ich genug Acqua frizzante habe. Wenn es zu laut wird, stecke ich mir Schaugummistöpsel in die Ohren, kommt aber selten vor. Ich rieche das Salzwasser, und sobald die anderen sich nach dem Mittagessen wieder unter ihre Sonnenschirme verziehen, bestelle ich mir drei Kugeln Eis. Gegen fünf Uhr nachmittags klappe ich das Laptop zu und führe meine Bandscheiben zum Schwimmen aus.

Im Radio höre ich, dass es Dorf-Bürgermeister gibt, die Homeoffice-Touristen mit passgenauen Konzepten zum Arbeiten in die Toskana locken, um ihre mittelalterlichen, vom Verlassen bedrohten Gemeinden wiederzubeleben. Vielleicht miete ich mich nächstes Jahr mal drei Monate ein, wenn es bezahlbar ist. Hätte ich bei meinem Ausstand erklärt, künftig von Italien aus arbeiten zu wollen, wäre ich mir selbst ziemlich kapriziös vorgekommen. Nun hat es sich so ergeben, und ich stelle fest, es ist möglich, es tut mir gut und sogar leidlich produktiv bin ich dabei.

Warum nicht mal außer der Reihe denken? Buchstäblich grenzenlos und ver-rückt? Sich nicht von vornherein beschränken, sondern der Fantasie erlauben, sich auszutoben? Wenn es keine Hindernisse gäbe, Geld keine Rolle spielte, die Gesundheit stabil wäre, niemand und nichts im Wege stünde, was würde ich dann am allerliebsten tun, was werden, wer sein?

Ich erinnere mich an eine Sinnkrise während meines Studiums. Journalistin wollte ich werden, aber es kam mir so vor, als ob die Vorlesungen, Seminare und Übungen zum *Achtzehnten Brumaire des Louis Bonaparte* von Karl Marx oder Johann Wolfgang Goethes *Wahlverwandtschaften* mich meinem Berufsziel keinen Schritt näherbrächten. Ich war BAföG-Studentin und nahm jeden Job an, der in meinen Uni-Stundenplan passte. An Wünsche und Träume war nicht zu denken. Aber mein Onkel, der zu meinem Lebensunterhalt beitrug, fragte mich dennoch danach, weil er meinte, ich müsse mal raus aus dem Dauerlauf zwischen Studium und Arbeit.

Ein anderes Land, andere Menschen, andere Themen, ein anderer Rhythmus, eine Sprache richtig lernen, England oder Amerika, das alles kam mir unerreichbar vor. Gemeinsam fanden wir ein Austauschprogramm für Studierende mit Job im Londoner Finanzdistrikt, mein Onkel bot mir ein Darlehen für die Unterkunft an. Zwei Monate später stieg ich in der City of London aus der U-Bahn und kam mir wie eine Weltbürgerin vor. Als mir eine BBC-Reporterin gegen Ende meines Aufenthalts eine freie Mitarbeit anbot, sagte ich Nein. Ich wollte zurück an die Uni, meinen Magister beenden und anschließend volontieren. Meine Freunde hielten mich für verrückt, wie kann man so etwas ausschlagen. Aber für mich war es richtig, da war ich nun sicher. Und fühle mich heute noch wohl mit der Entscheidung.

Mehr als vierzig Jahre später, in den Monaten vor dem offiziellen Arbeitsende als Redakteurin, fühlte ich mich manchmal orientierungslos, wie vor meiner London-Auszeit. Ein Empfinden, das sich auch im ersten Rentenjahr immer wieder einmal einstellte. Dieses Buch hat mich eingeladen, Gedanken und Gefühle auszudrücken, die so einen Einschnitt begleiten. Mir ist klar geworden, dass Alter und Erfahrung nicht vor Unsicherheit und Zweifel schützen. Aber die Instrumente, die der jungen Frau geholfen haben, Wünsche und Bedürfnisse zulassen, Abstand einlegen, sich bewusst werden, erst mal nichts ausschließen, auf Neues zugehen, haben mich auch diesmal weitergebracht.

Das Buch zu schreiben hat mir Spaß gemacht, sosehr es sich vom Journalismus unterscheidet, damit würde ich gern weitermachen. Manche der Fragen aus den Monaten vor meiner Abschiedsparty begleiten mich weiterhin: Wo könnte ich mein Wissen und meine Erfahrung einbringen? Wem nützlich sein und gleichzeitig mir selbst und meinem sozialen Miteinander guttun? Die Ahnung, dass der Mensch in dieser Phase niemandem mehr etwas beweisen muss, hat sich wohltuend zur Gewissheit verfestigt. Darin liegt ein Teil der viel beschworenen Freiheit. Egal, ob am Ende einer Suche nach dem Daseinszweck etwas objektiv Anspruchsvolles oder etwas ganz Genügsames herauskommt, wichtig ist vor allem, dass es uns wirklich entspricht.

Denn nur wenn Aufgaben und Ziele zum Temperament und zum Charakter passen, zum körperlichen und geistigen Befinden, zum Bankkonto, wenn Binnenzustand und Außenbild so gut wie möglich im Einklang stehen, kann daraus etwas werden, das mindestens mal für die Jahre, die so gern das junge Alter genannt werden, Zufriedenheit versprechen.

Auf meinem Strandschreibtisch an der toskanischen Küste liegt neben dem Laptop das Foto von einem meiner Kindergeburtstage, das mein Sohn kurz vor meiner Pensionierung aus einem lila-blauen Schuhkarton fischte. Keine Ahnung, was sich die Sieben- oder Achtjährige dabei gedacht hatte, in einem Baströckchen zum Fasching zu erscheinen. »Bloß nicht Prinzessin«, vermutlich, dann schon lieber ein verkapptes Hawaiimädchen, der »Itsy Bitsy Teenie Weenie Honolulu-Strand-Bikini« war damals mein Lieblingsschlager. Was meinte der Sohn, als er sagte, er hätte mich sofort erkannt? Die trotzige Himmelfahrtsnase meiner Kindheit konnte es nicht gewesen sein, die hat sich längst der Erdanziehung gebeugt. Ebenso meine knochigen Jungensknie nicht; schon als ich mit vierundvierzig Mutter wurde, waren die von Arthrose verbeult. Meine Rocklänge heißt knieumspielt.

Auch ein Jahr später kann ich mir noch nicht genau erklären, worin die Ähnlichkeit zwischen der über sechzigjährigen Frau und dem Mädchen auf dem Schwarz-Weiß-Foto besteht. Es reicht mir, dass da wohl etwas Undefinierbares erhalten geblieben ist, eine leise Zuversicht vielleicht, das Leben schon irgendwie deichseln zu können, eine gewisse Aufmüpfigkeit, die davor bewahrt, sich unterkriegen zu lassen, hin und wieder etwas zu wagen, das nicht direkt auf der Geradeausspur liegt, und dranzubleiben, wenn etwas Neues nicht auf Anhieb klappt.

Aus der jungen Person ist eine ziemlich viel ältere geworden, die ihr Triebwerk noch immer anwerfen kann, wenn es drauf ankommt. Geliebt, entliebt, gearbeitet, Spaß und Ärger gehabt, Freundschaften geschlossen und auch verlassen, gelacht, geheult, getrauert, gefeiert, insgesamt wenig ausgelassen. Unter dem Eindruck der disparaten Gegenwart empfinde ich vor allem Dankbarkeit, dass wir, die Generation B wie Boomer, uns im wohlhabenden Teil der Welt bei guter medizinischer Versorgung, von Kriegen weitgehend verschont, in einem freiheitlichen Politiksystem entwickeln und bewegen durften. Glück gehabt.

Die Frage: War's das jetzt, oder kommt da noch was?, klang beim Abschied von der geregelten Erwerbsarbeit wie eine ungeduldige Aufforderung an das Leben, tunlichst etwas zu liefern. Inzwischen erscheint mir das anmaßend. Wenn ich will, dass noch etwas passiert, liegt es bei mir, damit anzufangen. Frei von den Pflichten und Erwartungen des Angestelltseins hindert mich nur noch mein innerer Schweinehund, im Kleinen oder im Großen loszulegen. Endlich mit meiner Nachbarin den Keller aufzuräumen oder die »Boomer for Future« zu gründen. Beides wäre dringend nötig. Und sinnvoll.

Danke!

Ein langes Berufsleben als Journalistin hinter sich zu haben und dann ein Buch zu schreiben, das klingt nicht besonders schwierig. Ist doch beides Schreiben, oder? Es kam mir dann aber vor, wie eine neue Sprache zu lernen. Wenn da nicht ständig jemand geduldig und mit sanftem Druck daraufhin wirkt, am Ball zu bleiben, das merkte ich bald, komme ich nie bis zu dieser Stelle im Buch – dem Dank.

Den sanft geduldigen Druck hat meine einfühlsame Lektorin Christiane Naumann ausgeübt, ein bisschen nachdrücklicher und nicht weniger fürsorglich unterstützt von ihrer Kollegin, meiner Freundin Regina Carstensen – ein ganz großes Dankeschön. Ausgesprochen froh war ich, dass Karen Guddas und Annette Anton mir bei C.Bertelsmann dieses etwas aus den Reihen tanzende Format zugetraut haben, herzlichen Dank!

Mehr als dreieinhalb Jahrzehnte für dasselbe Magazin zu schreiben, da kommen viele fabelhafte Interviewpartnerinnen und -partner zusammen. Türen gehen auf, die dem Medium gelten, nicht denen, die angeklopft haben. *Spiegel*-Redaktion und -Verlag haben mir erlaubt, aus etlichen meiner Artikel zu zitieren, dafür bin ich den Kolleginnen und Kollegen sehr dankbar.

Eigene Erfahrungen und Gedanken einzubringen, war in diesem Fall erwünscht, weil das Thema mich gerade selbst betraf. Wie viele Menschen im Übergang sich ähnliche Fragen stellen, bestätigte sich, als nahezu jede und jeder, die ich ansprach, gern bereit war, sich mit mir auszutauschen. Ich habe großartige Menschen wiedergetroffen, andere kennengelernt. Offen, zugewandt und mit viel Vertrauen sind mir alle hier vertretenen Gesprächspartner und -partnerinnen begegnet, dafür danke ich Ihnen und Euch.

Selbst wenn alle Voraussetzungen stimmen, bleiben Nächte schlaflos und Zweifel stellen sich ein. Sich dann darauf verlassen zu können, dass Freundinnen und Freunde da sind, die zuhören, fragen, ermutigen, ist ein großes Geschenk. Alexander, Andreas, Conny, Donata, Friederike, Gertie, Julian, Laura, Liisa, Lucia, Ludwig, Mario, Martin, Rosa, Walter, ich danke Euch von ganzem Herzen für Zuspruch, Einspruch, Beistand und Geduld. Liebe Birgit, lieber JJ, lieber Moritz, lieber Peter, danke für Eure wichtigen fachkundigen Tipps. Und wie oft habe ich Zwiesprache gehalten mit unserem unvergesslichen Danny.

Danke, Ilka und Claudio vom Münchner »Driveri«, dass mein Laptop und ich Euch immer willkommen waren, wenn zu Hause die Wände näher rückten und ich dringend Eure köstlichen Spaghetti puttanesca und einen großen Cappuccino brauchte.

Wie gut sind diejenigen dran, die in der eigenen Familie nicht nur die heiteren, sondern auch schmerzhafte Erinnerungen teilen können. Nicht immer gelingt das zu Lebzeiten aller. Ich danke meiner Großmutter Dorothea Musall für Güte und Humor, die sie mir vorgelebt hat, und ihre unverbrüchliche Zuneigung. Ich danke meiner Mutter Christa für das Schwere und das Leichte, das uns verbindet. Meinem Onkel Wilfried Bohne und seiner Frau Selma, die mich von klein auf wie Eltern begleitet und gestärkt haben. Meinem Bruder Markus danke ich für eine streitbar-zugewandte Bruder-Schwester-Beziehung, meinem Bruder Maik für eine spät hinzugewonnene, herzliche Geschwisterlichkeit.

Schließlich wäre eine Autorin verloren ohne Kritiker, die so professionell kommentieren, wie sie es gut mit ihr meinen. Für mich sind das mein Sohn Leo Kilz und sein Vater Werner Kilz, zwei Charaktere, zwei Generationen, zwei unbestechliche Redakteure. Ihr seid einfach klasse! Danke dafür. Und für unseren Zusammenhalt.

Literatur und Links

Einleitung

Institut Arbeit und Qualifikation der Universität Duisburg-Essen: »Bevölkerung nach Altersgruppen und Geschlecht 2021«; www.sozialpolitik-aktuell.de/files/sozialpolitik-aktuell/_Politikfelder/Bevoelkerung/Datensammlung/PDF-Dateien/abbVIII3.pdf, zuletzt abgerufen am 12.3.2023.

Institut der Deutschen Wirtschaft: »Ruhestand ab 70 wäre vernünftig«, Interview mit Holger Schäfer vom 30. April 2022; www.iwkoeln.de/presse/interviews/holger-schaefer-ruhestand-ab-70-waere-vernuenftig, zuletzt abgerufen am 12.3.2023.

Plutarch: *Arbeiten im Alter? Denkanstöße aus der Antike.* Reclam 2019.

Abschiede

Markus Hinterberger: »So klappt Ihre Frührente in finanzieller Freiheit«. In: *Handelsblatt*, 10. März 2023; www.handelsblatt.com/finanzen/anlagestrategie/trends/fire-bewegung-drei-beispiele-fuer-den-weg-in-finanzielle-freiheit/28895350.html, zuletzt abgerufen am 12.3.2023.

Søren Kierkegaard und Theodor Haecker: *Die Tagebücher.* Erster Band. Brenner-Verlag 1923; https://books.google.de/books?id=8D-ehrAsTPAC&q=r%C3%BCckw%C3%A4rts&hl=de, zuletzt abgerufen am 13.3.2023.

Das Zitat von Immanuel Kant ist aus Kants handschriftlichen Aufzeichnungen (= *Reflexionen Kants zur kritischen Philosophie,* Bd. 2), hrsg. von Benno Erdmann, Fues Verlag 1828

Max-Planck-Institut für demografische Forschung Rostock und University of St Andrews, Schottland; www.demogr.mpg.de/de/news_events_6123/news_pressemitteilungen_4630/presse/gesundheit_in_den_usa_frauen_ ueber_50_verbringen_mehr_zeit_ohne_partner_und_sind_laenger_kognitiv_beeintraechtigt_als_maenner_11999, zuletzt abgerufen am 13.3.2023.

Jean Améry: *Über das Altern. Revolte und Resignation.* Klett-Cotta 1968, S. 56 und S. 11.

Cynthia Chen, Kenwin Maung und John W. Rowe: Gender differences in countries' adaptation to societal ageing: an international cross-sectional comparison. In: *The Lancet*, 2/8, 2021; www.thelancet.com/journals/lanhl/article/PIIS2666-7568(21)00121-5/fulltext, zuletzt abgerufen am 13.3.2023.

https://de.statista.com/infografik/15389/suizidraten-ausgewaehlter-laender/, zuletzt abgerufen am 18.4.2023.

Statista: Verteilung der sozialversicherungspflichtigen Vollzeitbeschäftigten in Deutschland nach Einkommensgruppen (Bruttoeinkommen pro Monat) von 2012 bis 2021; https://de.statista.com/statistik/daten/studie/577307/umfrage/verteilung-der-beschaeftigten-in-deutschland-nach-einkommensgruppen/, zuletzt abgerufen am 13.3.2023.

Statista: Durchschnittsalter der Bevölkerung in Deutschland von 2011 bis 2021; https://de.statista.com/statistik/daten/studie/1084430/umfrage/durchschnittsalter-der-bevoelkerung-in-deutschland/, zuletzt abgerufen am 13.3.2023.

Marianne Koch: *Alt werde ich später.* dtv 2021, S. 7.

Ernst Bloch: *Das Prinzip Hoffnung.* Suhrkamp 1985, 1. Bd., Kap. 7 (»Was im Alter zu wünschen übrigbleibt«).

Ina Schmidt: *Über die Vergänglichkeit. Eine Philosophie des Abschieds.* Edition Körber 2019, S. 12 ff.

Fanny Ardant: »Mein Freiheitsbedürfnis ist krankhaft«. In: *Süddeutsche Zeitung Magazin*, Nr. 40, 2013; https://sz-magazin.sueddeutsche.de/kino-film-theater/mein-freiheitsbeduerfnis-ist-krankhaft-79962, zuletzt abgerufen am 15.3.2023.

(Zwischen-)Bilanz Teil I

Rainer Moritz: Lieder lügen nicht, Deutschlandfunk Kultur, 9. Mai 2009; www.deutschlandfunkkultur.de/lieder-luegen-nicht-100.html, zuletzt abgerufen am 15.3. 2023.

Peter J. Rentfrow und Jennifer A. McDonald: Preference, personality, and emotion. In: Patrik N. Juslin und John Sloboda (Hrsg.): *Handbook of Music and Emotion: Theory, Research, Applications.* Oxford University Press 2011, S. 669–695.

David M. Greenberg u. a.: Universals and variations in musical preferences: A study of preferential reactions to Western music in 53 countries; https://psycnet.apa.org/record/2022-29920-001, zuletzt abgerufen am 16.3.2023.

Friedrich Dürrenmatt: *Der Besuch der alten Dame.* Diogenes 1998.

Max Frisch: *Homo Faber.* Suhrkamp 1977.

Rolf Hochhuth: *Der Stellvertreter.* Rowohlt 2021.

Thomas Mann: *Die Buddenbrooks.* Fischer 2017.

Hermann Hesse: *Siddhartha.* Suhrkamp 2012.

Heinrich Böll: *Die verlorene Ehre der Katharina Blum.* Kiepenheuer & Witsch 1974.

Erich Fried: *Es ist was es ist. Liebesgedichte. Angstgedichte. Zorngedichte.* Wagenbach 1996.

Esther Vilar: *Der dressierte Mann. Das polygame Geschlecht. Das Ende der Dressur.* dtv 1998.

Mercè Rodoreda: *Der Garten über dem Meer.* Mare 2014.

Marieluise Beck: »Im Gespräch« mit Deutschlandfunk Kultur, 1. Februar 2022.

Miriam Gebhardt: *Unsere Nachkriegseltern. Wie die Erfahrungen unserer Väter und Mütter uns bis heute prägen.* DVA 2022, S. 13.

»So können wir uns mit einer positiven Einstellung impfen«. In: *Spiegel Wissen*, 2/2020; www.spiegel.de/psychologie/resilienz-und-achtsamkeit-wie-man-sich-mit-positiven-gefuehlen-impft-a-00000000-0002-0001-0000-000170716905, zuletzt abgerufen am 16.3.2023.

Thomas A. Kohut: *Eine deutsche Generation und ihre Suche nach Gemeinschaft.* Psychosozial-Verlag 2017, S. 345–356.

Adolph Knigge: *Über den Umgang mit Menschen,* abgerufen unter www.aphorismen.de/suche?text=kinder&autor_quelle=Knigge, zuletzt abgerufen am 17.3.2023.

Edgar Selge: *Hast du uns endlich gefunden.* Rowohlt 2021, S. 63.

Ernst Bloch: »Widerstand und Friede«. Dankesrede zum Friedenspreis des Deutschen Buchhandels 1967, S. 10; https://www.friedenspreis-des-deutschen-buchhandels.de/alle-preistraeger-seit-1950/1960-1969/ernst-bloch, zuletzt abgerufen am 17.3.2023.

Lina Wertmüller: *Als die Frauen noch Schwänze hatten* (Film, 1970).

Schulmädchenreport, produziert von Wolf C. Hartwig; https://de.wikipedia.org/wiki/Schulm%C3%A4dchen-Report, zuletzt abgerufen am 17.3.2023.

Leona Siebenschön: *Die Unfähigkeit zu lieben. Bilanz der offenen Partnerschaft. Das Ende der Zweierbeziehung.* C. Bertelsmann 1976.

Hartmut Rosa: *Beschleunigung und Entfremdung. Entwurf einer kritischen Theorie spätmoderner Zeitlichkeit.* Suhrkamp 2013; und: »Wir stehen alle unter Optimierungszwang«; https://magazin.spiegel.de/EpubDelivery/spiegel/pdf/90975283, zuletzt abgerufen am 18.3.2023.

Andreas Reckwitz: *Gesellschaft der Singularitäten. Zum Strukturwandel der Moderne.* Suhrkamp 2019, S. 11.

MEMO-Jugendstudie der IKG-Universität Bielefeld und der Stiftung EVZ (Erinnerung Verantwortung Zukunft): Wie erinnern junge Menschen an den Nationalsozialismus?; www.stiftung-evz.de/suche?search%5Bq%5D=Jugendstudie, zuletzt abgerufen am 18.3.2023.

Arolson Archives: Wie steht die Gen Z zur NS-Zeit?; https://arolsen-archives.org/news/mutprobe-ns-zeit-unheimliche-faszination-und-hohe-sensibilitaet-der-gen-z/, zuletzt abgerufen am 18.3.2023.

Alexander und Margarete Mitscherlich: *Die Unfähigkeit zu trauern. Grundlagen kollektiven Verhaltens.* Piper 2004, S. 38, zit. nach: https://docupedia.de/zg/Mitscherlich,_Unf%C3%A4higkeit_zu_trauern/Text, zuletzt abgerufen am 18.3.2023.

»Oh ja, die Auschwitzkeule!«, Interview mit Yasmina Reza. In: *Die Zeit*, 22. Februar 2022.

Yasmina Reza: *Serge.* Hanser 2021, S. 106.

Jürgen Wiebicke: *Sieben Heringe. Meine Mutter, das Schweigen der Kriegskinder und das Sprechen vor dem Sterben.* Kiepenheuer & Witsch 2021; und: »Im Gespräch« mit Deutschlandfunk Kultur; 19. Februar 2022.

»Wie Kinder zu glücklichen Erwachsenen werden«. In: *Spiegel Wissen*, 4/2020; www.spiegel.de/psychologie/erziehung-wie-kinder-zu-gluecklichen-erwachsenen-werden-a-00000000-0002-0001-0000-000173732122, zuletzt abgerufen am 18.3.2023.

Torsten Klengel: Biomarker für traumatischen Stress und Traumafolgeerkrankungen, Forschungsstudie 2020 bis 2023; www.gesundheitsforschung-bmbf.de/de/biostress-biomarker-fur-traumatischen-stress-und-traumafolgeerkrankungen-11440.php, zuletzt abgerufen am 18.3.2023.

Liyang Zhao: »Epigenetik: Wenn wir Traumata vererben«. In: Deutsche Welle, 27. September 2019; www.dw.com/de/epigenetik-wenn-wir-traumata-vererben/a-50547821, zuletzt abgerufen am 18.3.2023.

Elisabeth Binder: Holocaust-Überlebende geben Trauma an ihre Kinder weiter. Max-Planck-Institut für Psychiatrie 2015; www.psych.mpg.de/2097563/PM1525_holocaust_epigenetics, zuletzt abgerufen am 18.3.2023.

Alice Miller: *Das Drama des begabten Kindes und die Suche nach dem wahren Selbst.* Suhrkamp 2022.

Martin Miller: »Im Gespräch« mit dem Deutschlandfunk Kultur, 12. Januar 2022.

Martin Miller: *Das wahre »Drama des begabten Kindes«. Die Tragödie Alice Millers.* Herder 2016.

Daniel Howald: *Who's afraid of Alice Miller?* (Film, 2020).

Christiane Hoffmann: *Alles, was wir nicht erinnern. Zu Fuß auf dem Fluchtweg meines Vaters.* C. H. Beck 2022, S. 257, S. 213 und S. 268.

(Zwischen-)Bilanz Teil II

Club of Rome: *Die Grenzen des Wachstums. Bericht des Club of Rome zur Lage der Menschheit.* DVA 1972, S. 17; www.1000dokumente.de/index.html?c=dokument_de&dokument=0073_gwa&object=pdf&l=de, zuletzt abgerufen am 19.3.2023.

Deutsches Institut für Menschenrechte; www.institut-fuer-menschenrechte.de/im-fokus/alt-und-ausgegrenzt-altersdiskriminierung-entgegenwirken, zuletzt abgerufen am 19.3.2023.

»War schön. Kann weg … Alter(n) in der darstellenden Kunst« (2021); www.deutschlandfunk.de/alter-n-in-der-darstellenden-kunst-zwischen-abwertung-und-100.html, zuletzt abgerufen am 19.3.2023.

Antidiskriminierungsstelle des Bundes: Studie Alter 2020; www.antidiskriminierungsstelle.de/DE/ueber-diskriminierung/diskriminierungsmerkmale/alter/alter-node.html.

Zeit Online-Podcast: »Und was machst du am Wochenende? / Zweiraumwohnung«: »Ich breche meine Regeln und die von anderen auch« von Christoph Amend und Ilona Hartmann; www.zeit.de/entdecken/2022-03/zweiraumwohnung-inga-humpe-wochenende-tipps-podcast, zuletzt abgerufen am 19.3.2023.

Nadine Seiferling: Älter werden im Beruf – Erfahrung als Ressource? Potentiale älterer Erwerbstätiger. Vortrag 2019; www.uni-heidelberg.de/de/transfer/kommunikation/ruperto-carola-ringvorlesung/aelter-werden-im-beruf-erfahrung-als-ressource, zuletzt abgerufen am 19.3.2023.

Simone Schmollack: »Schöne junge Arbeitswelt«. In: *Zeit Online*, 29. Oktober 2019; www.zeit.de/kultur/2019-10/altersdiskriminierung-frauen-arbeitsplatz-gleichberechtigung-10nach8/komplettansicht, zuletzt abgerufen am 19.3.2023; Prashant Bordia u. a.: Retiring: Role identity processes in retirement transition, 2020; https://onlinelibrary.wiley.com/doi/abs/10.1002/job.2438, zuletzt abgerufen am 19.3.2023.

www.seniorenpolitik-aktuell.de/engagement/altersdiskriminierung-als-zentrales-thema/, zuletzt abgerufen am 3.7.2023.

»Bonvivant im Tänzelschritt«. In: *Der Spiegel*, 16. Februar 1992; www.spiegel.de/kultur/bonvivant-im-taenzelschritt-a-105b67f7-0002-0001-0000-000009274064, zuletzt abgerufen am 19.3.2023.

Barry Schwartz: Warum wir arbeiten. Fischer TED 2016; www.simonandschuster.com/books/Why-We-Work/Barry-Schwartz/TED-Books/9781476784861, zuletzt abgerufen am 19.3.2023.

Statistisches Bundesamt Destatis: Erwerbstätigkeit älterer Menschen 2021; www.destatis.de/DE/Themen/Querschnitt/Demografischer-Wandel/Aeltere-Menschen/erwerbstaetigkeit.html, zuletzt abgerufen am 19.3.2023.

Helena Gries: »Rente: Knapp ein Fünftel der über 65-Jährigen in Deutschland von Altersarmut bedroht«. In: *Frankfurter Rundschau*, 7. Februar 2023; www.fr.de/politik/rente-deutschland-altersarmut-bedroht-rentner-geld-92072587.html, zuletzt abgerufen am 19.3.2023.

Britta Beate Schön: »Nur noch wenige müssen für ihre pflegebedürftigen Eltern zahlen«. Finanztip, 19. Mai 2022; www.finanztip.de/elternunterhalt/, zuletzt abgerufen am 19.3.2023.

Greta Thunberg: Rede beim UN-Klimagipfel 2021; www.youtube.com/watch?v=SfCUcDAlSKk, zuletzt abgerufen am 19.3.2023.

Johanna Roth: »Rentner, gebt das Wahlrecht ab!«. In: *taz*, 1. Juni 2019; https://taz.de/Kolumne-Der-rote-Faden/!5597166/, zuletzt abgerufen am 19.3.2023.

Harald Martenstein: »Wie kann einen dieses wunderbare Leben jemals satt machen?« In: *Zeit Magazin* 1/2023; www.zeit.de/zeit-magazin/2023/01/altwerden-generationen-schuld-harald-martenstein, zuletzt abgerufen am 19.3.2023.

Torsten Körner: *Die Unbeugsamen* (Dokumentarfilm 2020).

Deloitte-Studie 2020: Die Jobs der Zukunft. Berufswelt bis 2035 – fünf Trends; https://www2.deloitte.com/content/dam/Deloitte/de/Documents/Innovation/deloitte-datenland-deutschland-jobs-der-zukunft.pdf, zuletzt abgerufen am 20.3.2023.

Bundesagentur für Arbeit: Der Arbeitsmarkt im Kontext des demografischen Wandels 2023; https://statistik.arbeitsagentur.de/DE/Navigation/Statistiken/Interaktive-Statistiken/Demografischer-Wandel/Demografischer-Wandel-Nav.html;jsessionid=68D208A9250CF96DDEF910A00112DE23, zuletzt abgerufen am 20.3.2023.

www.doku.iab.dekurzber/2022/kb2022-08.pdf, zuletzt abgerufen am 3.7.2023.

Jean Améry: *Über das Altern,* a. a. O., S. 53.

Wolfgang Schmidbauer: *Die großen Fragen des Alterns.* ecoWing 2022.

Sozialpolitik aktuell: Fernere Lebenserwartung im Alter von 65 Jahren 1901–2060; www.sozialpolitik-aktuell.de/files/sozialpolitik-aktuell/_Politikfelder/Bevoelkerung/Datensammlung/PDF-Dateien/abbVIII2.pdf, zuletzt abgerufen am 20.3.2023.

Statistisches Bundesamt Destatis: Gesundheitsausgaben 2022; www.destatis.de/DE/Themen/Gesellschaft-Umwelt/Gesundheit/Gesundheitsausgaben/_inhalt.html;jsessionid=B35DBCCE6733AA192F12A19EAB5B52E6.live731#sprg229148, zuletzt abgerufen am 20.3.2023.

Statista: Umsatz mit Süßwaren und Nachtischen in Deutschland nach Segmenten in den Jahren 2014 bis 2022; https://de.statista.com/statistik/daten/studie/505585/umfrage/umsatz-mit-suesswaren-in-deutschland-nach-produktgruppen/, zuletzt abgerufen am 20.3.2023.

François-Marie Arouet/Voltaire: Brief an Abbé Trublet. Zit. n. Louis Malle und Jean-Claude Carrière: *Milou en Mai*. Gallimard 1990, S. 94; https://books.google.de/books?hl=de&id=l1MeAAAAMAAJ&focus=searchwithinvolume&q=voltaire, zuletzt abgerufen am 20.3.2023.

Jean Améry: *Über das Altern,* a. a. O., S. 54 und S. 55.

Simone de Beauvoir: *Das Alter.* Rowohlt 2014, S. 5 und S. 6.

Jean Améry: *Über das Altern,* a. a. O., S. 47.

»Wieder lustvoll«: https://lp.gospring.de/?gclid=CjwKCAjw9-KTBhBcEiwAr19igzKF3bogRuOCE8dxO9IdmJCVL90uhJAT51nCnL-ZXx_CKQ1CvHz5HhoCr-0QAvD_BwE, zuletzt abgerufen 21.3.2023.

»Da geht noch was«; www.apotheken-umschau.de/gesund-bleiben/sex/da-geht-noch-was-sex-im-alter-829721.html, zuletzt abgerufen 21.3.2023.

Susanne Billig und Petra Geist: »Lust ohne Ende«. In: Deutschlandfunk Kultur, 23. Januar 2020; www.deutschlandfunkkultur.de/sexualitaet-im-alter-lust-ohne-ende-100.html, zuletzt abgerufen 21.3.2023.

Statista: Die meisten Ehen enden im Grab, 2019; https://de.statista.com/infografik/20261/eheloesungen-in-deutschland/, zuletzt abgerufen am 21.3.2023.

Dorothee Krings: »Warum die Zahl der Trennungen im fortgeschrittenen Alter steigt«. In: *Rheinische Post*, 24. März 2019; https://rp-online.de/panorama/deutschland/wie-bei-den-gottschalks-warum-die-zahl-der-trennungen-im-fortgeschrittenen-alter-steigt_aid-37586983, zuletzt abgerufen am 21.3.2023.

Aufbruch Teil I

Deutsche Presse Agentur (dpa): Ex-Kanzlerin Merkel gibt Details über ihr Buch bekannt, 8. September 2022; www.t-online.de/nachrichten/panorama/buntes-kurioses/id_100050318/ex-kanzlerin-angela-merkel-gibt-details-ueber-ihr-buch-bekannt.html, zuletzt abgerufen am 21.3.2023.

Marina Benjamin: *Zwischenzeiten. Vom Verstehen der Wechseljahre*. Arche 2020, und: »Ich fühlte mich dem eigenen Körper ausgeliefert«. In: *Der Spiegel*, 17. September 2020; www.spiegel.de/psychologie/marina-benjamin-ueber-ihre-wechseljahre-ich-fuehlte-mich-dem-eigenen-koerper-ausgeliefert-a-002c7158-483a-4dc0-be97-f68ba9465f33, zuletzt abgerufen am 21.3.2023.

»Ältere Männer haben es besser als ältere Frauen«. In: *Der Spiegel*, 5. August 2020; www.spiegel.de/wissenschaft/mensch/altersforschung-aeltere-maenner-haben-es-besser-als-aeltere-frauen-a-b8d89aed-45ca-43d8-96f8-c262768b574f, zuletzt abgerufen am 21.3.2023.

Bundesministerium für Familie, Senioren, Frauen und Jugend (BMFSFJ): Frauen und Männer in der zweiten Lebenshälfte – Älterwerden in sozialen Wandel; www.bmfsfj.de/resource/blob/135038/62670d8da500ebd1548deb1da31a01c0/frauen-und-maenner-in-der-zweiten-lebenshaelfte-data.pdf, zuletzt abgerufen am 21.3.2023.

Harald Willenbrock: Sind Familien wirklich klüger? In: *brand eins online*

2010; www.brandeins.de/magazine/brand-eins-wirtschaftsmagazin/2010/beziehungswirtschaft/sind-familien-wirklich-klueger, zuletzt abgerufen am 21.3.2023.

Institut für Mittelstandsforschung (IFM): Unternehmensnachfolgen in Deutschland 2018 bis 2022; www.ifm-bonn.org/fileadmin/data/redaktion/publikationen/daten_und_fakten/dokumente/Daten-und-Fakten-18_2018.pdf, zuletzt abgerufen am 21.3.2023.

»In diesen deutschen Familienunternehmen gab es Krach«. In: *Capital*, 18. Januar 2019; www.capital.de/wirtschaft-politik/15-konflikte-in-deutschen-familienunternehmen, zuletzt abgerufen am 21.3.2023.

Reinhold Böhmer: »Erbitterter Erbstreit im Hause Meggle«. In: *manager magazin*, 20. März 2020; www.manager-magazin.de/unternehmen/artikel/meggle-erbitterter-erbstreit-im-familienunternehmen-a-1305594.html, zuletzt abgerufen am 21.3.2023.

Michael Bordt SJ: *Die Kunst, unserer Sehnsucht zu folgen. Spiritualität in Zeiten des Umbruchs.* Elisabeth Sandmann 2020.

Hermann Hesse: »Stufen« (1941). Aus: *Sämtliche Gedichte in einem Band.* Suhrkamp 1995.

Michael Fuchs (Hrsg.): *Handbuch Alter und Altern.* J. B. Metzler 2021, S. 226.

Generali Deutschland AG (Hrsg.): Generali Altersstudie 2017. Wie ältere Menschen in Deutschland denken und leben; https://link.springer.com/book/10.1007/978-3-662-50395-9, zuletzt abgerufen am 21.3.2023.

Cornelia Schmergal, Markus Dettmer und Benjamin Ansari: »Bis ich das letzte Bier einschenke und tot umfalle«. In: *Der Spiegel*, 23/2022; www.spiegel.de/wirtschaft/warum-so-viele-rentner-nicht-aufhoeren-zu-arbeiten-a-3a1313c7-a86c-40ef-a157-e491ce6d12c1, zuletzt abgerufen am 21.3.2023.

Sozialpolitik-aktuell: Entwicklung des Netto-Rentenniveaus vor Steuern 1990–2030; www.sozialpolitik-aktuell.de/files/sozialpolitik-aktuell/_Politikfelder/Alter-Rente/Datensammlung/PDF-Dateien/abbVIII37_Grafik_Monat_07_2017.pdf, zuletzt abgerufen am 22.3.2023.

Deutscher Gewerkschaftsbund: Mehr als 1,3 Millionen Menschen arbeiten im Rentenalter, 2021; www.dgb.de/rente/++co++dde47936-fa78-11eb-a8b0-001a4a160123, zuletzt abgerufen am 22.3.2023.

Deutsche Rentenversicherung: Die Flexirente, 2023; www.deutsche-rentenversicherung.de/DRV/DE/Rente/Flexirente/flexirente.html, zuletzt abgerufen am 22.3.2023.

»Wirtschaftsminister Habeck will freiwilliges höheres Renteneintrittsalter«. In: *Der Spiegel Online*, 21. Februar 2022: www.spiegel.de/wirtschaft/soziales/robert-habeck-will-freiwilliges-hoeheres-renteneintrittsalter-a-9cc96539-58f6-4bcc-92a9-bc880d864eb3, zuletzt abgerufen am 22.3.2023.

Europäische Kommission: Schweden – Altersrente; https://ec.europa.eu/social/main.jsp?catId=1130&langId=de&intPageId=4814, zuletzt abgerufen am 22.3.2023.

Europäische Kommission: Dänemark – Altersrente, Frührente und Hinterbliebene; https://ec.europa.eu/social/main.jsp?catId=1107&langId=de&intPageId=4494, zuletzt abgerufen am 22.3.2023.

Martin Fritz: »Warum viele Japaner freiwillig bis zum Lebensende arbeiten«. In: *WirtschaftsWoche*, 28. Januar 2023; www.wiwo.de/politik/ausland/laenger-arbeiten-in-japan-warum-viele-japaner-freiwillig-bis-zum-lebensende-arbeiten/28577374.html, zuletzt abgerufen am 22.3.2023.

University of Southampton: Volunteering later in life can enhance mental health and wellbeing (Studie 2016); www.southampton.ac.uk/news/2016/08/volunteering-mental-health.page, zuletzt abgerufen am 22.3.2023.

Was ist eine ehrenamtliche Tätigkeit?; https://blog.govolunteer.com/engagiere-dich/was-ist-eigentlich-eine-ehrenamtliche-taetigkeit/#zwei

Kristina Antonia Schäfer: »Die Privatier-Bonanza und ihre Gründe«. In: *WirtschaftsWoche*, 7. Juni 2022; www.wiwo.de/my/finanzen/geldanlage/blick-hinter-die-zahlen-privatiers-die-privatier-bonanza-und-ihre-gruende/28396598.html?ticket=ST-868631-W6iqe1jQmpAARVnxOW0K-cas01.example.org, zuletzt abgerufen am 23.3.2023.

Statistisches Bundesamt Destatis 2021: Erwerbstätigkeit älterer Menschen; www.destatis.de/DE/Themen/Querschnitt/Demografischer-Wandel/Aeltere-Menschen/erwerbstaetigkeit.html, zuletzt abgerufen am 23.3.2023.

Richard Sennet: »Glücklich sein«. In: *Spiegel Wissen*, 1/2015; www.spiegel.de/wissenschaft/gluecklich-sein-a-a18d0f19-0002-0001-0000-000131815298, zuletzt abgerufen am 23.3.2023.

Victoria Pawlik/Destatis: Umfrage in Deutschland zu ehrenamtlicher Tätigkeit bis 2022; https://de.statista.com/statistik/daten/studie/173632/umfrage/verbreitung-ehrenamtlicher-arbeit/, zuletzt abgerufen am 23.3.2023.

GeVestor Financial Publishing Group: Steuern USA versus Deutschland 2021; www.gevestor.de/finanzwissen/finanzplanung/steuern/steuern-was-machen-die-usa-im-vergleich-deutschland-657423.html, zuletzt abgerufen am 23.3.2023.

Enquete-Kommission »Zukunft des Bürgerschaftlichen Engagements«: Bürgerschaftliches Engagement: auf dem Weg in eine zukunftsfähige Bürgergesellschaft 2002; https://dserver.bundestag.de/btd/14/089/1408900.pdf, zuletzt abgerufen am 23.3.2023.

Ottfried Höffe: *Die hohe Kunst des Alterns. Kleine Philosophie des guten Lebens.* C. H. Beck 2021; und »Altern will gelernt sein«; www.nzz.ch/meinung/kommentare/zur-kunst-des-alters-ld.741340, zuletzt abgerufen am 23.3.2023.

https://stage.rentarentner.de/ueber-uns/, zuletzt abgerufen am 23.3.2023.

https://silverworks.net/, zuletzt abgerufen am 23.3.2023.

Statistisches Bundesamt Destatis 2021: Bevölkerung nach Altersgruppen; www.destatis.de/DE/Themen/Gesellschaft-Umwelt/Bevoelkerung/Bevoelkerungsstand/Tabellen/bevoelkerung-altersgruppen-deutschland.html, zuletzt abgerufen am 23.3.2023.

Egbert Tholl: »Neue, junge Götter«. In: *Süddeutsche Zeitung*, 29. Mai 2022; www.sueddeutsche.de/muenchen/lmu-laura-olivi-studiobuehne-muenchner-kammerspiele-autorenwerkstatt-thomas-koeck-moritz-eggert-1.5593593, zuletzt abgerufen am 23.3.2023.

Aufbruch Teil II

Oliver Geyer im Gespräch mit Irene Nierhaus: »Hinter den Türen«. In: *fluter*, 23. März 2020; www.fluter.de/welche-bedeutung-hat-wohnen, zuletzt abgerufen am 23.3.2023.

Renate Oetjens: »Mehrgenerationenhaus: Jung und Alt unter einem Dach«. In: *familie.de*, 22. Januar 2019; www.familie.de/familienleben/wohnen-leben/mehrgenerationenhaus-jung-und-alt-unter-einem-dach/, zuletzt abgerufen am 23.3.2023.

Forum Gemeinschaftliches Wohnen e. V.: Gemeinschaftlich wohnen, selbstbestimmt leben 2020; http://wohnprogramm.fgw-ev.de/media/2020-02b_forum_broschuere_abschlussdoku_modellprogramm_pdf-ua.pdf, zuletzt abgerufen am 24.3.2023.

Akademie für Raumforschung und Landesplanung (ARL): Gemeinschaftliches Wohnen – Stand und Entwicklung in Deutschland, 2021; https://gewib-ev.de/wp-content/uploads/2017/02/von-der-Nische-zum-Trend-1.pdf, zuletzt abgerufen am 24.3.2023.

Eva Wonneberger: *Neue Wohnformen. Neue Lust am Gemeinsinn?* Edition Centaurus 2015, S. 60.

Remo H. Largo: *Zusammen leben. Das Fit-Prinzip für Gemeinschaft, Gesellschaft und Natur.* Fischer 2020; und: www.spiegel.de/familie/so-funktioniert-das-fit-prinzip-fuer-mehr-glueck-im-alltag-a-7795ddb9-1f9f-4cbd-868a-353e44e0c300, zuletzt abgerufen am 24.3.2023.

Jannis Benezeder: (Gem)einsam im Alter? Stiftungsprojekt 2020; www.diestiftung.de/stiftungsprojekte/gemeinsam-im-alter-89314/, zuletzt abgerufen am 24.3.2023.

Noreena Hertz: *Zeitalter der Einsamkeit. Über die Kraft der Verbindung in einer zerfaserten Welt.* HarperCollins 2021.

Linda Göttner: »Japanische Senioren bringen sich selbst ins Gefängnis – aus einem traurigen Grund«. In: *Der Stern*, 28. April 2018; www.stern.de/panorama/weltgeschehen/japanische-senioren-bringen-sich-selbst-ins-gefaengnis--aus-traurigen-gruenden--7961112.html, zuletzt abgerufen am 24.3.2023.

Nadine Ahr und Marvin Ku: »Geht's noch?« In: *Zeit Online*, 20. August 2022.

Werner Bartens: »Wer verheiratet ist, lebt vielleicht nicht besser – aber länger«. In: *Süddeutsche Zeitung*, 21. Dezember 2017; www.sueddeutsche.de/gesundheit/medizin-wer-verheiratet-ist-lebt-vielleicht-nicht-besser-aber-laenger-1.3800195, zuletzt abgerufen am 24.3.2023.

Sozialpolitik-aktuell: Familienstand von älteren Männern und Frauen 2021; www.sozialpolitik-aktuell.de/files/sozialpolitik-aktuell/_Politikfelder/Bevoelkerung/Datensammlung/PDF-Dateien/abbVIII4.pdf, zuletzt abgerufen am 24.3.2023.

Bundeszentrale für gesundheitliche Aufklärung (BZgA): Forum Sexualaufklärung und Familienplanung: Alter und Sexualität, 1/2, 2003; www.seelsorge-im-alter.de/fileadmin/default/001_Das_Alter/01_Alter_heute/Sexualitaet_im_Alter_BZgA.pdf, zuletzt abgerufen am 24.3.2023.

Der Bundesgerichtshof (BGH), 2. November 1966, IV ZR 239/65; https://opinioiuris.de/entscheidung/1659, zuletzt abgerufen am 24.3.2023.

Lambeth Hochwald: »Best Senior Dating sites of 2023«. In: *Forbes*, 8. März 2023; www.forbes.com/health/healthy-aging/best-senior-dating-sites/, zuletzt abgerufen am 24.3.2023.

»Zwei Leben lang Liebe«. In: *Spiegel Wissen*, 1/2009; www.spiegel.de/wissenschaft/zwei-leben-lang-liebe-a-3e9871cc-0002-0001-0000-000065115063, zuletzt abgerufen am 24.3.2023.

»Haltbarkeit von Beziehungen prognostizierbar«: In *Yahoo Style*, 5. Juli 2022; abgerufen unter https://de.style.yahoo.com/haltbarkeit-von-beziehungen-prognostizierbar-112105146.html?guce_referrer=aHR0cHM6Ly93d3cuZ29vZ2xlLmNvbS8&guce_referrer_sig=AQAAAHcOBWTt_BxsInfr01JhG-Ff01sy7fJoNohaw0LQ-WhYzEonQo-qJjNUbD3iuQboHJu7uFVTCLW4UIy2mSQDPSgRdM9f4hfO-afHzcS5bo_x7VM8ObVoC4lwV6N1vcct_nNDgnPbvHE3TC3CJgNE1kmxX686pCpVBT8L12zX-oG9&guccounter=2, zuletzt abgerufen am 24.3.2023.

»Warum Singles oft die glücklicheren Menschen sind«. In: *Spiegel Wissen*, 1/2021; www.spiegel.de/psychologie/lustvoll-solo-a-530bc042-0002-0001-0000-000175091208, zuletzt abgerufen am 24.3.2023.

»An einem Punkt wusste sie: ›Ich muss ihn ziehen lassen‹«. In: *Spiegel Wissen*, 1/2021; www.spiegel.de/partnerschaft/wenn-ma-zamm-is-bleibt-ma-zamm-a-613da2c0-0002-0001-0000-000175091228, zuletzt abgerufen am 24.3.2023.

Statista: Scheidungsquote in Deutschland von 1960 bis 2021; https://de.statista.com/statistik/daten/studie/76211/umfrage/scheidungsquote-von-1960-bis-2008/, zuletzt abgerufen am 26.3.2023.

Heinrich Bedford-Strohm: *Frömmigkeit und Glück.* Claudius 2022.

Katharina Spieß u. a.: DIW Berlin Forschungsprojekt 2022: Großeltern bleiben trotz Kita-Ausbaus wichtig für Kinderbetreuung; www.diw.de/de/diw_01.c.844002.de/nachrichten/forschungsprojekt__grosseltern_bleiben_trotz_kita-ausbaus_wichtig_fuer_kinderbetreuung.html, zuletzt abgerufen am 26.3.2023.

Christine Brasch: »Großeltern, die sich um ihre Enkel kümmern, leben länger«. In: *Eltern*, 12. Januar 2023; www.eltern.de/familie-urlaub/familienleben/studie--grosseltern--die-sich-um-enkel-kuemmern--leben-laenger-12360838.html, zuletzt abgerufen am 26.3.2023.

Georgine Kellermann: *Georgine – Der lange Weg zu mir selbst.* Ullstein 2023.

Ausblick

»Glücklich sein«. In: *Spiegel Wissen*, 1/2015; www.spiegel.de/wissenschaft/gluecklich-sein-a-a18d0f19-0002-0001-0000-000131815298, zuletzt abgerufen am 27.3.2023.

Robert Seethaler: *Ein ganzes Leben.* Hanser Berlin 2014, S. 147.

Otfried Höffe: *Die hohe Kunst des Alterns,* a. a. O., und Guido Kalberer: »Das Alter ist keine Krankheit«. In: *Tages-Anzeiger*, 7. September 2018; www.tagesanzeiger.ch/das-alter-ist-keine-krankheit-980381995135, zuletzt abgerufen am 27.3.2023.

Brigitte Wir: Das Magazin für die dritte Lebenshälfte.

»›Trotzdem habe ich genauso viel geschafft wie sonst zu Hause‹«. In: *Süddeutsche Zeitung*, 26. Juni 2022; www.sueddeutsche.de/panorama/toskana-santa-fiora-smart-working-home-office-neue-arbeitsformen-schnelles-internet-1.5607656?reduced=true, zuletzt abgerufen am 27.3.2023.